アメリカの
住宅・コミュニティ開発政策

岡田徹太郎

東京大学出版会

Housing and Community Development Policy in the United States
Tetsutaro OKADA
University of Tokyo Press, 2016
ISBN978-4-13-046119-1

アメリカの住宅・コミュニティ開発政策／目次

目　次

序　章　アメリカの住宅問題 …………………………………………………1
　はじめに　1
　1.　アメリカの住宅事情　2
　2.　アメリカの住宅問題　4
　3.　住宅という財の特殊性とストックの歴史性　6
　4.　住宅・コミュニティ開発政策の特徴　12
　5.　先行研究と分析視角　16
　6.　本書の構成　22
　おわりに　25

第1章　住宅・コミュニティ開発政策の現代的課題 ………………27
　はじめに　27
　1.　住宅・コミュニティ開発政策の前史　27
　2.　住宅補助プログラムの欠陥とニクソン政権による
　　　モラトリアム　29
　3.　"セクション8"と連邦補助プログラムの基準の統一　35
　4.　コミュニティ開発プログラムの整理統合と一括補助金化　38
　5.　レーガン政権によるプログラムの縮小と予算削減　51
　おわりに　65

第2章　低所得者用住宅税額控除（LIHTC）と
　　　　　HOME投資パートナーシップの始動 ……………………67
　はじめに　67
　1.　クリントン政権に圧し掛かる予算編成上の制約　68

2. 新たな枠組みを提供する租税優遇措置プログラム　80
3. 住宅・コミュニティ開発を担う非営利組織の役割の拡大　88
おわりに　95

第3章　低所得者用住宅税額控除（LIHTC）の
　　　　　インセンティブ効果　…………………………………97

はじめに　97
1. 低家賃で供給される民間賃貸住宅プロジェクト　97
2. 低家賃を実現する公的資金調達メカニズム　106
3. 低家賃を実現する民間資金調達メカニズム　113
4. 財政支出を代位する「租税支出」　117
おわりに　119

第4章　非営利開発法人の組織形態　………………………121

はじめに　121
1. アメリカにおける2種類の非営利開発法人　121
2. 非営利開発法人の多様な姿　125
3. 財務面の基盤と人事面の基盤——寄付金と高額報酬　140
おわりに　144

第5章　持ち家政策とHOME投資パートナーシップ…………147

はじめに　147
1. 低所得者向け持ち家戸建住宅の建設　147
2. 小さな組織と大きな事業活動　150
3. 土地の取得，持ち家の建設，そして売却　156
4. 重要視される住宅の取得と維持というソフト面　161
おわりに　162

第6章　アメリカ住宅バブルの崩壊と経済再建過程　………165

はじめに　165

1. ブッシュ政権の「オーナーシップ社会」構想と住宅バブル　166
2. 住宅バブルの発生と崩壊　168
3. オバマ政権とバーナンキ FRB による緊急対策としての危機対応　172
4. 緊急対策から経済再建過程へ　175
おわりに　181

終　章　総括と展望 … 183
はじめに　183
1. 租税支出の財政民主主義的な正当性　183
2. モーゲッジ利子の所得控除の現代的正当性　184
3. 低所得者用住宅税額控除の現代的正当性　191
4. 「政府関与の間接化」の意味するもの　203
結語に代えて　211

補　論　LIHTC を構成する各変数の関係式 … 213

参考文献　219
初出一覧　230
研究助成一覧　231
あとがき　232
索　引　240

序　章　アメリカの住宅問題

はじめに

　本書は，アメリカにおける住宅・コミュニティ開発政策のユニークな仕組みを明らかにしようとするものである．それは，市場メカニズムを重んじてきたアメリカらしく，租税優遇措置による歳入減である「租税支出（tax expenditures）」と，細かな使途を限定しない「一括補助金（block grants）」を通じた間接的な政府関与によって進めようとするものであり，市場志向の（market-oriented な）政策フレームワークと，非営利組織（サードセクター）をはじめとする中間領域の活動とのコラボレーションによって実現されるものである．

　すなわち，住宅・コミュニティ開発政策における資源配分や所得再分配の機能を，「政府関与の間接化」過程を経て，租税支出や一括補助金が与えるインセンティブによって営利を求める投資家から資金を引き出し，非営利組織によってプロジェクトが遂行されるまで，数多くの社会経済主体を巻き込んで進めようというものである．

　なお，アメリカにおける住宅・コミュニティ開発政策（housing and community development policy）とは，コミュニティ（小学校区程度の小さな共同体）における地理的分布に配慮した住宅の新規開発や修復プログラムの総称である．"コミュニティ開発"とは，日本では耳慣れない言葉であるが，特に，低所得者向け住宅の開発プログラムに向けられる一般的呼称であり，日本語で類推しがちな都市開発（こちらは"urban development"と呼ばれる）とは別物であることに留意する必要がある．本書でも，アメリカでの用例にしたがい，単なる"住宅開発"ではなく，地理的分布に対する配慮の意味が込めら

れた"住宅・コミュニティ開発"という言葉を使い論述する．

序章では，まず，アメリカの住宅事情を俯瞰する．そして，アメリカの住宅問題が，第1にアフォーダビリティ問題と呼ばれる住居費負担の上昇にあること，第2にそれらの問題が低所得者に強く現れることから，低所得者向けの住宅・コミュニティ開発政策が求められていることを示す．

続いて，住宅ストックが，住宅・コミュニティ開発政策の複雑なプロセスから多様なプログラムの組み合わせになっていることをみる．それは直接的な住宅供給から，次第に間接的な租税支出や一括補助金に移行したという政策形成の経路を示すものである．

さらに，住宅にかかる租税支出についての評価を試みる．もともと中間層以上の持ち家にかかる租税支出の役割は大きかったが，本書は，低所得者向けの住宅・コミュニティ開発政策にも工夫が凝らされ，租税支出が用いられるようになったことを指摘する．そして，それら租税支出の受益の帰着について検証する．

1. アメリカの住宅事情

アメリカの住宅統計

アメリカの住宅・コミュニティ開発政策に関する分析を始めるにあたって，まずは，アメリカ住宅統計（American Housing Survey for the United States）をみながら，2011年現在のアメリカの住宅事情を押さえておこう[1]．

アメリカの住宅ストックは，総戸数で1億3242万戸ある．ただし，常時居住されている住宅は，そのうち1億1491万戸である．2010年国勢調査人口が3億0874万人であるので，住戸1戸当たり人員は平均2.69人となる．日本の居住住宅÷国勢調査人口で計算した1戸当たり人員2.58人とほぼ同等である[2]．両国とも1世帯当たり人員を反映している．

アメリカの総戸数から居住住宅を除いた残りの約1750万戸は，セカンドハウス，空き家，契約済でありながら未入居の賃貸住宅・持ち家など，その

---

1) HUD and DOC（2013）p. 1.
2) 国土交通省（2014）．

他すべての住宅が含まれる[3]．セカンドハウスや売却待ちの持ち家などを除いた，賃貸住宅の空き家は391万戸，9.1%である．空室の適正な比率についてはさまざまな議論があるが，住宅の経年劣化による未入居，住宅の選択肢の多様性を総合的に勘案すれば，ヨーロッパや日本の空き家もほぼ1割で推移しており，不健全な空室率とはいえない．

アメリカの住宅面積は，全住宅の中央値で162.58m^3あり，日本の94.13m^3やヨーロッパ主要国平均100m^3前後と比較して，1.7倍程度あり，かなり広いといえる[4]．

高い持ち家比率とライフ・ステージ

アメリカの居住住宅のうち66.2%の7609万戸が持ち家，33.8%の3881万戸が賃貸住宅である．センサス局のまとめるところによると，1960年代後半から一貫して持ち家比率は60%台半ばから後半にあり，安定して持ち家中心であることがわかる[5]．

しかしながら，ライフ・ステージのどこにいても安定的に持ち家中心というわけではない．年齢によって明白な変化があることが知られている．図序－1は，世帯主の年齢構成別の賃貸住宅と持ち家の割合を示した図である．20歳代は世帯主であることも少ないが，何よりも，持ち家のオーナーであることが少なく25歳以下では2割以下にとどまる．その後，世帯主化するとともに，持ち家のオーナーとなる比率が高まり，30歳代前半でほぼ半々となる．30歳代後半から64歳までは世帯主であると同時に持ち家のオーナーとなり，絶対数が増えるとともに，持ち家比率が8割近くに達する．その後，65歳以上では，世帯主の絶対数が減少するが持ち家比率は高いまま推移する．

こうしたアメリカの住宅事情が，アメリカ社会にどのような住宅問題を投げかけているのか，次の項でみていくことにしよう．

---

[3] HUD and DOC (2013) pp. A35–A36.
[4] 国土交通省 (2014).
[5] Census Bureau (2014).

序　章　アメリカの住宅問題

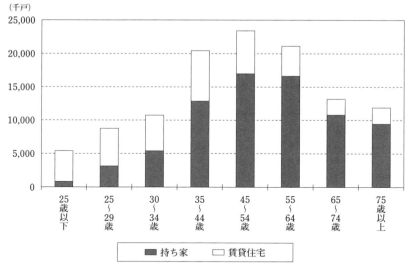

図 序-1　世帯主年齢別の賃貸住宅と持ち家の世帯数（2011年）
（出所）HUD and DOC（2013）p. 23 より作成．

2. アメリカの住宅問題

戦後直後の住宅問題

　住宅・コミュニティ開発政策は，住宅問題に対処するための手段であるから，住宅問題を効率よく効果的に解決するための，主たる対象（target）を明らかにせねばならない．アメリカにおける住宅問題とは何か．それは，時代時代に変遷を遂げている．戦後直後は，アメリカ国内の住宅の多くが物理的な欠陥を抱えていたし（inadequate housing），住宅そのものが不足していたために過密や狭隘(きょうあい)（overcrowding）の問題も深刻であった．したがって，戦後しばらくは，住宅の欠陥を解消し，良質な住宅を豊富に供給することが政策課題であった．

　高度な経済成長と積極的な住宅・コミュニティ開発政策の展開によって，問題のある住宅に居住する国民の比率は，1940年の46％から，50年の37％，60年の18％，70年の8％まで低下した．このように，概ね70年代までに，住宅の質の問題は解消したが，他方で，過大な住居費負担（cost burden）と

いう新たな問題が持ち上がることになる．

所得の30%より多くを住居費に充てている世帯

戦後しばらく，住居費負担は，所得の20%程度におさまっていた．ところが，1970年代以降，所得に占める住居費の割合が顕著に高まり始めたのである．通常，所得の30%より多くを住居費に充てている世帯を"アフォーダビリティ問題（affordability[6] problem)"を抱えている世帯と呼ぶが，これら世帯の比率が，78年の17.3%から2011年の37.5%まで一貫して上昇しているのである．

住宅都市開発省（通称HUD: Department of Housing and Urban Development）による，2011年現在の住宅問題の発生状況を所得階層別にみると表序－1のようになる．

世帯所得が地域の世帯所得中央値（AMFI: Area Median Family Income）の30%以下の超極低所得層（extremely low income, 全世帯の15.9%）のうち，79.3%が何らかの住宅問題を抱えている．そのほとんどが費用面，すなわちアフォーダビリティ問題を抱える世帯で75.7%を占め，さらに，そのうちの

表 序－1　アメリカの住宅問題の発生状況（所得階層別，2013年）

所得階層（対所得中央値）	0〜30%	30〜50%	50〜80%	80〜120%	120%超	全世帯
世帯数（千世帯）	18,458	15,459	19,624	20,845	41,650	116,036
費用面（所得の50%以上）	61.1%	27.6%	10.1%	4.0%	1.1%	16.2%
費用面（所得の30〜50%）	14.6%	36.6%	30.3%	17.3%	6.2%	17.6%
重度の欠陥	3.4%	2.2%	1.8%	1.3%	0.9%	1.7%
中度の欠陥	2.8%	3.8%	3.4%	2.6%	1.7%	2.6%
狭　隘	1.3%	3.2%	2.6%	1.4%	0.6%	1.5%
1つ以上の問題を抱える世帯	79.3%	68.9%	46.5%	25.9%	10.2%	38.0%

(出所) HUD (2015) pp. 30-31, Table A-1A, Table A-1Bより作成.

---

[6] "affordability"という単語は，1980年代初め頃から広く使われだした比較的歴史の浅い用語である．それ以前は，一般に，単に"cost"の問題と表現されていた．適度な住宅費負担で入居できる良質な住宅のことを，アフォーダブル住宅（affordable housing）と呼ぶ．それ以前は，たとえば，"dwellings within the financial reach of families of low income,"つまり「低所得家族にとって手の届く住まい」（1937年合衆国住宅法）など，別の表現が用いられていた．

61.1%が，所得の50%以上を住居費支出に充てている重度の住宅問題を抱える世帯である．

30〜50%の極低所得層（very low income，全世帯の13.3%）のうち，何らかの住宅問題を抱える世帯の比率は68.9%，うち64.2%がアフォーダビリティ問題であり，重度（所得の50%以上）の比率は27.6%である．

所得が地域の所得中央値の50〜80%の低所得層（low income，全世帯の16.9%）のうち，何らかの住宅問題を抱える世帯の比率は46.5%であり，うち40.4%がアフォーダビリティ問題である．

所得が地域の所得中央値の80〜120%の中所得層（全世帯の18.0%）のうち，何らかの住宅問題を抱える世帯の比率は25.9%，うちアフォーダビリティ問題を抱える世帯は21.3%である．

所得が地域の所得中央値の120%を超える層（全世帯の35.9%）では，何らかの住宅問題を抱える世帯の比率は10.2%，うちアフォーダビリティ問題を抱える世帯は7.3%となる[7]．

これらの統計から，1970年代以降のアメリカにおける住宅問題は，第1に，主としてアフォーダビリティにあり，第2に，所得が低くなればなるほど問題が深刻化する傾向があるという特徴を読み取ることができる．

3. 住宅という財の特殊性とストックの歴史性

住宅という財の特殊な性質

ここで住宅（housing）という財の性質について考えてみよう．いうまでもなく住宅そのものは私的財である．しかしながら，住環境（living environment）という視点でとらえた場合，住宅のように地理的に固定された資産から発生する効用は，隣接した資産へ漏出するという漏出効果（spillover effect）を持つ[8]．危険で非衛生な近隣（neighborhood）は，隣接する資産の価

---

7) HUD（2015）pp. 30-31.
8) ディムスキ・アイゼンバーグ（1997）pp. 195-197. ディムスキとアイゼンバーグは，同論文で，住宅金融と資本市場の漏出効果について論じているが，漏出効果（外部性）は，住宅という財そのものの性格から論じることができる．

3. 住宅という財の特殊性とストックの歴史性

値を下げ得るし，逆に，安全で衛生的な近隣は，隣接する資産の価値を高め得るという外部性（externalities）を持つ．

非競合性と非排除性を有するわけではないので公共財ではないが[9]，住環境の改善は，近隣ひいては社会全体への便益をもたらすという外部性の観点から，公共部門が住宅を供給したり周辺環境の整備をしたりする「準私的財（quasi-private goods）」である[10]．したがって，住宅・コミュニティ開発政策によって資源配分の調整が行なわれる．

これと同時に，住宅問題は，相対的に低所得な階層に集中してみられる．当初所得のみでは，人間生活を営むうえでの基盤（fundamental）となる住宅を手にすることに窮する人びとも現れるので，社会福祉の一環として低家賃の公共住宅をあてがったり家賃補助を与えたりするプログラムが必要となる．したがって，住宅・コミュニティ開発政策は，公的扶助と同じような「公助」としての[11]，所得分配の不平等を是正する所得再分配機能の一部としての性格をも持つ[12]．

準私的財であり所得再分配との対象ともなりうる住宅は，難しい議論を呼び起こす存在である．早くから，政府介入が民間の住宅市場を歪めるという批判を惹起せずにはおかなかったからである．

後述するように，市場メカニズムを重んじるアメリカで，政府は，狭義の福祉すなわち要扶養児童家族扶助（AFDC）をめぐる福祉改革などよりむしろ早く，この問題に取り組み，折り合いをつける手法を見付けざるを得なかった．

住宅・コミュニティ開発政策は，対象となる財の性格から，社会保障政策

---

9) 非競合性とは，いったん供給されると，もう一人の個人が消費するのに必要となる追加的な資源はゼロであるという性質．非排除性とは，他の人がその財を消費することを排除することが非常に高くつくか，もしくは物理的に不可能という性質．両方の性質を併せ持つ財を純粋公共財（pure public goods）と呼ぶ．これに対し，私的財は消費が競合し，かつ対価を払わない人を排除可能である．持田（2009）p. 36.
10) マスグレイブによる価値財（merit goods）も同様．マスグレイブ・マスグレイブ（1983-84）pp. 98-100.
11) 国民生活上のリスクを分散する「相互扶助」「共助」としての年金保険・医療保険・失業保険などの社会保険と異なる．
12) 持田（2009）pp. 9-11, 35-37, 55.

7

のなかでも，リスクを分かち合う社会保険である年金保険[13]や医療保険[14]はもちろん，公助としての狭義の福祉[15]とも異なる，独特の性質を有するものになった．

連邦助成賃貸住宅のストックベースの構成

　連邦政府が助成を与える住宅のストックベースの住宅戸数を，2012 年現在のまとめでみると，表 序–2 のようになる．直接補助住宅と間接補助住宅を合わせた総戸数は，834 万 5843 戸，全住宅戸数の 7.3% に相当する．

　住宅・コミュニティ開発政策は，以下でみるように，複雑な形成プロセスを経た．その結果，連邦助成住宅の構成は極めて多様なものになっている．住宅は，長期の耐久財という性質上，古いプログラムによる住宅ストック，すなわち，同表掲載の公共住宅やセクション 8 新規建設・大規模修復などが依然一定のシェアを保っており，加えて，わずかながらも 1960 年代にまで遡るセクション 236 や 221(d)3 による住宅ストックまで活用されている．

　もっとも，2012 年現在では，住宅選択バウチャー（セクション 8 家賃補助）や低所得者用住宅税額控除（Low-Income Housing Tax Credit, 以下 LIHTC）といった比較的新しいプログラムのシェアが高くなっており，比重が移っている．

　以下では，住宅ストックを構成する，それぞれの住宅・コミュニティ開発プログラムの導入・改廃の概要を簡単にふれておくこととしよう．

"福祉国家"の登場と時を同じくする住宅・コミュニティ開発政策

　住宅・コミュニティ開発政策とは，現実に住宅に困窮している人びとへの補助，あるいは潜在的に住宅難に陥りそうな階層へ，そうならないための予防策として提供されるものである．

　住宅・コミュニティ開発政策を政府が担うのは，市場経済のみに頼ると，

---

13) アメリカの年金については，吉田（2012）を参照されたい．
14) アメリカの医療保険については，長谷川（2010）および長谷川（2012）を参照されたい．
15) アメリカの狭義の福祉については，根岸（2006）を参照されたい．

3. 住宅という財の特殊性とストックの歴史性

表 序-2　連邦助成賃貸住宅の概要（2012年）

	戸数（戸）	構成比（％）
直接補助プログラム		
住宅選択バウチャー（セクション8家賃補助）	2,339,198	28.0
公共住宅	1,156,839	13.9
セクション8新規建設・大規模修復	565,843	6.8
セクション8中規模修復	24,487	0.3
セクション202および811（高齢・障がい者住宅）	391,225	4.6
セクション8その他	445,780	5.3
セクション515農村住宅（家賃補助有）	262,561	3.1
小　計	5,185,933	62.1
間接補助プログラム		
低所得者用住宅税額控除（LIHTC）	2,518,850	30.2
セクション236	69,547	0.8
セクション221(d)3	2,097	0.0
HOME投資パートナーシップ	267,446	3.2
セクション515農村住宅（家賃補助無）	135,648	1.6
連邦所得税免税債住宅	166,322	2.0
小　計	3,159,910	37.9
合　計	8,345,843	100.0

（注）セクション515は農務省所管の長期低利融資プログラムであり，資金はディベロッパーに供給される．居住する農家の所得水準によって追加的に家賃補助が与えられる物件（直接補助に分類）と家賃補助のない物件（間接補助に分類）に分けられる．セクション236およびセクション221(d)3は，1960年代に実施された利子補給プログラムによる民間住宅である．
（原注）連邦所得税免税債住宅の総計からLIHTCと重複する786,537戸を除外してある．HOMEの総計からLIHTCと重複する157,306戸を除外してある．LIHTCと連邦所得税免税債は2010年の値，それ以外はすべて2012年のものである．本表には，コミュニティ開発一括補助金（CDBG）で建設された賃貸住宅，ホームレスおよびHIV/AIDS向けの連邦助成住宅，HOMEプログラムによる2年限定の家賃補助は含まれていない．
（出所）Schwartz（2014）p.9.

　人間生活にとってもっとも重要な要素の一つであるはずの住宅が十分に供給されず，住環境が保障されないからである．歴史を紐解くまでもなく，むしろ資本主義経済は住環境に対して破壊的に作用した．資本主義社会は，その発生とほぼ同時に非衛生的な住宅やスラムを発生させたが，市場メカニズムは，その問題の解決に対して全く無力であった．

　住宅・コミュニティ開発政策の積極的な展開は，いわゆる"福祉国家"の登場とほぼ時を同じくする．言い換えるならば，20世紀前半の二度にわたる世界大戦による大規模な戦災と1930年代大恐慌による経済混乱からの復興過程にようやく成立したものである．

序　章　アメリカの住宅問題

　ヨーロッパやアジアでは，戦争による物理的な破壊によって多くの住宅が滅失したが，大きな戦災のなかったアメリカにおいても，第2次世界大戦終結直後は，約半数の住宅が何らかの欠陥を持つなど住宅問題を深刻化させていた．1930年代大恐慌の混乱に続く，第2次世界大戦の勃発で，住宅建設に必要な資源が戦争の遂行に動員されたために，長い間，住宅の改善が行なわれなかったのである．アメリカの住宅・コミュニティ開発政策の起源は，ニューディール政策が展開された30年代の公共住宅供給と，その法的裏づけとしての1937年合衆国住宅法に求めることができる．ただし，実効性のある政策が展開されたのは戦後復興過程である．そのなかで戦後の住宅・コミュニティ開発政策の基本的な枠組みを提供する1949年住宅法が成立したのである[16]．

問題多い1960年代までの住宅・コミュニティ開発プログラム

　1960年代までの住宅・コミュニティ開発プログラムは，カテゴリーごとに連邦政府が詳細に使途を定める特定補助金（categorical grants）として供給されてきた．

　住宅補助では，公共住宅（成立年1937年，以下同），セクション221(d)3市場以下の金利プログラム（1961年），家賃補給（1965年），セクション235およびセクション236（1968年）[17]，コミュニティ開発では，都市再生（1949年），オープン・スペース（1961年），基礎的上下水道（1965年），近隣施設（1965年），モデル都市事業（1966年）などである．

　こうした数多くの特定補助金は，第1に煩雑であり，第2に州・地方政府の決定権限を奪うものであり，第3に見合資金（matching fund）の拠出を要求されるために費用負担を強いるものであるなどと批判されたのである[18]．

　特に，街づくり（community building）に関わる施策においては，地域の実情，すなわち人口規模や地勢的な相違，あるいは経済状況に応じて，とり得る最善の対策も異なってくると考えられる．アメリカにおいては，連邦政府

---

16)　Struyk, Turner and Ueno (1988); Hays (1995).
17)　農務省所管の農村向けの住宅補助金は除いている．
18)　新藤 (1986).

主導の再開発プログラムに対する地域での抵抗も強かったため，他の政策分野に比して，早くから地方への権限委譲の必要性が唱えられてきたのである．

1970年代以降の連邦補助金の整理統合

ニクソン共和党政権の成立以降，特に1970年代に行なわれた一連の改革で，こうした補助金の整理統合と，州・地方政府への権限委譲が図られていくことになる．

達成可能な目標と明白な指針を持った住宅・コミュニティ開発政策は，1974年住宅コミュニティ開発法によって与えられた．

主軸となる政策は，同法によって改正された1937年合衆国住宅法"第8条"によったため，"セクション8"と呼ばれる．セクション8といえば家賃補助の代名詞ともなっているが，制定当初のセクション8は，新規建設・大規模修復，中規模修復，家賃補助までが含まれる，総合的な施策であった．

その後，このセクション8が，家賃補助中心に改革されたのは，レーガン共和党政権期である．レーガン政権は，「高品質の住宅はすでに行き渡っている」とし，「問題は住居費負担に苦しむ貧困層にある」という認識のもと，貧困層を支えるための家賃補助プログラムに転換すべきだとした．そのうえで，費用のかかる住宅供給型のプログラムは不要であるとし，公共住宅やセクション8新規建設・大規模修復などの新規建設型の補助を，高齢者・障がい者向けのものを除き，原則として廃止した．

その後，1998年，セクション8家賃補助は，居住地の選択肢を広げるなどの制度変更とともに，住宅選択バウチャー（HCV: Housing Choice Voucher）に名称変更されている．

特定補助金の統合と一括補助金の成立

さらに，重要なのは，1974年住宅コミュニティ開発法により，コミュニティ開発分野の補助金改革で誕生した"コミュニティ開発一括補助金（通称CDBG: Community Development Block Grant）"である．これは，特定補助金の整理統合と同時に，州・地方政府への権限委譲を狙ったものである．

既述のように，1960年代までの連邦政府のコミュニティ開発政策は，特

定補助金として供給されてきたが，1974年住宅コミュニティ開発法によって，一つの一括補助金に統合された．それがコミュニティ開発一括補助金（CDBG）である．

なお，住環境を保障するための政策は，コミュニティ開発政策と一体となって行なわれる．個別の住宅改善だけでは解決できない問題があるからである．たとえば，上下水道の整備など基礎的な社会基盤の整備や，防災上必要となるオープン・スペースの確保等は民間のみではなし得ない．さらに，荒廃した都市の再開発においては，細分化してしまった土地所有や，高い土地取得・再開発費用が障害となるため，こうした土地をまとめて収用することや，再開発コストを民間の採算ベースにのせるための補助金供給など，公的な関与が必要となるのである．このようにコミュニティの発展への配慮が込められた政策を，一般に"住宅・コミュニティ開発政策"と呼ぶ．

4. 住宅・コミュニティ開発政策の特徴

租税支出の活用

低所得者向け住宅を供給する民間ディベロッパーに税額控除（tax credit）の権利を与える「租税支出」プログラムがある．それは，低所得者用住宅税額控除（LIHTC）と呼ばれる．これは，1986年に時限的に導入され，1993年に恒常化された制度であり，住宅都市開発省が所管する財政支出プログラムではなく，財務省・内国歳入庁が所管する租税優遇措置である．このLIHTCは，低所得者向け住宅を開発するプログラムのなかでは「最大」と呼ばれるほど規模が大きい．以下，その内容についてふれてみよう．

LIHTCは，(1) 連邦政府の補助を受けない賃貸住宅の新規建設・大規模修復費用の70%，(2) 連邦政府の補助を受けた賃貸住宅の新規建設・大規模修復費用の30%，または，既存住宅の取得費用の30%，について，10年間にわたって税額控除を与えるというものである．家主は，住戸の20%を地域の所得中央値50%以下の層に，あるいは40%を所得中央値60%以下の層に確保しなければならないなど，いくつかの条件を課せられる[19]．

低所得者向け住宅の開発・運営から収益を上げることは難しい．しかしな

がら，LIHTC は，投資収益に代わる租税利益の配分を通じて，一般の投資家からも広く資金を集め，低所得者向け住宅供給のインセンティブを高めるプログラムとして働くことが期待されているのである．

一括補助金の活用

　一般に，一括補助金とは，連邦法や，所管する省が定める緩やかな規制の範囲内での制約は受けるものの，特定補助金ほど使途が限定されないという性質を持つものである．連邦政府には連邦の政策目標があり，それを達成するための規制を定めるが，政策手段の選択を州・地方政府に委ね，効果的な政策の遂行を目指そうとする試みである．

　その嚆矢となったのが CDBG であり，それ以後，一括補助金という手段が多用されるようになる．住宅建設への補助については，ブッシュ（シニア）共和党政権の時期に HOME 投資パートナーシップと呼ばれる一括補助金が導入された．HOME 投資パートナーシップとは，1980 年代の予算削減と住宅供給の停止が住宅環境を悪化させたという反省に基づいて，1990 年全国アフォーダブル住宅法によって新設されたものである．総額の 60% が大都市部の市および都市部カウンティ（metropolitan cities and urban counties）に割り当てられ，40% が州に割り当てられる．この一括補助金の受給を希望する州・地方政府は，総合計画を住宅都市開発省に提出して承認を受けなければならない．

　このプログラムは，成立経緯から，家賃補助ではなく，むしろ主としてアフォーダブル住宅の建設・修復・取得のために用いられるものとして設計されている．ただし，直接の住宅建設資金としてではなく，低所得者向け住宅供給のインセンティブを与えるための間接的な資金として提供される．

　この法の目的の一つは，非営利組織を援助することであり，資金の 15% は，これら組織のために確保されなければならないことになっている．このプログラムのタイトルにもみられるように，州・地方政府のイニシアティブのもと，民間とのパートナーシップによって，低所得者向け住宅の供給を進めよ

19）　26 USC 42; GAO（1997）pp. 25-27.

うという試みである．年によって若干の差があるものの，毎年，連邦支出を上回る資金が共に投資され，連邦直接補助住宅戸数を超えるアフォーダブル住宅が供給されている．

「政府関与の間接化」したプログラム

旧来の連邦政府による直接的な住宅補助（セクション 8 新規建設プログラム等）は，民間住宅の家主へ，建設資金の元利償還費用を補助するものであった．これに対し，LIHTC や HOME 投資パートナーシップといった「政府関与の間接化」したプログラムは，その役割を住宅供給のインセンティブを高めることに限定したものである．これらは，州・地方政府へ権限を委譲すると同時に，連邦政府の財政資金を節約するという意味で，さまざまな要請に応える政策的帰結であったといえるであろう．

非営利組織による低所得者向け住宅供給

上述した一括補助金や租税優遇措置の便益を受け取る主体は，住宅供給を担う民間ディベロッパーである．その過半は営利組織（for-profit organizations）であるが，以前に比べて，非営利組織（nonprofit organizations）の役割が大きくなっていることを見逃すことはできない[20]．この分野では，コミュニティ開発法人（通称 CDC: Community Development Corporation）に代表される，住宅・コミュニティ開発専門の非営利開発法人が数多く組織されており，再開発計画の作成・提案から，実際の再開発物件の取得や再開発地区に対する事業，さらに事業後の運営・メンテナンスまでをこなす団体も存在する．インナーシティの再開発を積極的に担い，連邦直接補助住宅の供給戸数を上回る低所得者向け住宅を供給している[21]．

財政資金を節約しつつ，住宅問題に対処する政策手段として，これからますます，LIHTC や HOME など，公民パートナーシップ（public-private

---

20) 非営利組織というと，日本では，しばしば，その活動を非専門的な無償労働に頼るボランティア活動と安易に混同されているように思われる．しかしながら，アメリカにおいて，専門化した非営利組織とは，大学院以上の専門教育を受けた常勤職員を抱える専門家集団であることが多いことに注意を要する．

21) 1990 年の推計で約 3 万 6000 戸を数える．O'Regan and Quigley（2000）p. 299.

partnership）を基礎にした政策に重心が移されることが予想される．住宅・コミュニティ開発分野だけでなく，その他の政策分野においても，狭義の福祉においてさえ，民間委託や民営化などのプライバタイゼーションが進められている[22]．

その際に，鍵となるのは，民間の非営利組織の動向である．非営利組織は，民間企業のように利潤目的で活動を行なう必要はないから，活動目的のレベルから，公共の福祉を向上させる主体となる潜在性・将来性（potential）を持つ．LIHTCでは，すでに，活動主体の約3割が非営利組織になっており，HOMEでは，資金の15%を非営利組織のために留保しなければならないことになっている．非営利組織は，1980年代の予算削減と90年代以降の市場論理の強まりのなかで積極的な活動をみせている．

広く薄い間接的な政府関与

連邦政府は，租税支出や一括補助金など，間接的な関与に限定する傾向を強めている．こうした政策転換によって，一方で，連邦直接補助住宅の着工戸数が減少したり，住宅・コミュニティ開発関連の財政支出が増加しないなどの傾向がみられるが，他方で，財政支出を上回る租税優遇措置が与えられたり，いわゆる公民パートナーシップによる低所得者向け住宅建設への総投資額が増加するなどの傾向もみられる．

その傾向を概括するならば，州・地方への分権・権限委譲（decentralization and devolution）と，それに続く民間化・民営化（privatization）という流れを指摘できる．ここで，鍵となるのは「政府関与の間接化」である．これらのプログラムのもとで，連邦や州・地方を含む政府部門は，直接的な住宅供給や管理から手を引き，むしろ，"規制"と"ベネフィット"を引き換えることで，低所得者向け住宅の建設および維持・管理を民間部門にまかせているのである．

---

22) 木下（2007）を参照されたい．

5. 先行研究と分析視角

住宅にかかる租税支出

アメリカの高い持ち家比率を支えてきた要因に，住宅税制による高い水準の租税優遇措置があるといわれる．表 序-3 は，連邦議会・租税合同委員会のまとめによる「租税支出」の推計である．租税支出とは，税法の規定によって許された租税優遇措置，すなわち，総所得からの控除や，税額からの控除，優遇税率，課税の繰り延べによって生じた歳入減（revenue losses）のことであり[23]，主として連邦政府の法人所得税・個人所得税の減少として現れるものである．

持ち家にかかるモーゲッジ利子の所得控除とは，持ち家購入のために支払うモーゲッジ利子（住宅ローン利子）を，セカンドハウスの分まで，その全額を所得控除するものである．連邦個人所得税にかかる租税支出は，これだけで 2015 年度 710 億ドルに上る．

持ち家にかかる地方財産税の所得控除とは，持ち家にかかる地方財産税（property tax）の全額を所得控除するものである．この措置による租税支出は 2015 年度で 324 億ドルである．

主居住用の持ち家にかかるキャピタル・ゲインの免税とは，主居住用住宅（principal residence）のキャピタル・ゲイン（売買益）に課税しないというも

表 序-3 住宅にかかる主要な租税支出の推計値（2015 年度）

(単位：十億ドル)

	法人所得税	個人所得税	合　計
持ち家にかかるモーゲッジ利子の所得控除	—	71.0	71.0
持ち家にかかる地方財産税の所得控除	—	32.4	32.4
主居住用の持ち家にかかるキャピタル・ゲインの免税	—	24.1	24.1
持ち家政策にかかる州・地方債利子の免税	0.3	0.9	1.2
低所得者用住宅税額控除（LIHTC）	7.3	0.3	7.6
賃貸住宅政策にかかる州・地方債利子の免税	0.3	0.7	1.0
賃貸住宅の加速減価償却による減税	0.5	4.2	4.7

(出所) Joint Committee on Taxation (2015) p. 32.

---

23) Joint Committee on Taxation (2015) p. 2.

のである．主居住用住宅に生ずるキャピタル・ゲインとは，言い換えれば，家の住み替えに伴って生ずる売却住宅と購入住宅の差額のことである．

通常，子どもが増えるなど家族規模の拡大に伴う大きな家への住み替えでは，購入住宅の価格の方が高くなるので，キャピタル・ゲインは生じない．逆に，子の自立など家族規模の縮小に伴う小さな家への住み替えでは，売却住宅の方が高くなってキャピタル・ゲインが発生する可能性がある．しかし，しばしば，このような世帯は高齢世帯であることから，個人所得税の負担を免除することとなっている．すなわち，投資目的以外の，居住のための住宅の住み替えに伴って発生するキャピタル・ゲインには生涯課税しないというもので，その額は，2015年度で241億ドルとなる．

持ち家政策にかかる州・地方債利子の免税とは，持ち家政策のために財源を調達する州・地方政府の債券（レベニュー債）に発生する利子について，連邦所得税を免税するものである．レベニュー債の引き受け手（投資家）は，税引き後利回りが同じであれば良いので，州・地方政府は，課税債券より有利な条件で免税債券を発行することができる．なお，連邦政府は，連邦所得税免税債の発行額に上限を定めている．

続く，租税支出は，すべて賃貸住宅にかかるものである．前述の低所得者用住宅税額控除（LIHTC）は，2015年度で76億ドルの規模となっている．

賃貸住宅政策にかかる州・地方債利子の免税は，持ち家政策の場合と同様に，賃貸住宅政策のために財源を調達する州・地方政府の債券（レベニュー債）に発生する利子について，連邦所得税を免税するものであり，仕組みは持ち家の場合と同じである．

賃貸住宅の加速減価償却による減税は，賃貸住宅が，通常の居住用資産の減価償却（40年）より早い減価償却（27.5年）を認められていることに伴う租税支出で，2015年度で47億ドルある．これらの賃貸住宅にかかる租税支出は，持ち家にかかる租税支出と比べると見劣りするが，後述するように，住宅・コミュニティ開発政策にとっては重要な意味を持っている．

持ち家にかかる大きな租税支出と「隠れた福祉国家」の貢献

アメリカにおけるモーゲッジ利子の所得控除や財産税の所得控除など，持

ち家にかかる租税支出の規模の大きさは，しばしば，アメリカの住宅にかかる施策を反映するものとして，大きな特徴として取り上げられるところである．住宅税制による租税支出の規模と，住宅・コミュニティ開発分野の財政支出の規模を比較すると，長い歴史のなかで一貫して租税支出の方が数倍大きい[24]．実際，2012年度の住宅・コミュニティ開発支出は556億ドルであるので[25]，表序-3にみられるモーゲッジ利子の所得控除710億ドルだけで財政支出を上回っていることになる．

歴史を振り返れば，持ち家にかかる租税支出は，「家を持つ」という「アメリカン・ドリーム」の実現すなわちアメリカ人の幸福の実現に貢献してきた[26]．その意味で，これは，Howard（1997）が，直接支出という見える福祉国家（visible welfare state）に対置して唱えた「隠れた福祉国家（hidden welfare state）」に相当する[27]．

もっとも，持ち家にかかる租税支出は，Howardも自ら認めるように，住宅政策の一環として議論されて生まれてきたものではない．この租税優遇措置は，そもそも1913年の個人所得税の創設の際に組み入れられていた仕組みだからである[28]．

租税支出の事後的是認

ただし，この制度は，ただ一度だけ，アメリカの民主主義のプロセスのなかではっきりと是認されたことがある．それは，レーガン共和党政権期の1986年税制改革のなかで起きたことである．

図序-2は，1985年のモーゲッジ利子所得控除の所得階層別の受益者数と受益額をみたものである．ピークは，受益者数でいえば，年間所得2万～3万ドル，受益額でいっても3万～4万ドルの中間層にあることがわかる．

レーガン政権側がモーゲッジ利子の所得控除を1軒目まで縮減しようと提案したのに対して，連邦議会は，2軒目（セカンドハウス）までを控除範囲と

---

24) Howard (1997) p. 26; Schwartz (2010) p. 7; 高橋（1990）pp. 22-23, 216-218.
25) OMB (2016) "Historical Tables," Table 3.2.
26) 高橋（1990）pp. 210-212; 平山（1993）pp. 12-13.
27) Howard (1997) pp. 25-27.
28) Howard (1997) p. 49.

5. 先行研究と分析視角

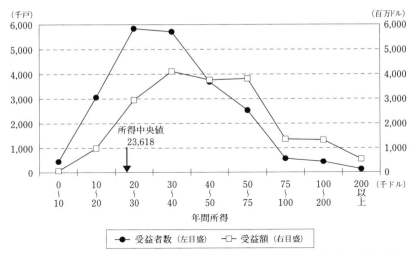

図序-2 モーゲッジ利子所得控除の所得階層別の受益者数と受益額(1985年)
(注) 1985年の全米の所得中央値は23,618ドル. Census Bureau (2015).
(出所) Joint Committee on Taxation (1985) p. 26 より作成.

する縮減範囲を狭める法案を可決した．その理由として，図序-2にあるように，当時のモーゲッジ利子所得控除の受益層分布が中間層に非常に手厚くなっていたことが挙げられる．

これとは対照的に，受益層分布でみて，一部の高所得層のみに偏っていた長期キャピタル・ゲインの優遇措置や，投資目的の借入金利子の所得控除などは1986年税制改革法で廃止されていたから，受益層分布の相違が大衆的支持基盤の違いを生み出し，政治過程におけるそれぞれの優遇措置の扱いに差をもたらしたと考えられる[29]．

21世紀アメリカ福祉国家におけるモーゲッジ利子の所得控除の意味合いは少し変質するのだが，それについては終章で述べることとする．このように，1980年代中頃までのモーゲッジ利子所得控除は，中間層が自分の家を持つという「アメリカン・ドリーム」を実現するための手段として，民主主義プロセスにおいて，事後的にその「正当性」が確認されたのである．

---

[29] 渋谷 (2005c) pp. 82-83; 岡田 (2001) pp. 151-153.

租税支出の受益の帰着

　モーゲッジ利子の所得控除や財産税の所得控除などの租税支出にみられる隠れた福祉国家の受益の帰着に関する論点がある．特に，持ち家所有に対する所得課税については，次のような租税理論上の問題が生じる．もし，持ち家の取得を資本財の取得とみるのであれば，支払い利子が，購入・保有に関わるコストとして控除の対象とされるが，投資の結果，稼得しえた帰属家賃収入は所得の一部として課税対象とされなければならない．他方，消費財としてみる場合は，利子控除を認められないが，帰属家賃への課税も成立しない．

　アメリカの場合，ローン利子の所得控除を認めているので，資本財とみなしているともとれるが，帰属家賃への課税もないので，OECDによって，両方を取り入れた折衷型とみなされている[30]．

　まず，高橋（1990）の説を引用しよう．高橋は，アメリカの（1）ローン利子の所得控除，（2）地方固定資産税（財産税）の所得控除，（3）帰属家賃の非課税，（4）キャピタル・ゲインへの優遇措置，（5）相続・贈与税の軽課が，手厚い優遇であり，所得分配上の不公平の拡大，都市問題へのインパクトから再検討を要する面が多いにもかかわらず不問のままとなっていると指摘する[31]．

　さらに，高橋は，「アメリカでも『市場原理』にまかせて完全に『自由放任政策』をとってきたわけではない」と断りつつも次のように述べる．「アメリカの『自由放任政策』または『政府不介入』政策がどのようなものであるかを物語っている．すなわち，家賃助成，『公共住宅』提供といった住宅対策支出は，いずれも『目にみえる』支出として，低所得者を対象におこなわれ，この側面では『政府介入』が『社会的弱者』のための財政政策として具体化されている．しかし，持家所有者のためのより負担の重い財政政策は，表面には形を表わさず，持家取得者は『市場原理』に基づいて行動し，政府もこの分野では『不介入』という形態をとっている．しかし，実質的には減免税という形での大きな財政給付が持家所有者に向けられている．しかも，

---

[30]　高橋（1990）p. 20.
[31]　高橋（1990）pp. 217-218.

アメリカの場合には（中略）制限なしにこの制度が適用されるために，全般的に所得の高い世帯ほど税制上の優遇をうけるという不公平を持家所有者間に生じているのである．ここにも，アメリカの住宅政策の特徴がしめされているように思われる[32]．」と述べる．

高橋は，住宅に困窮する低所得者を支える「目にみえる」財政政策の影で，目にみえにくい，相対的に高所得層ほど手厚くなる不公平な租税支出が存在していることを指摘し問題にしているのである．

Quigley（2008）も，特に，帰属家賃の非課税とキャピタル・ゲインの免税による租税支出を取り上げて，この点について問題にしている[33]．2006年，帰属家賃の非課税が297億ドル，持ち家のキャピタル・ゲインの免税による租税支出が398億ドルあるのに対し，賃貸住宅向けの租税支出は45億ドルしかない．帰属家賃は申告なしに非課税になる．加えて，キャピタル・ゲインの免税による租税支出だけで，住宅都市開発省の補助金支出よりも25%も規模が大きいなど，いくつもの問題点を指摘する[34]．

確かに，持ち家促進税制は，高所得層を優遇しており逆進的である．事実，受益額の分布でみれば，高額所得者への偏りがみられた．ところが前述の高橋が本を執筆した1990年頃は，すでに明らかにしたとおり，受益者層の分

---

[32] 高橋（1990）pp. 211-212.
[33] Quigley（2008）pp. 306, 312.
[34] ここで，平山（1999）の説も押さえておきたい．平山は，「アメリカの住宅政策の基礎的な性質」が「"分割主義"のフレームを作成してきた」と表現する．「すなわち，アメリカの住宅政策は，中産階級への資源の集中を行い，持家所有の拡大，郊外住宅地の形成を促す方向性を基軸的な位置に設置してきた．政府の介入は市場機構を損なうことなく，むしろその作動を支えるところに主眼が置かれている．郊外の持家所有は"アメリカン・ドリーム"と呼ばれ，これを達成することはアメリカ人の主要な目標とみなされてきた．」とし，それと対置される「公共住宅，補助住宅，家賃補助などの一連のプログラム」や「コミュニティ開発の施策」の「残余的な位置からの脱出が非常に困難であった．」という（平山（1999）pp. 240-241）．こうして「"分割主義"のフレームが貫徹」しており，「低所得者に対する政策は一貫して残余化されてきた．住宅政策の"中心"は持家政策であり，公共住宅などは"周縁"の施策として定義された．」とする（平山（1999）p. 309）．アメリカの政策にはヨーロッパ的な普遍主義はみられず，1930年代ニューディール期における住宅政策の成立当初から，選別主義的で，中産階級に対する持ち家政策と低所得者に対する賃貸住宅政策が分割されてきたという．

布は中間層に厚く，1986年税制改革法の審議にみられるように，議会制民主主義のもとで強い支持を受けた．そういう意味で，過去の持ち家促進税制に対する筆者の評価は，高橋説と少し異なる．すなわち，家を持つというアメリカン・ドリームを実現するアメリカ国民に支持された制度だったとみている．

ただし，後に終章で明らかにするように，2000年代に入ってからは，受益額の分布のみならず，受益者層の分布でみても，一部の高所得者優遇税制にしかなっておらず，税の公平性の観点からみて望ましくないものとなっていることを指摘しておかなければならないだろう．

6. 本書の構成

本書は以下のように構成される．第1章「住宅・コミュニティ開発政策の現代的課題」は，住宅・コミュニティ開発政策の現代的課題につながる政策形成の複雑な過程を，先行研究を参照しつつ，政権の資料と論理を検討することによって解き明かす．住宅・コミュニティ開発政策の起源は，1930年代ニューディール期に遡ること，1960年代の「貧困との戦い」によって拡張をみたこと，しかしながら，住宅補助プログラムの欠陥により，1973年には，ニクソン共和党政権のモラトリアムによって，すべて停止されたという歴史を確認する．その後に制定された1974年住宅コミュニティ開発法で，プログラム基準が統一された住宅補助プログラムである"セクション8"が成立したこと，コミュニティ開発プログラムが整理統合され，州・地方政府への権限委譲を伴うコミュニティ開発一括補助金（CDBG）が成立したことをみる．それらのプログラムも，1980年代レーガン共和党政権のもとで，費用効率の問題から大幅に削減されたこと，その帰結として，住環境が悪化したことを明らかにする．

第2章「低所得者用住宅税額控除（LIHTC）とHOME投資パートナーシップの始動」は，1990年代クリントン民主党政権以後の，財政収支均衡を求める共和党主導の連邦議会の圧力と，それによって生じた補助金削減がもたらした帰結について論じる．1990年代から課せられた財政収支均衡とい

う強い予算編成上の制約のもとで，住宅・コミュニティ開発政策が「新たな枠組み」を持つに至ったことを明らかにする．新たな枠組みとは，州・地方政府に権限を委譲し，民間とのパートナーシップによって住宅供給を促進する租税支出である低所得者用住宅税額控除（LIHTC）と，同様の枠組みを一括補助金プログラムで行なおうとするHOME投資パートナーシップである．これらのプログラムと，利益を求めない非営利開発法人がパートナーシップを組むことで，連邦の直接的な関与なしに，限界的で支援困難なコミュニティを支える枠組みができあがった．

第3章「低所得者用住宅税額控除（LIHTC）のインセンティブ効果」は，低所得者用住宅税額控除（LIHTC）が持つインセンティブ効果について，非営利組織と政府の役割の検証を通じて明らかにする．低所得者向け住宅・コミュニティ開発における新たな枠組みのもとで，プロジェクトへ直接投入される建設補助金はほとんどない．租税優遇措置か低利融資のみである．これらの補助は，納税者の目にはうつりにくい．言い換えれば，税を軽減するか，政策融資の利子を軽減するものとしてしかうつらない．しかしながら，これらの優遇措置は強力に低所得者向け住宅の建設を後押ししている．無限責任パートナー，すなわちプロジェクト遂行の当事者たちの出資金を除くと，ほとんどの項目に何らかの補助が入っている．供用開始後の元利償還等の負担に軽重の差のある，数多くの多様な資金がミックスされている．加えて，プロジェクトの収入のなかでも，開発費用のかなりの部分を担保する，運営収益という見返りを求めない有限責任パートナー出資金の存在が欠くべからざる重要なものとなっている．その大きさは，結果として，租税優遇措置によって生じる歳入減，すなわち租税支出とほぼ同額であった．租税支出が財政支出を代位している関係が読み取れたのである．LIHTCに代表される優遇措置は，アメリカの市場システムのなかで競争的に配分され，営利を求める民間資金を引き出し，それが低所得者向け住宅の開発という非営利部門へ流されるという極めて巧妙なシステムになっている．

第4章「非営利開発法人の組織形態」は，非営利開発法人の組織形態を明らかにする．どのような分野であれ，非営利組織も自立性を求められ，非営利組織が行なう事業を成り立たせるための最低限の財務基盤を必要とする．

本章が対象とした非営利開発法人では，低所得者向け住宅の開発と運営を成り立たせるために，収入として多くの"寄付金"が集められ，支出として構成員に相応の"報酬"が支払われている．そして，それぞれの背後には，合理的な理由が存在していた．本章では，非営利開発法人の実態を詳らかにすると同時に，非営利開発法人あるいは非営利組織一般が，社会のなかの一つの構成部分として自立的に組織され運営されるための条件を明らかにした．アメリカの非営利組織は，その主たる事業を成立させるために，人事面や財務面での戦略的な活動が営まれ，最低限の基盤を備えるものであった．

　第5章「持ち家政策とHOME投資パートナーシップ」は，低所得者向けの持ち家政策とHOME投資パートナーシップ・プログラムについて明らかにする．それは，人口密度の高い大都市で行なわれる集合賃貸住宅開発プログラムとは異なる，人口密度の低い大都市ならではの低所得者向けの持ち家開発プログラムのあり方を明らかにした．HOME投資パートナーシップ・プログラムを原資とした資金が使われていたことにもみられるように，連邦政府が細かな使途を限定しない一括補助金が，その土地の事情に合わせて，地方政府と民間非営利組織とのパートナーシップのもと，住宅・コミュニティ開発に使われた最適な事例と位置づけられる．

　第6章「アメリカ住宅バブルの崩壊と経済再建過程」は，2000年代のアメリカ住宅バブルの発生と崩壊，そしてそこからの経済再建過程が住宅・コミュニティ開発政策に与えた影響を考察する．2007〜08年の金融・経済危機は，「100年に一度」とも表現されるほど深刻な「大恐慌型」不況であった．それに対し，オバマ政権は，2009年アメリカ再生・再投資法に基づく景気対策や租税支出の財政支出転換という緊急対策を成立させた．加えて，そしてバーナンキ議長率いるFRBも，モーゲッジ担保証券（MBS）の大量購入プログラムという緊急対策に取り組んだ．オバマ大統領による拡張的財政政策や，バーナンキFRB議長による金融緩和策は，危機対応としての緊急対策であったが，それらによって，2010年末頃までに最悪の危機を回避し，経済再建過程への第一歩の道筋をつけたことを明らかにした．

　終章「総括と展望」では，住宅・コミュニティ開発政策における租税支出の受益の帰着という重要な問題に取り組んだ．そのなかで，伝統的なモーゲ

ッジ利子の所得控除という租税支出の受益が強く高所得層に偏ったものになってきていることを実証した．さらに，1986年税制改革法によって導入された新しい低所得者用住宅税額控除（LIHTC）という租税支出の受益が，主として，投資家に帰着しているか，低所得の居住者に帰着しているかという問題を解き明かした．最後に，新たな枠組みがもたらした変化について述べることで，アメリカにおける住宅・コミュニティ開発政策の非常にユニークな政策体系を展望した．

おわりに

　本書が明らかにしたことは，第1に，租税支出が持ち家だけでなく，低所得者用住宅税額控除（LIHTC）という新しい手段によって，低所得者向け住宅政策にも導入され，定着していることである．従来，高橋（1990）やQuigley（2008）による研究は，アメリカ住宅税制における租税支出の歪みを強調するものであった．確かに，終章でも詳しくみるように，持ち家優遇税制は，特に21世紀に入ってから，より高所得者を優遇する施策になった．こうした歪みは，財政民主主義のもとで是正されなければならないであろう．それを踏まえたうえで，本書は，LIHTCのような新しい手段が，民間資金と民間経済主体を取り込みながら機能する政策の枠組みを作り上げており，住宅にかかる租税支出にも，持ち家優遇税制とは異なる役割があることを見出すものである．

　第2に，LIHTCについての批判的研究に，Dreier（2006）やQuigley（2000, 2008）があるが，本書では，よりミクロレベルでの研究を積み重ねることによって，これらの批判が不十分であることを明らかにする．たとえば，Dreier（2006）やQuigley（2000, 2008）は，LIHTCの主たる受益がターゲットとなるべき低所得者に向いていない非効率的なプログラムであると批判する．しかし，本書では，LIHTC租税支出の受益のかなりの部分が低所得者にも及んでいることや，民間住宅市場との競合や利害関係者の摩擦といった問題を回避していること，低所得者向け住宅の供給による便益が近隣に漏出していることを指摘する．

序　章　アメリカの住宅問題

　アメリカ福祉国家は，市場メカニズムや，価値観としての自由を重んじるが，それは，外部性によって配慮を求められる資源配分や，低所得者への所得再分配を，市場志向の政策フレームワークと，非営利組織（サードセクター）をはじめとする中間領域の活動とのコラボレーションで遂行しようとするものである．

　本書が，新しいプログラムに対する政策分析として，資源配分や所得再分配のあり方をめぐる財政学的に重要な諸問題の解決に寄与するものとなれば幸いである．

第1章　住宅・コミュニティ開発政策の現代的課題

はじめに

　本章は，住宅・コミュニティ開発政策の現代的課題につながる政策形成の複雑な過程を，先行研究を参照しつつ，政権の資料と論理を検討することによって導くものである．

　住宅・コミュニティ開発政策の起源は，1930年代ニューディール期に遡ること，1960年代の「貧困の再発見」によって拡張をみたこと，しかしながら，住宅補助プログラムの欠陥により，1973年には，ニクソン共和党政権のモラトリアムによって，すべて停止されたという歴史を確認する．

　その後に制定された1974年住宅コミュニティ開発法で，プログラム基準が統一された住宅補助プログラムである"セクション8"が成立したこと，コミュニティ開発プログラムが整理統合され，州・地方政府への権限委譲を伴うコミュニティ開発一括補助金（CDBG）が成立したことをみる．それらのプログラムも，1980年代レーガン共和党政権のもとで，費用効率の問題から大幅に削減されたこと，その帰結として，住環境が悪化したことを明らかにする．

1.　住宅・コミュニティ開発政策の前史

住宅・コミュニティ開発プログラムの開始

　アメリカにおける最初の住宅・コミュニティ開発プログラムは，1930年代ニューディール期に，ルーズベルト民主党政権の手によって制度化された公共住宅供給とスラム・クリアランスである．当初は，大恐慌を脱するため

の景気刺激策・失業救済事業として公共事業庁の手によって始められたもので，住環境の保障という概念は希薄であったといわれる．後に，ニューディール政策のなかでは比較的遅い1937年にようやく正式に法制化された．

1937年合衆国住宅法は，以後のアメリカの住宅政策の基本をなすものであり，その第1条で，政策宣言（declaration of policy）として，住環境の保障を合衆国の政策として明白に位置づけたところに特徴がある．公共住宅は，1960年代ケネディ－ジョンソン政権によって，新たなプログラムが追加されるまで，相対的な低所得層を支える唯一の住宅・コミュニティ開発プログラムとして機能した．

しかしながら，創成期の公共住宅プログラムは，第2次世界大戦の開始により，当初の目的どおりには達成されなかった．住宅建設のための資源は，戦争遂行のために必要なものであり，全体として住宅建設そのものが事実上停止してしまったことが大きな原因となっている．

第2次大戦後，トルーマン民主党政権のもとで1949年住宅法が成立し，公共住宅供給とコミュニティ開発・再開発プログラムが再制度化された．公共住宅プログラムに強く抵抗した全国不動産業者協会やその他の投資家たちも，都市中心部の荒廃や，それと同時に進行した郊外化には，強い危惧を抱いていた．彼らはコミュニティ開発事業に，地方政府が，連邦政府の資金援助を得て，土地をまとめて収用することや，再開発コストを低下させるために一定の役割を果たすことについては，むしろ強く期待した．第2次大戦後の住宅不足という現実を背景として，保守派とリベラル派の妥協が成立し，コミュニティ開発・再開発プログラムと引き換えに，公共住宅プログラムが再制度化されたのである．

「偉大なる社会」政策とプログラム拡張

1960年代のケネディ－ジョンソン民主党政権の時代になると，民間住宅へ連邦政府の補助金を与える試みが始められた．そもそも，新しい政策が始められた理由は，当時問題となっていた，公共住宅を利用するには所得が高すぎ，民間の住宅を利用するには所得が低すぎる層に生じる「補助の穴」を埋めるためであった．

しかし，この新しい試みは，それにとどまらず，後にジョンソン政権による「貧困との戦い」のなかで利用された．1960年代には，マイノリティの貧困が"再発見"され，その対策が急がれた時代である．ジョンソン大統領は，1964年1月の大統領経済報告で，「貧困は，貧困層にとってだけではなく社会全体にとっての損失である」として「貧困との徹底的な戦い（all-out war on poverty)」を宣言した[1]．この大統領経済報告では，白人よりも非白人，教育水準の高い者より低い者，あるいは老齢者・女性が世帯主になっている世帯に，貧困が多く表われていること等を指摘し，それへの対策として，差別との闘い（包括的な公民権の法制化），都市・農村のコミュニティの再開発，労働市場の改善，教育機会の拡充，成人への教育や技能訓練，老齢者や障害者への補助等を行なうことを提案した[2]．

　ジョンソン政権は，その「偉大なる社会（Great Society)」政策のなかで，民間の持ち家や賃貸住宅の建設補助金や家賃補助など住宅補助プログラム（housing assistance program）を矢継ぎ早に導入し，また，従来からの住宅政策機関をまとめた，住宅都市開発省を設置するなど，住宅・コミュニティ開発政策の拡大を志向した．

　しかしながら，1960年代ジョンソン民主党政権期の諸政策は，多大なる欠陥を持つものであり，現実的な政策とはならなかった．これらはニクソン共和党政権による1973年モラトリアム宣言によってすべて停止される．

2. 住宅補助プログラムの欠陥とニクソン政権によるモラトリアム

住宅補助プログラムの欠陥

　1960年代までに導入された新たな住宅補助プログラムは，多くの欠陥を持っていることが明らかになった．この点について，1972年12月の第92議会経済合同委員会（Joint Economic Committee, 92nd Congress）の公聴会記録を使ってみておこう[3]．

---

1) *Economic Report of the President*（1964）p.55.
2) *Economic Report of the President*（1964）pp.55-84. この年の大統領経済報告では，貧困問題について1章を割いている．

第1章　住宅・コミュニティ開発政策の現代的課題

　会計検査院（General Accounting Office，以下GAO[4]）の総監（Comptroller General）のスターツ（Elmer B. Staats）が，これらのプログラムについて証言している．GAOは，連邦議会下の会計検査機関であり，公的資金の収入と支出に関するすべての事項について調査する義務を負う．1921年予算会計法（Budget and Accounting Act of 1921）によって設立され，政府機関に対して独立的に監査を行なっている．総監は，上院の助言と同意を経て大統領に指名されるGAOの長であり，GAOの監督と指導を行なう人物である．

　この公聴会で，スターツは，まず，持ち家補助であるセクション235プログラム（住宅都市開発省所管）とセクション502プログラム（農務省所管）について，5つの問題点を挙げている．

　その第1は，住宅都市開発省と農務省が，必要性に応じたプログラムの割当を行なっていないということである．住宅都市開発省の本庁（headquarters）は，補助付住宅の必要性について推計しているものの，住宅都市開発省の各支庁（field offices）の推計するものと重大な隔たりがあり，かつそれが放置されている．農務省に至っては，本庁も各支庁も農村の補助付住宅の必要性を推計してさえいない．

　第2は，補助された住宅に重大な欠陥が生じていることである．無作為抽出した1281の事例のうち，新規に建設されたもので24%，修復されたもので36%もの住宅に欠陥があった．

　第3に，住宅都市開発省も農務省も，各支庁に対して，補助するべき住宅のタイプを定義する，相応の指針を提示していない．結果，一部の世帯では，エアコン，暖炉，余分な寝室まで付いた住宅を購入しているのに，同じ地域の他の世帯ではこれらが手に入れられないでいる．

　第4に，これらプログラムの債務不履行率の問題である．スターツは，セクション235の債務不履行率を，約1割と予測している[5]．1978年度までに実施される140万戸の10%に債務不履行が発生すれば，住宅都市開発省は，最終的に5億32百万ドルの損失を被ると警告している．

　第5に，現在は，民間で調達した資金に利子補助金を供給しているが，政

---

3)　Joint Economic Committee (1973) pp. 3-7.
4)　GAOは，2004年にGovernment Accountability Officeに名称変更している．

2. 住宅補助プログラムの欠陥とニクソン政権によるモラトリアム

府は民間より低い金利で調達できるから，連邦政府が原資を調達し直接融資を行なえば，プログラムのコストを削減できる，としている[6]．

賃貸住宅補助プログラムであるセクション 236 については，次の 4 点を挙げている．

第 1 に，セクション 235 と同様に，プログラムが必要に応じて割り当てられていない．第 2 に，住宅都市開発省は，住宅価格を適切に評価しておらず，セクション 236 モーゲッジ・ローンをむやみに大きくしている．最近完成した 68 物件のうち 47 件がそのコストを超過しており，さらにそのうちの 12 件に至っては，コストの 125% を超えて評価されていた．第 3 に，セクション 235 と同じように連邦政府が直接融資を行なうことでコストを削減できる．

第 4 に，賃貸住宅補助プログラムは，さまざまな利潤動機が働くように作られており，多くの営利組織がセクション 236 プログラムに参加している．それは，「建設と初期の経営にかんして営利組織を引き付ける構造になっているが，長期の高品位な経営を保証するものとなっていない」というのである．

この第 4 の問題についての証言は，少しわかりにくいので，若干の説明を要するだろう．1969 年税制改革法で，居住用物件に対しての優遇税制が導入された．このなかでも居住用賃貸物件については，他の財産に比してより早期の加速減価償却[7]を認める例外規定が設けられ，また低所得者向け賃貸住宅については，修復支出の追加償却規定など，さらなる優遇も認められるようになっている[8]．そのなかでも，超過償却分 (excess depreciation) の再捕

---

5) 証言のなかでは，明確な根拠を示していない．同氏の後日提出資料 (Joint Economic Committee (1973) pp. 92-94.) によれば，1969 年 1 月から 6 月に開始されたセクション 235 によるローンのうち，71 年 6 月時点で，住宅都市開発省の 10 支所を調査したところ，2.2% から 20.1% の債務不履行率であった．その他の要因を勘案して「10% に届くと推定される」としている．

6) これらのうち，第 2 の住宅の欠陥と第 4 の債務不履行の問題は関連している．Galster によれば，投機筋が質の悪い住宅を低コストで買い取り，補助金を使って表面的に修理して，これを売却して利益を得ようとした．さらなる修復が必要となれば追加的な負担が生じることとなるのだが，往々にして低所得の購入者には，それを支払う余裕がなかった．この結末が債務不履行だったという (Galster and Daniell (1996) pp. 94-95.)．欠陥住宅の建設・虚偽の修復を見抜けなかったという意味では，明確な指針をおいていなかったという第 3 の問題とも通じる部分があるであろう．

捉規定（recapture rule）に対して，厚い優遇規定が設けられている．加速償却は当初に多くを償却してしまう制度であるから，定額償却と比較して，過剰に償却された部分（超過償却）が発生する．再捕捉規定とは，物件を売却する場合，この超過償却分を通常の所得（ordinary income）としてみなして課税するという規定である．

ところが，連邦補助付の低所得者向け賃貸住宅については，最初の20カ月間これを適用するが，その後は1カ月当たり1％ずつ減じていくという例外規定が設けられている．つまり，これより100カ月後，最初から数えて120カ月（10年）で，再捕捉規定が適用されなくなり，完全に所得として算入されなくなるのである．

この規定によれば，キャピタルゲインに課税されなくなるのであるから，10年経過した物件は，売却した方が有利ということになる．GAOのスターツの後日提出資料によれば，こうした規定が，長期の運営を維持するどころか，「所有者を売却に誘い込むもの」であるというのである[9]．

前述のスターツの指摘は，GAOが一般の連邦政府機関からは独立性の高い組織である分，必ずしも政権側の問題意識とは一致しない．しかし，そのうちのいくつかは，政権側にとっても無視し得ない問題であり，1969年に成立したニクソン共和党政権によって，70年代に大きく改革されていくことになる．

ニクソン政権によるモラトリアム

ニクソン共和党政権は，1973年1月5日から，住宅補助に関するすべて

---

7) 200％の定率償却方式（declining balance method）が認められた．Declining balance method の比率は，定額償却に対する比率．200％の場合は，定額償却を適用した場合の2倍を償却できることになる．たとえば，償却期間が10年の場合は，定額償却なら毎年10％であるが，declining balance method の場合は，毎年，償却残額の20％ずつ償却できる．加速償却には，他に sum of years' digits method がある．いずれの場合も，後から償却残額を定額償却に転換できる．アメリカの減価償却制度については，Pechman (1987) pp. 156ff を参照．

8) Tax Reform Act of 1969, Sec.521 による Internal Revenue Code Sec.167, Sec.1250 の改正．*United States Statutes at Large, 1969* (1970) pp. 649-654.

9) Joint Economic Committee (1973) p. 167.

の新規契約を中断した．ニクソン大統領は，3月の教書で，この理由を説明している．要約すれば，以下のようになる．

　この4年間，連邦政府は，150万の低中所得者家族に住宅補助を供給してきた．加えて，民間の住宅業界は，600万戸の補助なしの住宅を供給した．もっとも重要なのは，標準以下の住宅に生活する国民の比率が，1940年の46%から，1950年の37%，1960年の18%，1970年の8%へと，劇的に低下していることである．国民は今日，歴史上もっとも良い住宅環境を手に入れている．同時に，しかし，われわれの住宅プログラムには基本的な欠陥があることが証明されている．明らかになったことには，貧困者がこれらプログラムの基本的な利益を受けていない場合が多い，これらのプログラムは不公平に虫食まれている，これらのプログラムによって建設された補助住宅の単位当たりコストが高すぎる，といったことである．われわれは，今までよりもより進歩した，確固たる基礎を持った政策に転換させなければならない．本年1月5日に補助を一時中断したが，強調したいのは，すでになされた契約によって，1973年中におおよそ30万戸の新規の補助付住宅が着工されることである（筆者注——補助中断に対する批判に応えたものと思われる）．私の本年の最優先課題は，本当の貧困者に補助を与え，無駄をなくす新しい政策を始めることである．私は，6カ月以内に，この分野についての政策勧告を議会へ提出するつもりである[10]．

問題となった点について詳細な言及はないが，「貧困者がこれらプログラムの基本的な利益を受けていない」というのは，先の公聴会記録でふれたような，過大な価格評価による宅地開発業者への利益などを指していると思われる．「不公平に虫食まれている」というのは，明確な指針がないことによって補助の受け手に差が生じていることを指していると考えられる．「補助住宅の単位当たりコストが高すぎる」というのは，公聴会記録では言及がな

---

10) *Public Papers of the Presidents of the United States, Richard Nixon* (1975), March 8, 1973, pp. 175-176. 1月29日の教書でも同様の説明を行なっている．同上書，January 29, 1973, pp. 46-47. 和訳は筆者による．以下同様．

いが，後の住宅に関する教書（後述する9月の教書）を参考にすれば，おそらく補助なしの民間住宅のコストとの差を問題にしているのであろう．

ニクソン大統領による新しい法の制定を求める教書

予告どおり，ニクソン大統領は，同年9月に新しい法の制定を求める教書を議会に送った[11]．この教書では，従来の住宅プログラムの問題点について大きく分けて次の3点を指摘している．

第1は，公共住宅における貧困層の集中が，荒廃を招き，「連邦のスラム（Federal Slum）」となってしまっているという点である．これについては，補足的に説明しておく．1949年住宅法以来，公共住宅をより低所得な層への補助に限定させる政策が進められてきたことはすでに述べたが，家賃収入の減少から，公共住宅の経営は悪化していた．これに対し，1969年住宅都市開発法（Housing and Urban Development Act of 1969）で，運営費用に対しても補助金を支出するよう改定されると同時に，さらに低所得な階層へ補助を限定するよう改定された．これは，さらなる貧困層を同一の建物に集中させる結果となり，住宅によっては居住者の3分の2に働き手が1人もいないという状態まで生み出していた[12]．こうした状況について，ニクソンは，「非常に多くの貧しい人びとが激しく集中することにより，彼らは，アメリカ的生活の主流から切り離されているように感じる[13]」と表現している．

第2に，現行制度は，ある所得水準を超えてしまうと補助の資格を失ってしまうことから，居住者の補助への依存を招き，自助努力を削いでいる，という点を挙げている．

第3には，政府補助の住宅は，民間の住宅より15%から40%も多くコストがかかっており，多くの無駄がある，と指摘している．

この教書では，こうした問題をふまえて，まったく新しいアプローチの政策を開始することを求めている．その主要な骨組みにふれれば，貧困層にと

---

11) *Public Papers of the Presidents of the United States, Richard Nixon*（1975），September 19, 1973, pp. 800–813.
12) Galster and Daniell（1996）p. 96. Walsh（1986）p. 39 も参照．
13) *Public Papers of the Presidents of the U.S., Richard Nixon*（1975），September 19, 1973, p. 807.

っての基本的な問題が住宅の欠乏にあるという古いアプローチではなく，住居費の支払い能力の不足している低所得層に直接補助を与える新しいアプローチに転換するべきであるとしている．「この計画は，自分自身に住宅を選択させることにより貧困層に自由と責任を与え，そのうちに連邦政府を住宅ビジネスから手を引かせるものとなる[14]」というのである．(もっとも，教書の後半では，限定的にも建設プログラムを継続させる必要があることを指摘している．)

3. "セクション8"と連邦補助プログラムの基準の統一

1974年住宅コミュニティ開発法による住宅補助プログラム基準の統一

こうしたアプローチからの政策は，1974年住宅コミュニティ開発法 (Housing and Community Development Act of 1974) により成立する．この法のなかで，もっとも注目されるのは，1974年法セクション201によって改正された，1937年合衆国住宅法"セクション8"である[15]．

"セクション8"プログラムの中心は，新規建設・大規模修復プログラムと，既存住宅プログラム（有資格証書方式）の2つにある．

新規建設・大規模修復プログラムは，民間の低所得者向け住宅の建設・大規模修復に補助金を支出するというものであり，低所得者向け住宅の供給を促進するための，プロジェクト・ベースのプログラムである．家賃と居住者の所得の25％（1981年から30％）の差額が補助金として供給される．家主は，低所得世帯に，一定の割合の住宅を一定期間にわたって維持供給しなければならない．

それに対して，既存住宅プログラムは，定められた基準に合う民間の既存住宅に居住する低所得世帯に対し，家賃と所得の25％の差額を世帯ごとに補助するという，世帯ベースのプログラムになっている（ただし，補助金そのものは家主へ支払われる）．このプログラムの契約は1枚の証書によるから，

---

14) *Public Papers of the Presidents of the U.S., Richard Nixon* (1975), September 19, 1973, p. 808.
15) *United States Statutes at Large, 1974* (1976) pp. 653ff.

第1章　住宅・コミュニティ開発政策の現代的課題

後のバウチャー（引換証）方式のプログラムと区別する意味で，有資格証書方式（Certificates）と呼ばれる．

　セクション8の第1の意義は，基本的な賃貸住宅プログラムにおいて，補助の基準となる算定方法が統一されたことである．従来のプログラムでは，利子補助金の形をとったり，前払い補助金であったりと補助金の形態が異なっており，それにしたがって，基本的な算定方法も異なっていた．しかし，セクション8では，一般に所得の25%を居住者の負担分とし，それを超える費用が補助金として供給されることになった．1969年住宅都市開発法で，公共住宅の家賃も所得の25%に変更されていたから，ほぼすべての住宅補助プログラムで，この方式が用いられるようになったわけである．

　第2の意義は，補助を受ける資格のある世帯の基準が明確化されたことである．セクション8の受給資格を持つのは，地域の所得中央値の80%以下の低所得世帯（このときはlower income family）とされ，同時にプログラムの実施上，一部で異なった扱いを受ける50%以下の層が極低所得世帯（very low-income family）と定義された[16]．

　セクション235, 236プログラムなどでは，明確な指針のないことが，不公平な補助金の配分を招いていたから，このように，補助金の算定方法と資格条件についての明確な指針が設けられたことで，かなり問題が緩和されたといえる．細部についてはたびたび変更されるが[17]，こうした方法の基本は，その後も維持されることになる．

---

16)　United States Housing Act of 1937, Sec.8(f). *United States Statutes at Large, 1974* (1976), p. 665. 他にSec.3で，居住地域の民間住宅の家賃を支払う余裕のない家族をlow-income familyとして別に定義している．同上書，p. 654. この定義は，のちに廃止され，1990年住宅法以後は，所得中央値の80%以下の世帯がlow-income family，50%以下の世帯がvery low-income familyと定義される．*United States Statutes at Large, 1990* (1991) pp. 4236-4237. 本書では，1990年住宅法以前のlower income familyと以後のlow-income familyをいずれも「低所得世帯」と訳している．

17)　たとえば，この時には，所得調整の規定がない．その後，1981年には，補助金の算定方法について調整後所得の30%，資格要件について原則として極低所得層のみへと変更されている．

3. "セクション8"と連邦補助プログラムの基準の統一

「機能する政策」としての認知

　上記2つの意義は，従来の民間住宅を活用するプログラムが抱えていた問題に対するものである．セクション8は，それに加えて，公共住宅が抱えている問題を補完する意味も持っているので，第3，第4の意義として以下でみていこう．

　セクション8の第3の意義は，特に既存住宅プログラムの活用により，貧困層の地域的分散化が図られることになった点である．これについては，既存住宅プログラムの特徴を押さえながらみていこう．

　既存住宅プログラムは，セクション8のなかでも，また従来の住宅補助プログラムからみても，もっとも特徴的なプログラムになっている．それは，世帯自らが既存の民間住宅を探し出し，世帯ごとに補助金が供給されるという，需要者側への直接補助になっている点である．

　有資格所得居住者（income-eligible tenant）は，プログラムの物件基準を満たす一定の質を満たし，住宅都市開発省が地域ごとに定める公正市場家賃（FMR: Fair Market Rents[18]）を超えない家賃の民間住宅を選択できるようになった．民間の既存住宅が活用されること，かつそれが世帯ごとに行なわれることによって，貧困層の地域的な集中，そして何よりも同一の建物への集中が回避されるようになったのである．

　そして第4の意義として挙げるのは，所得上昇に対するインセンティブを完全には阻害しないシステムになったことである．公共住宅は，制限所得を超えてしまうと入居資格を失うから，制限所得を若干超える世帯は，かえって苦しい生活を迫られることになった．補助を受けている世帯は，これを回避しようとして，このラインで所得上昇に対するインセンティブを失ってしまうことが懸念されたのである．しかし，セクション8では，所得の上昇にしたがって家賃補助は減額されるが，自由に使える所得も段階的に増加していくうえ，制限所得を超えても補助がなくなるだけで，居住資格を失うことはないのである．

　その後，民間住宅への連邦補助プログラムは，アメリカにおける政策フレ

---

[18]　毎年改定され，その一覧が公表される．HUD, *Fair Market Rents*, http://www.huduser.gov/portal/datasets/fmr.html

ームワークの中心的存在になった．2009年時点のすべての連邦助成賃貸住宅834万5843戸のうち，公共住宅は115万6839戸（13.9%）に過ぎず，残りの718万9004戸（86.1%）は民間住宅への補助金である[19]．

当初は，保守派・リベラル派ともに，有効な政策になるとは考えていなかったにもかかわらず，1960年代民主党政権による政策の導入と，70年代共和党政権による政策基準を明確化する改革によって，結果的には，公共住宅にみられた貧困の集中や，所得上昇インセンティブの阻害という問題に一定の解決を与え得る「機能する政策」として，共通に認知されることとなったのである．

1970年代の住宅補助プログラムは，73年の中断を経て，明確な画期を与えられることになった．それまでのプログラムの実施基準についての曖昧さを解消し，補助金の基準を統一するとともに，公共住宅プログラムにみられた貧困の集中や所得上昇インセンティブを阻害しているという問題に，解決の糸口を与えることになった．こうしたニクソン政権の改革で作られた住宅補助の基本的な枠組みは，その後も維持されていくことになるのである．

4. コミュニティ開発プログラムの整理統合と一括補助金化

連邦の特定補助金と州・地方財政の硬直化

1960年代，コミュニティ開発政策の分野においても，矢継ぎ早に新たなプログラムが導入された．この時点での，これらの補助金の特徴にふれれば，そのすべてが使途の限定された特定補助金（categorical grants）であったことである．70年時点のすべての連邦補助金をみても，そのうち97%が特定補助金であったから[20]，60年代末までは，一般的にも特定補助金プログラムが多用されてきたことがわかる．

これらの特定補助金の特徴として，連邦補助金に対して州・地方政府による見合資金（matching fund）の拠出を要請する規定を挙げることができる．見合資金の要請が一般化するのは1910年代に入ってからであるが[21]，62年

---

19) Schwartz（2014）p. 9.
20) Gramlich and Laren（1982）p. 156.

4. コミュニティ開発プログラムの整理統合と一括補助金化

表 1-1 主なコミュニティ開発関連プログラムと法定見合資金比率

補助金名	成立年	連邦補助率上限	見合資金比率
都市再生	1949年	2/3	1/3
オープンスペース	1961年	20%（30%）	80%（70%）
基礎的上下水道	1965年	50%（90%）	50%（10%）
近隣施設	1965年	66 2/3%（75%）	33 1/3%（25%）
モデル都市事業	1966年	80%	20%

(注) （ ）内は，資金の拠出が困難な都市や，いくつかの例外規定の条件に該当する場合に適用される．
(出所) *United States Statutes at Large, 1949, 1961, 1965, 1966* から作成．

時点では，補助金のうち，数にして78%，金額にして88%に，見合資金規定が設けられていた[22]．

1960年代に連邦補助金が急増するなかで，こうした見合資金の要請が，州・地方財政を硬直化させているという点が，補助金のあり方をめぐる争点の一つとなり，70年代改革へとつながっていくのである[23]．

事実，後に述べる1970年代補助金改革の直前の71年には，州・地方政府の支出した見合資金は，連邦の補助金支出の約4割に達していたのである[24]．この見合資金と補助金の関係について，コミュニティ開発関連プログラムの事例をみておこう[25]．表1-1は，主なコミュニティ開発プログラムの見合資金比率（matching ratio）をみたものである．

表1-1のように，基本的な比率は，20〜80%とさまざまではあるものの，連邦補助金に基づいた事業を行なおうとする場合，州・地方政府は，自主財源から一定割合の支出を余儀なくされるような仕組みがあったのである．

---

21) 岡本 (1983) p. 21.
22) ACIR (1964) pp. 39-40.
23) 岡本 (1983) p. 18.
24) 岡本 (1983) p. 10.
25) ACIRの資料によると，代表的な住宅補助プログラムである公共住宅供給は，公共住宅資産に対する地方財産税の減免（またはそれに代わる給付金）をマッチング（地方負担）部分としている．しかしながら，多くの州で用いられている租税優遇措置による税収減は，支出としては計上されないため，この場の議論からは外し，コミュニティ開発プログラムについてのみ取り扱うこととする．ACIR (1964) p. 217.

ニクソン政権による歳入分与の提案

　特定補助金は，使途が限定されているがゆえに，中央政府によるナショナル・ミニマムの達成を目的とする際には，極めて効果的である．しかしながら，1969 年民主党から共和党へ政権が交代し，ニクソン-フォード政権の時代になると，連邦補助金のあり方にも変化が訪れることになる．

　ニクソン大統領は，就任式で「われわれは連邦政府だけで実行できることの限界に達しようとしている」と述べ，ジョンソン政権による「偉大な社会」計画のもとで膨張した社会福祉プログラムが，州・地方政府に決定権限を剝奪しつつ費用負担だけを強要しているとして，改革に着手することになった[26]．

　ニクソン政権は，1971 年，二つの歳入分与プログラム（revenue sharing）を提案した．二つの歳入分与とは，使途をまったく限定しない「一般歳入分与プログラム（general revenue sharing）」と，部分的に使途を限定するが州・地方政府の決定権限を大幅に拡大した，6 つの広範なプログラム分野（コミュニティ開発・農村開発・教育・交通・職業訓練・治安）に分けられる「特別歳入分与プログラム（special revenue sharing）」である．

　ニクソン政権は，これによって生じる新しい州・地方政府とのパートナーシップを「新連邦主義（New Federalism）」と修辞した．

　110 億ドルに及ぶこの提案がそのまま実施されれば，州・地方政府に対する連邦補助金の 3 分の 1 は歳入分与で与えられることになったはずであるから，1960 年代に膨張した特定補助金プログラムと，それによって硬直化したとされる州・地方財政によほど大きな変化を与えたに違いない．

　しかしながら，これらの提案は部分的にしか成立しなかった．より具体的にいえば，一般歳入分与が 1972 年に成立をみたのに対し，他の 6 分野の特別歳入分与提案は，そのうち職業訓練が 73 年に，コミュニティ開発が 74 年に，一括補助金（block grants）として形を変えたうえで成立し，他の 4 分野は，すべて成立しなかった．

　以下では，コミュニティ開発歳入分与の提案からコミュニティ開発一括補

26）　新藤（1986）p. 48.

助金（CDBG）の成立までを扱う．

決定権限を大幅に委譲するコミュニティ開発歳入分与の当初提案

　一般歳入分与が，新しい補助金プログラムの「創設」であったのに対し，特別歳入分与プログラムは，既存プログラムの統合を意図するものであった．実は，この性質の違いは，結果的に，それぞれの提案の成立の可否に大きな影響を与えた．

　というのも，既存の利害関係がなく，便益を失う者が誰もいなかった一般歳入分与が総じて容易に成立したのに対し，特別歳入分与のようなすでに利害関係が生じている補助金の統合は，誰が新たに便益を受け，誰が便益を失うのかという議論を惹起せずにはおかなかったからである．

　ニクソン政権によるコミュニティ開発特別歳入分与の当初提案は，都市再生・モデル都市事業・近隣施設の既存のコミュニティ開発特定補助金を統合し，配分公式による資金の割当を通じて，連邦政府の管理権限を縮小，地方政府に決定権を委譲することを意図したものであった．

　こうした補助金改革には，提案当初から以下のような強い懸念が表明されていた．シアトルのモデル都市事業の主任であるウォルター・ハンドリーは，次のように述べている．

　　「私は，不利な立場にいる人びと――特に貧しい黒人たち――を実際に救済できるのは，連邦政府による直接的な介入だけだと確信する．連邦による効果的な特別のプログラムが現在実施しているような，公的資金を優先的に黒人たちに振り向ける政策は，地方における政治的圧力のなかでは不利に作用する．これは，ニクソンがその義務を地方政府に負わせようとしているのに，地方がなんの用意をしないことにも表れている[27]」．

　地方による裁量に任せれば，貧困者やマイノリティに不利な配分がなされるのではないかというのである．この懸念は，後述するように現実のものと

---

27) Hays (1995) p. 193.

第1章　住宅・コミュニティ開発政策の現代的課題

なるのだが，それはさておいて，政権案提案後の連邦議会の動きをみておこう．

　上下院それぞれの住宅小委員会が，基礎的上下水道・オープンスペースなどの補助金の統合をベースとして，配分公式を用いず，地方政府からの申請と住宅都市開発省長官による審査を必要とする，連邦の権限を強く残す独自案を提出したこともあって，1971年政権案の方は，一向に審議されなかった．

　1973年，これを受けて，ニクソン政権は，当初案に，基礎的上下水道・オープンスペース・公共施設融資などの補助金・融資プログラムを加えて，コミュニティ開発歳入分与を再提案する，コミュニティ改善法（The Better Community Act）を提出した．

　ニクソン大統領は，この法の制定を求める1973年3月の議会へ向けた教書で，次のように述べた．

　　「コミュニティは，同様の必要性と関心を共有している．……しかし，それぞれに対する地方の優先順位（プライオリティ）は異なる．……しばしば，過去のワシントン（連邦政府）の最終判断は，セントルイス，デトロイト，マイアミ，その他の都市を，わなに陥れてきた．……これらの過去の失敗の結果が生み出したことは，よじれた地方のプライオリティ，まったくうんざりするほどの官僚主義，しばしば事業における浪費・遅延を生じさせ，相互の失望を醸成した地方コミュニティとワシントンの対立，地方政府・連邦政府双方の問題解決能力に対する人びとの不信，個々の連邦プログラム間の競合，そして最悪だといえるのが，地方・州政府が自らの活力と住民の力を結集して率先すべき意志と能力を削ぎ落としてしまったことである．

　　もっとも良い連邦政府の政策とは，コミュニティそれぞれの必要に基づき，各コミュニティが最善と考える方法で，コミュニティのリーダーと人びとの力によって働くものである[28]」．

---

28)　*Public Papers of the Presidents of the United States, Richard Nixon*（1975），March 8, 1973, p. 172.

4. コミュニティ開発プログラムの整理統合と一括補助金化

　そして，ニクソン大統領は，コミュニティ改善法について，マッチングを廃止し，連邦の官僚主義を取り除き，コミュニティ開発政策における地方の裁量を高めることを強調すると同時に，「この法で提供される資金は，いかなることがあっても，人びとの公民権を侵害しようという目的で使われるものではない」と注釈した．

　さらに，地方政府それぞれの裁量に基づいて，現在の特定補助金で行なわれている事業を継続することが可能であり，また，法制定直後においては，各コミュニティが受け取る資金は，それまでのコミュニティ開発関連の特定補助金の総額を下回ることはない，という財源保障規定（hold-harmless provision）が設けられていることを説明した．しかしながら，補助金の配分を，原則として配分公式によって行なうことについては妥協しなかった．

折衷としてのコミュニティ開発一括補助金（CDBG）の成立

　コミュニティ開発政策をめぐる共和党政権側と連邦議会リベラル派の争点は，地方分権と国家的優先事項（ナショナル・プライオリティ）をいかに調和させるかという点にある．都市のスラム・荒廃の除去を通じて貧困を解消しようという政策目標（ナショナル・ゴール）を尊重し詳細なプログラムを組めば地方分権は阻害されるし，地方分権を尊重してプログラムをあいまいなものにすれば政策目標は達成されなくなる，というわけである．

　その具体的な表われが，補助金の配分方法をめぐる争点であった．政権案のように配分公式によって自動算定すれば，連邦政府が目的と使途を限定することはできないから地方分権が進み，議会案のように地方政府の申請に基づいて連邦政府が承認を与えれば，政策目標は達成しやすくなるが地方の決定権は阻害される，という相違である．

　議会は，ウォーター・ゲート事件に四苦八苦するニクソン政権側から譲歩を引き出し，また，ウォーター・ゲート事件で手一杯のニクソン大統領より全権を委ねられた住宅都市開発省長官ジェームス・トマス・リン（James Thomas Lynn）が積極的にこの法案の成立を求めたこともあって[29]，ついに

---

29) 新藤（1986）p. 88.

第1章　住宅・コミュニティ開発政策の現代的課題

1974年8月,「コミュニティ開発一括補助金 (Community Development Block Grant, 以下 CDBG)」として,形を変えながらも成立をみた.

この一括補助金（ブロック補助金）による補助金の統合は,歳入分与提案よりも連邦の関与が強く,特定補助金よりも地方の決定権が強化された,まさに「折衷」したものになった.

まず,配分方法は,受給を希望する州・地方政府（ただし,資金の80%は大都市および都市部カウンティの地方政府が受け取る.州はごく一部）がコミュニティ開発計画を住宅都市開発省長官に提出し「承認を受ける」ことによって受給資格を得るが,補助金額については「配分公式に基づいて」算定されることになった.

ただし,既存の特定補助金の給付を受けてきた政府に対する補助金総額を維持するための財源保障規定によって,以後,5年間にわたり経過措置を講ずることになった.

このように,配分公式を用いながらも,住宅都市開発省による審査権限を残すことになったわけだが,しかしながら,これは以前よりはるかに基準の緩いものであった.というのも,法に規定される政策目標が,次のように定められていたからである.

「この法の第一の目的は,原則として低所得・中所得層のために (principally for persons of low and moderate income),適切な住宅とふさわしい住環境を提供し,経済的機会を増進させることを通して,発展しうる都市コミュニティを開発することである」とされ,「この第一の目的と調和する (1) スラムおよび荒廃の除去, (2) 健康・安全・公共福祉にとって有害な環境の防止, (3) すべての人びとにとっての適切な住宅とふさわしい住環境を提供するための住宅ストックの保護と増進, (4) コミュニティ・サービスの数と質の増進・改善, (5) 土地・自然資源の有効活用, (6) コミュニティ内の所得階層別の居住分離の解消, (7) 歴史的・建築的・美的価値を持つ資産の復興・保存,の7つのコミュニティ開発活動に連邦の補助を与える」となっている[30].

4. コミュニティ開発プログラムの整理統合と一括補助金化

　重要な点は,「原則として低所得・中所得者のために」という言葉である.それまでの特定補助金プログラムは,低・中所得者向けと明記するか,それがなければ,スラムや荒廃のある地域,または基本的な施設が欠如している地域に用いることを限定していたから,そのほとんどが貧困対策とならざるを得なかった.

　しかしながら,どの用途にどの程度の資金を用いるかの権限が,地方政府に委ねられた場合,それが貧困対策として機能するかどうかは,「原則として」という言葉がどれだけ守られるかにかかってくる.

　法はこの点について,補助金を受ける政府が「低所得・中所得家族を援助するか,スラムと荒廃の除去・防止を行なう事業への補助に最大限可能な優先順位(プライオリティ)を置くコミュニティ開発プログラムとして実施されることを証明しなければならない」としている[31].

　もともと上院案は,補助金の80%を低・中所得層の便益に密着した都市施設の改良に,20%を低所得層への社会サービスに充当すべきことを定めていたが,この条項が外された意図をみるならば,この「最大限可能な」という条文が,地方政府を衰退地域の再生に仕向けさせる規制ないし何らかの歯止めとして働くものであるとはいえず,また,「最大限可能な」範囲も,政策を実施する政府,あるいは政策について論ずる個人の主観に帰属することになる.

地方政治におけるプライオリティの歪みと地方政府の対応

　地方政府が都市の再生に,どのように「最大限可能な優先順位(プライオリティ)」をおくかは,事業の認可権限を持つ住宅都市開発省が,どこまで行政上の基準を定めるかにかかっているといってもよい.しかしながら,フォード共和党政権下の住宅都市開発省は,CDBGの運営要項で,こうした基準を示さなかった.このような住宅都市開発省の行動は,無意識の不作為ではなく,政治的不作為であり,「すなわちそれはCDBGを実質的に特別歳入分与に近付けようとするフォード政権の意図を体現したものである」とい

---

30) *United States Statutes at Large, 1974* (1976) pp. 633-653.
31) *United States Statutes at Large, 1974* (1976) p. 639.

第1章　住宅・コミュニティ開発政策の現代的課題

えよう[32]．

　さて，CDBG プログラムは，その根拠法で，実施にあたっての住民参加を求めていた．ほとんどのコミュニティは，住民による諮問委員会を設置したが，Hays（1995）によれば，「これらの住民は，当初，このプログラムの弾力的運用の範囲は，極めて小さなものだと考えていた．しかし，配分方法が定式的で，提供される資金が総じて限定的ではないと知るに至ったとき，CDBG 資金に対する需要が増した」という[33]．

　それまでの特定補助金によるコミュニティ開発プログラムは，そのほとんどが貧困対策であったことから，第1に，対象となる主たる所得階層は低・中所得層であり，第2に対象となる地域は，コミュニティのなかでも貧困が表われている限定された特定地域であるという特徴を持っていた．

　しかしながら，この CDBG プログラムについて，これらの住民とコミュニティの代表者たちは，第1に，低・中所得層に限定せず，第2に，特定地域に限定しない全市的事業に，資金を用いるよう指向したのである．

　ロサンゼルス市の事例を用いれば，1975 年度に 3859 万 5 千ドルの補助金が予定されたが，そのうち約 60% が，財源保障規定によるものだった．市長はこの財源で旧来からのモデル都市事業の継続を指向した．ところが，15名の市議会議員は，モデル都市事業の対象地区への集中的投資に批判的であり，全市的事業の立案と実施を求め市長と対立した．この対立の解消のために組織された 150 名の住民からなる諮問委員会も，15 名の市議会議員がそれぞれ 10 名を指名することにより，モデル都市事業対象地区の住民は完全に排除されたのである．

　市長は，結局，諮問委員会とは別に，少数のメンバーからなる技術委員会を設け，市長と技術委員会が，1975 年度に限って保障財源規模のモデル都市事業を CDBG 事業として継続し，これに反対する 8 名の市議会議員の選挙区に新たな事業を開始する計画案を用意して，諮問委員会ならびに市議会の承認を得た[34]．

---

32)　新藤（1986）p. 155.
33)　Hays（1995）p. 212.
34)　新藤（1986）pp. 163-165.

4. コミュニティ開発プログラムの整理統合と一括補助金化

　ロサンゼルス市の事例が極端なものであったとしても，住宅都市開発省の調査によれば，低・中所得層の便益のために用いられた資金は，1975年度69.0％，76年度62.1％，77年度61.7％であり，ブルッキングズ研究所Dommel（1980）の80年の標本調査・研究によれば，CDBG開始から4年間の低・中所得者向けへの充当率は，59〜64％の範囲にとどまるものであった[35]．

　こうした事態に対し，1977年，カーター民主党政権の住宅都市開発省長官パトリシア・ハリス（Patricia Roberts Harris）は，下院の公聴会で「われわれは，コミュニティの開発および住宅プログラムが，低所得・中所得住民に向けられることを期待する」と述べ，CDBG資金の75％を低・中所得者向けに用いるよう，法の改正を提案した．

　「75-25規定」と呼ばれるこの改正案に対して，下院住宅小委員会議長トーマス・アシュリー（Thomas Ashley）らが，猛烈に反対した．アシュリーは，ハリス長官への書簡のなかで「私には，75-25規定は，CDBGの基本的な構想を冒瀆するものであるようにみえる．それは，われわれすべてが望ましくないと考えている，過去の特定補助金的手法にわれわれを引き戻すものである」と述べた[36]．

　結局，この「75-25条項」は採用されず，「すべてのプログラムと活動は，原則として低所得・中所得の人びとへの援助，またはスラムと荒廃の除去・防止を行なう事業への補助，または緊急性のあるその他のコミュニティ開発の必要（ニーズ）を充足するものでなければならない」という条項に置き換えられることになった．

　カーター民主党政権は，行政運営上の手段を用いて，低・中所得層への便益の配分を指向した[37]．Dommel（1980）は，この目標は一定の効果を発揮したと評価し結論づけるが，無論，コミュニティ開発における基本的な政策

---

35) 新藤（1986）p. 156; Dommel（1980）p. 469. なお，これらの調査は，事業地区の所得水準に基づいて集計されたものであることに注意する必要がある．もちろん，低・中所得階層の居住地域を対象としていても，低・中所得層の便益とならない事業も存在する．

36) Dommel（1980）pp. 466-467.

37) 平山（1999）p. 293.

の構造が変化したわけではなかった.

地方政治におけるコミュニティ開発政策のプライオリティの低さ

表1-2は,連邦・州・地方の全政府の支出を,「連邦政府の直接支出」「州・地方政府への連邦補助金」「州・地方政府自主財源による支出」に3分割して,CDBG成立前後を比較したものである.同表では,全機能にわたる合計値と,住宅・都市再生（Housing and Urban Renewal）項目の値を抜き出してある.

表1-2,連邦補助金改革以前の1966～67年度の住宅・都市再生をみると,全政府支出のうち34.8％が,州・地方政府の自主財源からまかなわれていることがわかる.ところが,1976～77年度における住宅・都市再生では,州・地方政府自主財源による支出割合が8.8％へ著しく低下していることが読み取れる.全機能における「州・地方政府自主財源による支出」は,いずれの会計年度も30％台後半,連邦政府の国防関係支出を除くと,概ね50％であるから,これと比較しても,1976～77年度の水準は,かなり低いものであるということができる.

同表には掲載してないが,1983～84年度における同比率は2.6％,1991～92年度における「住宅・コミュニティ開発」項目の支出構成比を参照すると2.0％であり,住宅・コミュニティ開発分野における,州・地方政府の

表 1-2　全政府住宅・都市再生支出金額および構成比

(百万ドル,％)

		金額			構成比		
		連邦政府直接支出	連邦補助金	州・地方自主財源	連邦政府直接支出	連邦補助金	州・地方自主財源
1966～67	全機能	123,538	15,027	78,744	56.8	6.9	36.2
	(除／国防)	48,900	15,027	78,744	34.3	10.5	55.2
	住宅・都市再生	944	670	863	38.1	27.0	34.8
1976～77	全機能	240,999	73,045	199,957	46.9	14.2	38.9
	(除／国防)	135,403	73,045	199,957	33.2	17.9	49.0
	住宅・都市再生	2,212	2,914	496	39.3	51.8	8.8

(注) 各政府によって会計年度は異なる.年号の表記は,各年にまたがる会計年度を指す（1966～67年度の値は,1966歴年に始まり67歴年に終わる年度の,各政府の支出の合計値を示す）.
(出所) Census Bureau (1968); Census Bureau (1978) より作成.

自主財源による補塡は，その後も極めて低調であることがわかる[38]．

なお，「州・地方政府自主財源による支出」の項目は，統計整理上，州政府によるものと地方政府によるものを合算せざるを得ないが，「住宅・都市再生」項目の州政府の支出はいずれの会計年度も，州・地方政府支出合計の1.2 ～ 1.8%を構成するに過ぎないから，ほとんどが地方政府によるものと理解して差し支えない．

さて，この統計からどのような特徴が読み取れるであろうか．先にみたように，第1に，1960年代までのコミュニティ開発補助金には，見合資金規定が盛り込まれていたから，連邦補助金を受けて事業を行なう場合，地方政府の自主財源による支出を余儀なくされていたが，CDBG成立以降は，自主財源による補塡を行なう必要がなくなった．

第2に，1960年代までのコミュニティ開発補助金は，厳しく貧困対策に限定されていたから，全市的事業などを行なう場合は自主財源によって行なう以外になかったが，CDBG成立以降は，全市的事業でさえも（連邦政府がそう意図したかどうかにかかわらず），連邦補助金によってまかなうことが可能になった．

このように，1970年代の補助金改革＝CDBGの成立によって，連邦政府による規制に縛られる必要がなくなった州・地方政府（ただし，そのほとんどが地方政府）は，自主財源による補塡を事実上やめてしまったのである．この統計によっても，地方政治におけるマイノリティ向けのコミュニティ開発政策は，著しく優先順位（プライオリティ）が低いものと推測せざるを得ない．

貧困対策としてのコミュニティ開発

地方政府は，コミュニティ住民にとって，連邦政府よりも身近な政府である．地方政府の首長たちは，多数の住民の便益になびきやすく，そして，これらの首長を支持する多数の住民層こそ，中産階級に属する人びとである．しかも，住民たちは，ほとんどの州において，イニシアティブやレファレンダムといった住民投票による政治への直接参加制度を持っている．地方政治

---

38) Census Bureau (1985); Census Bureau (1996).

第1章 住宅・コミュニティ開発政策の現代的課題

においては，多数を構成する住民の利益が反映されやすい構造を持っているといえるだろう．

こうした環境のなかでは，特定所得階層・特定地域にのみ与えられる貧困対策であるコミュニティ開発プログラムは受け入れられにくいとも理解できるのである．

ニクソン大統領は，コミュニティ開発歳入分与提案において「人びとの公民権を侵害しようという目的で使われるものではない」と述べ，CDBGの根拠法にも，反差別条項として「民族，人種，出生，性別によって差別されてはならない[39]」と反映されているが，問題は「公民権の侵害や差別があってはならない」ということではなく，差別やその他の事情で問題を抱える人びとに，いかに優先的に便益を与えるか，という所得再分配の問題であったはずである．これが，議会リベラル派による，地方への権限移譲に対する懸念でもあった．

これまでみてきたように，特定補助金の統合によって生まれたCDBGによる地方への権限移譲は，リベラル派の懸念どおり，それまでより多くの割合が低・中所得以外の層に用いられるという帰結を生み出したのである．

住宅・コミュニティ開発政策と地方分権

それでは，住宅・コミュニティ開発政策が，中央集権的に連邦政府において行なわれるべきか，というとそうでもない．ニクソン政権期の議会リベラル派の反対や，その後のカーター民主党政権による再改革の努力をもってしても，住宅・コミュニティ開発分野における，特定補助金の統合と地方への権限移譲の流れを変えることはできなかった．

そこには，既存の特定補助金プログラムの失敗と人びとの不信感が歴然として横たわっていた．住宅都市開発省で策定される計画は，コミュニティにおける貧困について正確に捉えておらず，ニクソン大統領が指摘したように「地方のかかえる問題は，ワシントン流の対策に断固として抵抗することだった」のである[40]．

---

39) *United States Statutes at Large 1974* (1976), p. 649.
40) Hays (1995) p. 191.

街づくりに関わる問題は，対応すべき原因も，その表れ方も，人口規模，人種構成，地勢的な相違，経済状況などによって，地方ごとに異なってくる．こうした問題には，地方の実情に応じた計画の策定が求められる．

それでは，そのような機能を果たす政策の枠組みとは，いったいどのようなものであろうか．

われわれは，この課題を検討する前に，1980年代レーガン政権下で行なわれた住宅・コミュニティ開発プログラムの縮小・予算削減についてみておかねばならないだろう．

5. レーガン政権によるプログラムの縮小と予算削減

効率性を求めた 1982 年大統領住宅委員会

住宅・コミュニティ開発政策がどういったプログラム（あるいはその組合せ）で供給されるべきか，というテーマは，長年，中心的議題になってきた．古くは，公共住宅供給が，保守派から「社会主義者のプログラム」と非難されたことが挙げられるが[41]，1980年代以降の議論の中心は，連邦政府の予算編成上の制約による，資金の使い道についての議論である．より具体的には，住宅供給型のプログラムが適切か，家賃補助型のプログラムが適切か，という問題にあったといえる．家賃補助型のプログラムは，1965年にその嚆矢となる家賃補給プログラムが設立され，74年の改革を経てセクション8有資格証書プログラムが開始されていたが，現実に政策の重心が転換していくのは80年代以降である．80年代レーガン共和党政権は，費用の高くつく住宅供給型の住宅補助を大幅に減少させ，同時に住宅補助予算も削減したのである．

こうした政策の転換は，1970年代の住宅給付実験事業（Experimental Housing Allowance Program）や，セクション8の経験をもとに報告された82年の大統領住宅委員会報告（The Report of the President's Commission on Housing）が大きな役割を果たしている．その報告を用いて内容にふれてみ

---

41) Walsh (1986) p. 40.

表 1-3 セクション 8 新規建設プログラムと既存住宅プログラムの平均費用比較(1979 年)

(単位:ドル/月)

	新規建設	既存住宅
総家賃	362	240
居住者支払額	112	110
HUD 補助金	250	130

HUD 補助金 = 総家賃 − 居住者支払額

(原注) 2つのプログラムで,居住者所得の平均値が異なるため,居住者支払額の平均値も異なる.
(出所) The President's Commission on Housing (1982) p. 12.

よう.

レーガン政権下の大統領住宅委員会では,住宅状況を,Housing Availability(住宅の入手可能性),Housing Adequacy(住宅の適正性),Housing Affordability(住宅のアフォーダビリティ)の3つの視点に分けて検討した.入手可能性と適正性については,標準以下の住宅ストックの比率が1940年代の約半分から1970年代の10%以下へと劇的に低下したことなどをあげ,貧困層も含めた,ほとんど大半のアメリカ人(vast majority of Americans)は適正な住宅に住んでいる,としている.そして,問題は,低所得の賃貸住宅居住家族や,初めて住宅を購入する若い世帯の所得の不十分さ(income inadequate),したがって,アフォーダビリティにあるとしているのである.

この報告の中心の一つは,賃貸住宅居住者のアフォーダビリティ問題を解決する手段として,住宅供給型と家賃補助型と,どちらの補助が便益が高く好ましいか,ということにある.これを1970年代のセクション 8 プログラムの結果をもとにして,表 1-3 のように報告している.これによれば,平均居住者支払額はどちらのプログラムでも同じ 110 ドル程度であるが,住宅都市開発省(HUD)の補助金については新規建設型プログラムが 250 ドル,既存住宅プログラムが 130 ドルであり,新規建設型の方が2倍近く割高であるというのである.この報告は,新規建設型プログラムは非常に高くつくこと,そして既存住宅に依拠した補助の方が望ましいという結論を示した[42].

---

42) The President's Commission on Housing (1982).

当時の住宅都市開発省長官のピアース（Samuel R. Pierce）が，1983年の議会公聴会で，この点について証言しているのでみておこう．

「過去において連邦政府は，貧困層に家をあてがうために，新しい建物の建設を支援してきた．現在，広範囲にわたる調査とプログラムの経験を通してわれわれが知ったことは，ほとんどのコミュニティにおける，もっとも一般的な貧困者の住宅問題は，アフォーダビリティであり，入手可能性（アベイラビリティ）ではないということである．高品質の住宅は広く行き渡っている（available）が，われわれの支えを必要とする人びとにとって，それは費用がかかりすぎる．これが，われわれがとりかからねばならない問題である．われわれは，あらゆるコミュニティで良好な住宅を手にする余裕があるように（afford），貧困層を補助するための住宅支払証書（方式）を提案する．この提案は，みなさんの考慮すべき点に応え得る，もっとも慈悲深く（humane），もっとも社会に前向きな（socially positive），費用効率的な（cost effective）プログラムである[43]」．

つまり，アフォーダビリティ問題の解決のためには，住宅供給型のプログラムではなく，家賃補助型のプログラム（上の証言では住宅支払証書方式）を行なうべきであるという，はっきりとした見解を示したものといえる．

これには，第1に住宅供給型のプログラムは，入手可能性（アベイラビリティ）問題を解決するためのものであり，すでに良質の住宅が行き渡っている以上（available）必要としない，第2に，アフォーダビリティ問題は，所得の不十分さによるものであるから，所得を補完する家賃補助型のプログラムが適切である，という意味が込められている．

1983年住宅および農村・都市再生法による住宅補助プログラムの縮小

そこで，レーガン政権は，1983年に住宅および農村・都市再生法（Housing and Urban-Rural Recovery Act of 1983）で，第1に新規建設・大規模修復プロ

43） Committee on Banking, Finance and Urban Affairs (1983) p. 201.

第1章 住宅・コミュニティ開発政策の現代的課題

表1-4 有資格証書方式とバウチャー（引換証）方式による家賃補助の違い

(単位：ドル／月)

有資格証書方式（調整後所得1000ドル／月）

月額家賃	調整後所得の30%	家賃補助額	自己負担額
400 ドル	1000 × 30% = 300	400 − 300 = **100**	300（一定）
500 ドル	1000 × 30% = 300	500 − 300 = **200**	300（一定）
600 ドル	1000 × 30% = 300	600 − 300 = **300**	300（一定）

バウチャー方式（調整後所得1000ドル／月，支払標準額500ドル／月）

月額家賃	調整後所得の30%	家賃補助額	自己負担額
400 ドル	1000 × 30% = 300	500 − 300 = 200	400 − 200 = **200**
500 ドル	1000 × 30% = 300	500 − 300 = 200	500 − 200 = **300**
600 ドル	1000 × 30% = 300	500 − 300 = 200	600 − 200 = **400**

グラムを大幅に縮小し，これを老齢者・障害者世帯に限定させる一方，第2に既存住宅プログラムにバウチャー（引換証）方式（Section 8, vouchers）を加えた[44]．

　バウチャー方式が加えられた理由は，従来のセクション8有資格証書方式に次のような難点があったからである．有資格証書方式では，居住者は，住宅都市開発省が定める各地域の公正市場家賃（FMR）を超えない民間住宅を選択できる．そして，家賃補助額は，調整後所得の30%と実際の総家賃との差額である．つまり，表1-4にみられるように，自己負担額の方は，実際の家賃によって影響されることはない．これは，低家賃の住宅を探そうというインセンティブの喪失を意味する．それどころか公正市場家賃を超えない限り，できるだけ高い家賃の住宅を探そうという動機が働くともいえる．

　住宅供給型のプログラムをやめ，有資格証書方式だけに移行してしまうことは，相対的に過大な需要を喚起してしまう可能性があった．需要が喚起されれば，市場家賃が上昇し，かえって住宅のアフォーダビリティを低下させてしまうかもしれない．

　この点について，バウチャー方式では，次のようになった．家賃補助額は，公正市場家賃（FMR）を超えない，固定された支払標準額（payment

---

44) セクション8バウチャーは，1998年，居住地の選択肢を広げるなどの制度変更とともに「住宅選択バウチャー（HCV: Housing Choice Voucher）」に名称変更されている．

standard）と調整後所得の30％の差額を採用し，居住者が選択する実際の家賃に影響されなくなった．選択できる物件の家賃に上限がなくなり，公正市場家賃を超える家賃の住宅でも選択できるようになった．そして，逆に支払標準額以下の家賃の住宅を探せば，補助の差額を取っておけるようになった．表1-4のように，自己負担額は，実際の家賃の影響を受け，家賃が低くなればなるほど，自己負担額は減少することになる．したがって，バウチャー方式によれば，低家賃で契約を結ぼうというインセンティブが生まれ，市場家賃は上昇しないと説明されたのである．

　こうして，1970年代までは住宅供給型のプログラムが新規の補助契約の過半を占めていたが，83年からは，家賃補助型のプログラムが過半を占めることになった．

　住宅補助プログラムの家賃補助への傾斜は，サプライサイド（供給重視）経済学の論理が支配した当時の他の政策と比較して，一見，矛盾しているようにみえるかもしれない．サプライサイドの論理にしたがえば，住宅需要者側への現金扶助プログラムに整合性がないように思われる．

　この点について確認するために図1-1を参照されたい．これは，住宅補助の新規契約件数の推移を示している．つまり，住宅補助の伸びを件数でみたものであり，補助金の伸び率を反映している．構成比に着目すれば，なるほど1970年代には住宅供給型プログラムに比重があったのに対し，83年以降では家賃補助型プログラムに重点が移されており，質的な転換があったことがみてとれる．ところが，件数そのものに着目すると，住宅供給型プログラムは大幅削減されているが，家賃補助型プログラムも決して増加したわけではなく，むしろ，年によっては削減されていることがわかる．

　注目すべきは，費用効率の面から家賃補助型プログラムを支持しているが，それは家賃補助型のプログラムの拡張を示すものではなく，住宅供給型プログラムの大幅削減，家賃補助型プログラムの据え置き（ないし相対的に小幅の削減）という形を通して，全体の支出を削減するための理由に使われたということである．したがって，一方では減税を行ない，他方では財政支出を削減することで，自由な市場に委ね，供給側の能力を高めようとしたサプライサイドの論理が，実はこうして貫徹されていたのである．

第1章 住宅・コミュニティ開発政策の現代的課題

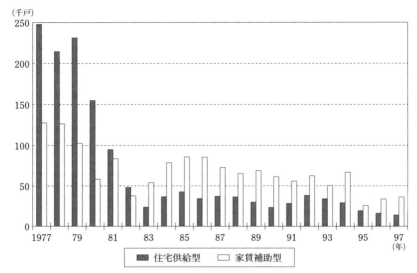

図 1-1 賃貸住宅補助プログラムの新規契約数の推移（1977～97年）
（出所）Committee on Ways and Means（1998）p. 993, Table 15-25 より作成.

　この点をさらに確認するために，図1-2を参照されたい．住宅補助の新規契約の財源は，毎年，(1) 将来の政府支出となる補助金の予算権限（budget authority）割当を通して，(2) あるいは住宅購入者や賃貸住宅建設業者に対する直接融資の融資認可割当を通して供給される．この住宅補助の新たな予算権限の割当が，1980年代に劇的に削減されているのである．

　一方で，財政支出（outlay）の変化にも注目する必要がある．予算権限をいくら削減しても，当該年度に要求される支出は，従前の補助契約に基づくことから，年々，不可逆的に増加しているのである．

　図1-2を総合的に見直すと，次のことがいえる．第1に，レーガン政権は，費用効率の問題を取り上げながら，自らが与える予算権限を極力抑制した．しかし，第2に，財政支出そのものは，従前の補助契約の圧力を受けて増加していくから，これを1970年代のカーター政権のときにすでに与えられた予算権限を用いてまかなったのである．

　この予算権限と財政支出の推移がレーガン政権期の政策の帰結を端的に表している．つまり，レーガン政権は，新規契約と予算権限を抑制して，「財

5. レーガン政権によるプログラムの縮小と予算削減

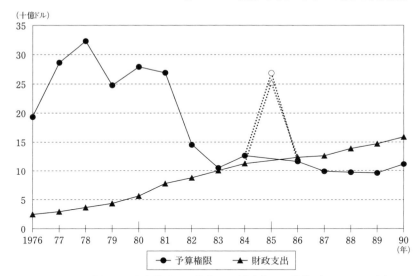

図 1-2　連邦政府住宅補助の予算権限と財政支出の推移（1976～90年）
(注) 1985年の高い予算権限・財政支出は，公共住宅の資金調達方法の変更による．
(出所) OMB (2013)"Historical Tables," Table 3.2, Table 5.1 より作成．

政支出の増加」を押さえたのである．

増大する福祉需要のもとで財政支出抑制がもたらした帰結

　この予算権限・新規契約の削減と，財政支出の抑制がもたらす政策的帰結の考察には，十分な注意を払わなければならないだろう．

　レーガン政権期の，いわゆる「予算削減（budget cut）」は，予算権限割当の削減をもってなされたわけであるが，それは，財政支出の削減を意味するものではなかった．財政支出の増加率は抑制されたが，財政支出が増えたことには変わりがなかった．しかし，たとえ，財政支出が増加したとしても，それが従前の福祉需要を担保するためだけに行なわれるのであれば，いわゆる「福祉の向上」にはつながらない．

　予算権限・新規契約の増減がもたらす効果は，新たな福祉需要の増減に関わってくる．予算権限が削減されたとしても，新たな福祉需要が減じていれば，「福祉の低下」にはならないだろう．しかし，新たな福祉需要が増えて

57

第1章 住宅・コミュニティ開発政策の現代的課題

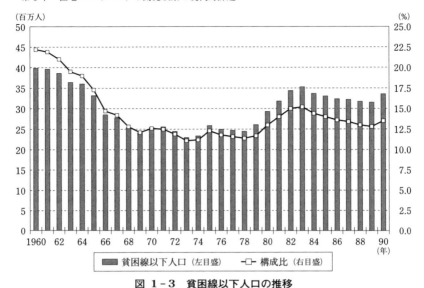

図 1-3 貧困線以下人口の推移

(出所) Census Bureau, "Historical Poverty Tables," http://www.census.gov/ より作成.

いるのに，新規の予算権限が削減されるならば，たとえ財政支出が増加しても，社会に「福祉の低下」をもたらす可能性がある．

住宅補助に還元するならば，新たな予算権限が削減されたわけであるが，新たな住宅補助の社会的必要性は減じたわけではないということに注目しなければならない．

図1-3は，貧困線以下人口の推移である．1960年代は，貧困線以下の人口もその比率も急激に低下している．70年代に，それが低位に推移したのち，80年代初頭には，貧困線以下の人口，比率がともに増加に転じた．そして，80年代中盤以降は，わずかな減少を伴っているものの，人口では60年代中頃のレベル，比率では60年代末のレベルで高止まりしている．貧困線以下人口の増加は，直接，住宅補助の必要性の増加につながる．

必要性が高まっているのに，新規の住宅補助を押え込んだ政策の帰結は，かなり単純なものである．それは，住宅のアフォーダビリティの低下という形で跳ね返った．1980年代は，アフォーダビリティに問題がある世帯（調整後所得の30%以上を住居費に充てている世帯）の割合が増加し，しかもまた，ホ

ームレスが増えていることが報告されるようになったのである．以下で，この点について詳しくみていこう．

アフォーダビリティ低下と2つの問題

貧困線以下人口の増大と補助の削減という1980年代の転換は，住宅アフォーダビリティの低下という形で直接に跳ね返ってきた．もちろん，そのメカニズムを貧困線以下人口の増大と補助の削減という2要因だけで直結して考えることはできない．以下では，なぜ80年代の改革がアフォーダビリティの低下を招いてしまったのかをみていこう．

まず，住宅のアフォーダビリティの低下の事実について，いくつかの統計を用いて確認しておこう．まず，1980年と89年について，貧困線以下の賃貸住宅居住者数（推計）を比較すると，80年が1100万4千人，89年が1213万9千人であり1割程度増加している．これに対し，アフォーダブルな家賃以下の住宅ストックは，80年の940万9千戸から89年の897万5千戸に減少している[45]．

アフォーダビリティを図る指標となる，所得の30％以上を住居費に充てている世帯の割合についてみる．残念ながら1980年のこのデータは入手できていない．代わりに75年の極低所得層でこの割合をみると36.9％であったが，89年には69％にまで増加しており，かなりのアフォーダビリティの低下が読み取れるであろう[46]．加えて，ホームレスが顕著に増加していることが報告された[47]．

なぜアフォーダビリティの低下を招いたのだろうか．アフォーダビリティの悪化は，直接には家賃の上昇が原因する．したがって，まずこの家賃上昇が生じるかどうかが問題となる．

基本的には，住宅需要の増大が家賃を上昇させる要因となる．レーガン政権期の改革で，供給を促進する住宅供給型の補助は大幅に縮小され，住宅需

---

45) Hays (1995) p. 73.
46) Struyk, Turner and Ueno (1988) pp. 74-75; CBO (1994) p. 69. 低所得層の同比率も，1975年の約10％に対し，1989年には37％であり，同様に悪化していることが読み取れる．
47) 平山 (1993) pp. 32-37. ただし，その生活様式ゆえに正確な実態把握は困難である．

要者を補助する家賃補助型のプログラムへ比重が移された．しかしながら，家賃補助がすぐに住宅需要を押し上げるとは限らない．なぜなら，家賃補助を受ける賃貸住宅居住者は，補助金を追加的な住居費支出にまわさずに，単に家計に占める住宅費支出の割合を下げようとするかもしれないからである．補助金を受けることによって生じた余裕は，他の消費にまわされることになる．名目はどうであれ，こうした需要者側への補助は，一般的な所得補助としての意味合いを持つ．したがって，第1には，住宅需要の所得弾力性が問題となる．

　第2の問題は，住宅需要が実際に増大した場合である．たとえ，住宅需要の増大から，一時的に家賃が上昇したとしても，市場がより大きな供給をもって反応すれば，最終的には家賃は低下する．つまり，住宅供給の価格弾力性が問題となる．レーガン政権は，住宅政策の需要者側補助への転換が，アフォーダビリティの低下を招くとは考えていなかった．むしろ，アフォーダビリティの問題を解決するために，こうした政策へ転換すると説明していたことは，すでにみたとおりである．これには，1970年代の住宅給付実験事業やセクション8有資格証書方式の結果が大きく作用している．

高かった住宅需要の所得弾力性

　住宅給付実験事業は，セクション8に先んじて，いくつかの都市で始められた家賃補助型プログラムの実験事業である．こうしたプログラムの実施によっても，1970年代には，市場家賃は上昇をみせなかったのである．住宅給付実験事業で家賃補助を受けた世帯は，その補助金を住宅環境の改善にはまわさなかった．報告によれば，住宅費にまわされたのは6%から27%であったというから，かなりの低さである．しかしながら，改革を経た後，有資格証書方式とバウチャー方式によって補助を受けた世帯は異なっていた．Apgar（1990）によれば，86年の有資格証書方式で58%，バウチャー方式で60%が住宅費支出の増加にまわったという．

　住宅給付実験事業の結果については，補助資格が高めに，必要な住宅水準が低めに設定されていたために，すでに居住していた住宅を改善する必要がなかったこと，そして，実験という性格のため，居住者が（転居するなどし

て）支出を増やすことをためらったことなどが原因として挙げられている．

　それに対し，改革後のプログラムでは，恒常的なプログラムとして認知されたために，住宅の改善を必要とする多くの人びとが参加し，住宅水準の基準を満たすために住宅費の支出を増やしたのだという．Apgar（1990）は，バウチャー方式は家賃上昇を引き起こさないという仮説に疑問を投げかけ，有資格証書方式とともに相当に需要を喚起するものである可能性を示唆している[48]．

低かった住宅供給の価格弾力性

　しかし，たとえこうした住宅補助プログラムが需要を喚起したとしても，供給がそれに勝れば家賃上昇は起こらない．この点について，レーガン期の大統領住宅委員会は，報告のなかで次のように述べている．

　「政府は，民間資本市場へのアクセスを制限せず，短期的には全国のモーゲッジ取引機構の正常化を促進し，長期的には適した構造改革でより効率化することを通して，住宅のための資源の供給に努めるべきである．また，土地開発と住宅建設に関する過度の規制をやめ，産業に対する制約を減らすことによって，住宅建設のための安定した経済環境を育成しなければならない．自由な市場は，より安価に住宅を供給することを可能にし，それによって大いに住宅を入手しやすくするだろう．これらの方策によって，市場は，将来の住宅需要を満たすことを可能にするだろう[49]」．

　つまり，規制緩和によって自由な市場を確立すれば，市場が住宅需要の増大を解決するというのである．そして，レーガン政権は住宅金融規制の緩和を中心に規制緩和を進めた[50]．

　実質家賃の水準（1991年ドル，総家賃の中央値）は，80年の399ドルから，87年478ドルのピークを経て，89年の466ドルまで，実に16.8%も上昇し

---

48) Apgar (1990) pp. 1-32.
49) The President's Commission on Housing (1982).
50) ディムスキ・アイゼンバーグ（1997）pp. 175-183.

第1章　住宅・コミュニティ開発政策の現代的課題

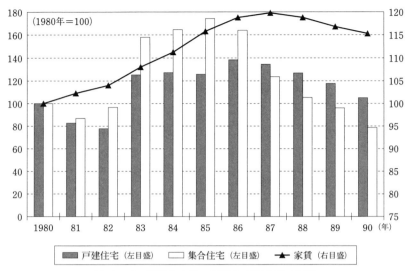

図 1-4　民間住宅着工戸数と実質家賃の変化

（注）　住宅着工戸数の集合住宅は5戸以上の住宅で，2～4戸の住宅は除外してある．家賃は，総家賃（gross rent）の中央値で実質値（1991年ドル）．
（出所）　住宅着工戸数：Census Bureau (1995) p. 728, No. 1212.
　　　家賃：CBO (1994) p. 64, Table B-3.

た[51]．この家賃上昇にもかかわらず，住宅着工戸数は，高家賃に引き付けられることなく，1980年代後半に劇的に減少した．図1-4は，民間住宅着工戸数と実質家賃の変化を，1980年を100とする指数にして図示したものである．この図にも表れているように，1982年大統領住宅委員会の結論，すなわち「市場が将来の住宅需要を満たす」ことはなかった．

　特に，先にみたように，低所得者向け住宅のストックは，それを必要とする人の増大にもかかわらず減少していたことに注意しなければならない．

ボルカー FRB 議長による金融引締めとレーガン税制改革が与えた影響

　1980年代の住宅着工が受けた影響は，当時の連邦準備制度理事会（FRB）

---

51)　CBO (1994) p. 64. 詳細に追うと，1975年から81年までは，実質年平均1.3%と緩やかな上昇だったのに対し，81年から87年までは，同2.9%と急上昇した．その後は，91年まで同-0.9%とわずかに減少したが，ほとんど高止まりしている．

5. レーガン政権によるプログラムの縮小と予算削減

のポール・ボルカー議長が行なったボルカー・ショックともいわれる金融引締め策と、レーガン政権による税制改革によるものも無視し得ないから、この点について若干ふれておこう。

1970年代のスタグフレーションを問題視したFRBのボルカー議長は、新金融政策と呼ばれる強力な金融引締め策をとった。これにより、政策金利は跳ね上がり、80年代初頭には20％以上に達するなど、「歴史的高金利」がもたらされたのである。こうした高金利のもとでは、住宅資金を確保するためのモーゲッジ（住宅ローン）は抑制され、80年代初頭の住宅着工も大幅に減少することになる[52]。

遅れてインフレ対策に入ったレーガン政権は、1981年経済再建税法を成立させて、インフレに伴う減価償却不足への対策として、減価償却制度を拡張した。それが、早期コスト回収制度（Accelerated Cost Recovery System、以下、ACRS）である。ACRSでは、住宅資産について、他の減価償却資産とともに、加速度の高い償却が認められるようになった。これ以外にも投資税額控除の導入により投資優遇税制が大きく拡張され、投資促進的な税制となった。しかし、強インフレは、ボルカー議長の金融引締め策によって抑制されてしまったために、レーガン政権の投資促進策は、予想以上の効果を持つものになってしまった。それが80年代央の住宅着工ブームを支えている[53]。

ほどなくして、一部の企業が、1981年税法による租税優遇措置によって税の払戻しを受けていることなどが指摘されて[54]、1986年税制改革法で縮小ないし廃止の方向で改革がなされることになる。

結局、賃貸住宅への優遇措置は、1986年税法で次のようになった。第1に減価償却制度については、居住用賃貸住宅一般については19年175％の加速償却（declining balance method）から27.5年の定額償却（straight line

---

52) 渋谷（2005b, pp. 280-283; 2005c, pp. 184-186）
53) 渋谷（2005c）pp. 12, 184-186.
54) リベラル系シンクタンクの代表者であるマッキンタイア弁護士は、1984年10月に発表した『マッキンタイア報告（McKintyre Report）』で、大企業が租税優遇措置を通して租税回避のみならず、国庫から税の払戻しを受けていることを明らかにした。1981年税制改革から1986年税制改革へ至る経緯については、渋谷（2005c）pp. 11-92が詳しい。

method）に，低所得者向け住宅については15年200%の加速償却が廃止され，居住用住宅一般と同じく27.5年の定額償却となった．

第2に低所得者向け住宅の加速償却縮減の代替として低所得者用住宅税額控除（LIHTC）が導入された．低所得者用住宅税額控除は，(1) 連邦政府の補助を受けない賃貸住宅の新規建設・大規模修復費用の70%，(2) 連邦政府の補助を受けた賃貸住宅の新規建設・大規模修復費用の30%，または，既存住宅の取得費用の30%について，10年間にわたって税額控除を与えることを内容とするものである（ただし，全戸数のうち，少なくとも20%を所得中央値50%以下の世帯に，あるいは40%を所得中央値60%以下の世帯に確保することを要件としている）．

大幅な制度変更により，（制度の内容と利用方法が浸透するまで）短期的な住宅供給の減少は避けられないが，長期的には住宅のアフォーダビリティを増加させるだろうという見方がある一方，損失の他所得からの控除が認められなくなったことが，タックス・シェルター（租税回避策）として住宅建設に参加してきた投資家を引き離すことになる．また，州・地方の低所得者向け住宅のための免税債に発行限度が課せられたことによる資金調達難が生じるという見方もあった[55]．これらのすべての要因を個別に勘案して総合的な効果を検討することは容易ではないが，改革直後の住宅状況の推移をみる限り，短期的な文脈において，アフォーダビリティを増加させたとは到底いえない．

実際の集合住宅（5戸以上）の着工件数の推移をみると，まず，1983年52万2千戸，84年54万4千戸，85年57万6千戸，86年54万2千戸と，しばしのブームを迎えているが，その後は，87年40万9千戸，88年34万8千戸，89年31万8千戸，90年26万0千戸，91年13万8千戸と，劇的に減少している[56]．家賃の上昇がピークに達する87年よりも前の，81年税法による優遇税制が終わる86年にブームが終焉していることをみても，こうした変動は，住宅需要によるというより，優遇税制の効果による方が大きかったといえる．

低所得層向けの住宅は，採算の確保がそもそも難しい性質のものであるが

---

55) Stegman and Holden (1987) pp. 75-80.
56) Census Bureau (1995) p. 728.

ゆえに，需要の増大が，補助金なしで，営利組織に取ってのビジネスチャンスとなるとは考えにくい．

おわりに

　本章の意義は，1970年代ニクソン政権と80年代レーガン政権という2つの共和党政権によって，欠陥の多かったそれまでの住宅・コミュニティ開発プログラムを整理統合し，最終的には予算を削減する政治プロセスを，政権の資料と論理を検討し明らかにしたことにある．

　1970年代ニクソン政権による改革は，それまで曖昧だった基準を統一するという効果をもたらしたが，80年代レーガン政権による改革は，自由な市場に対する過度な信頼から補助金を削減し，住宅問題を悪化させる結果に終わったのである．

第 2 章　低所得者用住宅税額控除（LIHTC）と
　　　　　HOME 投資パートナーシップの始動

はじめに

　本章は，1990 年代クリントン民主党政権以後の，財政収支均衡を求める共和党主導の連邦議会の圧力と，それによって生じた補助金削減がもたらした帰結について論じる．

　1980 年代にアフォーダビリティが悪化した一方で，注目すべき現象が表れた．それは，コミュニティ開発法人（CDC）をはじめとする非営利開発法人の活動が急速に伸張したことである．連邦議会は，このコミュニティ開発法人を活用し，「新たな枠組み」を持った住宅建設促進プログラムを提供する「1990 年全国アフォーダブル住宅法」を成立させる．

　「新たな枠組み」を持ったプログラムには，低所得者向け住宅を供給する民間ディベロッパーに税額控除（tax credit）の権利を与える，低所得者用住宅税額控除（LIHTC）と呼ばれる「租税支出（tax expenditure）」プログラムがある．LIHTC は，税額控除と損金算入可能な損失の配分を通じた"節税スキーム"を提供することと引き換えに，一般の投資家から広く資金を集め，その資金によって，住宅・コミュニティ開発政策を遂行するプログラムとして働くことが期待されているものである．

　さらに，「HOME 投資パートナーシップ」と呼ばれる一括補助金（block grant）プログラムがある．このプログラムは，成立経緯から，家賃補助だけでなく，むしろ主としてアフォーダブル住宅の建設・修復・取得のために用いられるものとして設計されている．ただし，直接の住宅建設資金としてではなく，低所得者向け住宅供給のインセンティブを与えるための間接的な資金として提供される．

第 2 章　低所得者用住宅税額控除（LIHTC）と HOME 投資パートナーシップの始動

　LIHTC や HOME といった「政府関与の間接化」したプログラムは，その役割を住宅供給のインセンティブを高めることに限定したものである．これらは，州・地方政府へ権限を委譲すると同時に，連邦政府の財政資金を節約するという意味で，さまざまな要請に応える政策的帰結であった．

1. クリントン政権に圧し掛かる予算編成上の制約

住環境の悪化とアフォーダビリティ問題

　1980 年代の改革は，2 つの要因からなされた．その第 1 は，問題意識として，現在の住宅問題は，住宅の入手可能性（アベイラビリティ）にあるのではなく，アフォーダビリティにあるというもの．そして第 2 に，住宅供給型プログラムは割高であり，費用効率性の高い家賃補助型プログラムに転換するべきであるというものである．それは，良質な住宅はすでに行き渡っており（アベイラブルであり），これを供給するためのプログラムは必要としない，所得の不十分さによるアフォーダビリティ問題の解決のためには，所得補完的な家賃補助型プログラムが適切である，といった，一見整合性を持つ論理となった．

　しかしながら，実際は，アフォーダビリティは大幅に悪化した．1980 年代のレーガン政権は，第 1 に，貧困線以下人口の増大にもかかわらず，83 年バウチャー（引換証）方式による家賃補助プログラムの開始を契機として，費用効率の問題を前面にしながら，結果として住宅補助全体の削減を行なった．

　さらに，第 2 に，家賃補助型プログラム重視の政策により住宅需要が喚起されているにもかかわらず，住宅供給型補助の大幅削減によって（加えて 1986 年税制改革法の効果もあると考えられる），賃貸住宅供給が停滞するという状況を生じさせた．これらの要因が，実質家賃の上昇とその高止まり，ひいてはアフォーダビリティの低下を招いたのである．

　家賃補助型プログラムは，賃貸住宅居住者の家賃の支払いを直接に減少させるものになるが，市場家賃を上昇せしめ，全体のアフォーダビリティを低下させる要因にもなる．住宅供給型のプログラムは，コストが高く，一部の

賃貸住宅居住者にしか補助を与えられないものかもしれないが，市場家賃を下げ，全体のアフォーダビリティを上昇させるかもしれない．レーガン政権期の大統領住宅委員会が報告したような，それぞれのプログラムの費用効率の平均値だけで，アフォーダビリティを左右する実際の費用効率は測れないのである．

グローバル化と福祉国家の再編

　1990年代のグローバル化の進展と福祉国家の再編というなかで，低所得者向けの住宅・コミュニティ開発政策も他の福祉政策同様，抑制の強い圧力にさらされた．80年代以降の保守的な新自由主義の進展はもちろん，89〜91年にかけて生じた社会主義圏の崩壊によって福祉削減の圧力が強まった．

　住宅・コミュニティ開発政策もスリム化が要求されるわけであるが，通説が示すように公的部門の関与が単線的に縮小方向へ向かったわけではない．グローバリゼーションと情報化・金融化の進展による産業構造の再編は，労働再編という痛みを伴うものであるから，その他の福祉分野と同様に，低所得者向けの住宅需要を減少させるものではなかった[1]．

　住宅・コミュニティ開発政策における再編とは，一括補助金や租税支出を通じたインセンティブ政策など「政府関与の間接化」したプログラムによって，住宅供給主体を民間に移行させるという再編であった．その再編は，旧来のように，住環境の保障というリスクを連邦政府が囲い込むのではなく，均衡財政の制限が強い州・地方政府や，民間組織の財務諸表の上に，住宅・コミュニティ開発プロジェクトの採算性や効率性が現れる仕組みとして作られた．

　言い換えるならば，これは，アメリカに内在する民間活用型のセーフティ・ネットの強化，あるいはアメリカ的な福祉国家システムの強化であったといってよいだろう．

---

1) むしろ，その先端をいくシリコンバレーなどでは，住宅不足と家賃高騰によって，象徴的に「学校の先生が住宅難に陥っている」などといわれ，問題が典型的に強かった．

第 2 章　低所得者用住宅税額控除（LIHTC）と HOME 投資パートナーシップの始動

非営利組織の活動の伸張と 1990 年全国アフォーダブル住宅法

1980 年代にアフォーダビリティが悪化した一方で，注目すべき現象が表れた．それは，コミュニティ開発法人（CDC）を始めとする非営利開発法人（nonprofit developers）の活動が急速に伸張したことである．コミュニティ開発法人の起源は 1960 年代に遡るが，その活動は，連邦政府による住宅補助が大幅に削減された 1980 年代に活発化し，1990 年までに約 2000 団体が組織されたという[2]．

連邦議会は，このコミュニティ開発法人を活用し，新しい枠組みを持った住宅・コミュニティ開発プログラムを提供する「1990 年全国アフォーダブル住宅法」を成立させた．この法は，冒頭の条文で「非営利組織」を定義して，その役割の増大を期待した．加えて，第 202 条では，1986 年税法による租税インセンティブの廃止や近年の連邦補助の縮小によって住環境が悪化したこと，そして，直接的な住宅供給の方が費用効率的で対象を絞りやすいと明記し，さらに第 203 条で「適正，安全，衛生的なアフォーダブル住宅の供給」を政策目標として改めて記載した[3]．

しかしながら，図 2-1 にみられるように，連邦政府の行うセクション 8 プログラムは，1990 年代に入っても家賃補助型のプログラムが中心であった．1980 年代に財政赤字が肥大化し，これが 1990 年代に入って，さまざまな批判の対象となった．このような圧力のなかでは，一見，費用効率の悪い従来型の住宅供給型補助へ回帰することは政治的に不可能であったといえよう．

新しい枠組みを持った HOME 投資パートナーシップ・プログラム

新しい枠組みを持ったプログラムの一つは，1980 年代の予算削減と住宅供給の停止が住環境を悪化させたという反省に基づいて，1990 年全国アフォーダブル住宅法によって新設された「HOME 投資パートナーシップ」と呼ばれる一括補助金（block grant）プログラムである．総額の 60% が大都市部の市および都市部カウンティ（metropolitan cities and urban counties）に割

---

[2]　平山（1993）pp. 118-119, 134; ノッデル・秋山（1997）pp. 216, 226.
[3]　"Cranston-Gonzales National Affordable Housing Act." *U.S. Statutes at Large, 1990* (1991).

1. クリントン政権に圧し掛かる予算編成上の制約

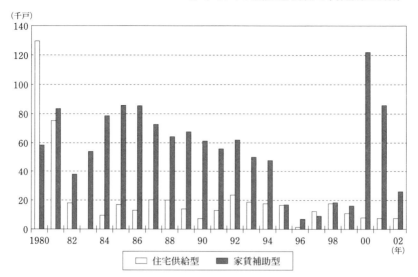

図2-1 賃貸住宅補助プログラムの新規契約数の推移（1980〜2002年度）
（出所）Committee on Ways and Means（2004）pp. 15-104, Table 15-23より作成.

り当てられ，40%が州に割り当てられる．州・地方政府は，連邦政府から補助を受けようとする場合，総合的住宅アフォーダビリティ戦略（CHAS: Comprehensive Housing Affordability Strategy）を策定し，それを提出しなければならない．住宅都市開発省長官がこれを検討し，一定期間内に承認・非承認の決定を下すことになっている．プログラムの実施についての決定権を州・地方政府へ移管するとともに，州・地方政府間の水平的競争（national competition）によってプログラムを進めようという試みである．

このプログラムは，成立経緯から，家賃補助だけでなく，むしろ主としてアフォーダブル住宅の建設・修復・取得のために用いられるものとして設計されている．ただし，直接の住宅建設資金としてではなく，低所得者向け住宅供給のインセンティブを与えるための間接的な資金として提供される．補助金を受け取る州・地方政府は，少なくとも，連邦補助金1ドルに対して25セントの見合資金（matching fund）を用意しなければならない．この見合資金は，州・地方政府の自主財源である必要はなく，民間からの寄付でも良い．その寄付も不動産や，建築原材料，無償労働などでも良いことになって

第2章 低所得者用住宅税額控除（LIHTC）と HOME 投資パートナーシップの始動

いる（ただし，他の連邦補助金であってはならない）．なお，実際には，法定の見合資金比率（matching ratio）を超えて，民間資金や州・地方政府の自主財源など，多様な資金が拠出されている．住宅都市開発省の推計によれば，アフォーダブル住宅へ総投資額は，HOME 補助金の額に比して数倍の規模になるという[4]．

これらの資金は，賃貸住宅ならば，90% が地域の所得中央値 60% 以下の層に，残りの 10% が地域の所得中央値 80% 以下の層に，持ち家の場合は，地域の所得中央値 80% 以下の層に用いられなければならないと定められている．さらに，この法の目的の一つは，非営利のコミュニティ住宅開発組織（CHDO: Community Housing Development Organization）を援助することであり，資金の 15% は，これら組織のために確保されなければならないことになっている．このプログラムのタイトルにもみられるように，州・地方政府のイニシアティブのもと，民間とのパートナーシップによって，低所得者向け住宅の供給を進めようという試みである．

HOME プログラムは，他のプログラムに比較して，州・地方政府の自由裁量に任されたものであるために，その枠組みを一般化することができない．しかしながら，たとえば，住宅都市開発省の 1996 年の年次報告書（annual report）によれば，1995 年度の実績で，HOME プログラムによって，5 万 9499 戸の住宅が，新たに建設・購入あるいは修復された．これに対し，家賃補助は 7828 世帯を対象とするというから，どちらかというと，住宅供給に中心が置かれているといえる．そして，9 億 6280 万ドルの連邦補助に対し，総額 32 億 6000 万ドルの資金が投資されたという[5]．

各年度によって多少のばらつきがあるものの，他年度の予算書や年次報告によっても，連邦支出を上回る資金が，他の資金源から調達され，連邦助成住宅の供給戸数を上回る住宅が，HOME プログラムによって供給されている[6]．

---

4) Schussheim (2003) p. 34. 年度や推計方法によっても異なるが，補助金総額に対する追加された資金の比率は，HUD (2000) p. 28 によれば 1.75 倍，Schussheim (2003) p. 34 によれば 2.40 倍になる．

5) HUD (1996). なお，1995 年度の連邦助成住宅供給戸数は 1 万 9440 戸であった．

1990年代の連邦助成住宅の新規契約は，80年代と同水準か，それよりも低いレベルにとどまっている．しかしながら，これは，HOMEプログラムにみられるように，連邦政府の関与が「間接化」された形での住宅・コミュニティ開発プログラムが含まれていないことを考慮に入れなければならない．

クリントン福祉改革の住宅・コミュニティ開発政策への影響

住環境の保障というアイディアと，現実の政策との関係をみるとき，クリントン民主党政権下で行なわれた一連の福祉改革の影響についても言及しなければなるまい．いわゆる"福祉依存 (welfare dependence)"を生み出すと批判され続けてきた要扶養児童家族扶助 (AFDC: Aid to Families with Dependent Children) を廃止し，貧困家族一時扶助 (TANF: Temporary Assistance for Needy Families) を成立させた1996年個人責任・就労機会調整法 (PRWORA: Personal Responsibility and Work Opportunity Reconciliation Act of 1996) は，アメリカ社会に大きな影響を与えたといってよかろう．AFDCは，受給の要件を満たすと同時に受給資格が発生するエンタイトルメント・プログラムであったが，TANFは，受給期間を生涯5年に制限し，受給者の就労を促進または義務付けるなど，エンタイトルメントではないプログラムとなった[7]．

1990年代の「福祉から就労へ (welfare-to-work)」をスローガンにした福祉改革は，住宅・コミュニティ開発政策においても無縁ではあり得なかった．別名"公共住宅改革法"とも呼ばれた1998年クオリティ住宅および就労責任法 (Quality Housing and Work Responsibility Act of 1998) は，福祉改革の一環として，さまざまな新しい規定を定めた．

---

6) 2001年度予算書によれば，2万2000戸の新規建設，2万5000戸の新規購入，4万5000戸の修復によって，9万戸余りの住宅が低所得者向けに提供されるという．これに対し，家賃補助は1万1000世帯である．プログラムに投じられる連邦資金は16億5000万ドルであるが，同時に，この1.75倍の資金が民間や州・地方政府から支出される．HUD (2000) p. 28．なお，この「その他の資金」についての明細はないが，全政府住宅コミュニティ開発支出の統計を参照すると，州・地方政府の自主財源による支出の割合は数％を占めるに過ぎないから，そのほとんどは民間資金と考えてよいと思われる．

7) ザビッキー (2003)，根岸 (2006) を参照されたい．

第 2 章　低所得者用住宅税額控除（LIHTC）と HOME 投資パートナーシップの始動

　まず，就労努力を行なう公共住宅居住者を援助するさまざまな規定を設けた．一例を挙げれば，それまで所得に対して定率に定められていた家賃を見直し，所得と家賃の関係を希薄化ないし切り離す選択肢を与えた[8]．他方で，就労可能であるにも関わらず，就労していない公共住宅居住者に対し，月 8 時間のコミュニティ・サービスへ寄与することを求め，それにしたがわない場合は賃貸契約を打ち切ることもあり得るとした．

　この他，1998 年法は，低所得層に限定していた入居要件を緩め，新規入居の 40% を，地域の所得中央値 30% 以下の超極低所得層（extremely low-income）のために用意しなければならないが，残り 60% については，それより所得が高い階層のために確保しても良いことになり，それまでの最貧家庭（neediest families）の優先入居条項を外した．これによって，より広範囲の所得階層が混在する住宅への転換を図っている．

　これ以外にもさまざまな新たな規定が設けられており，これらの改革を支持するグループがいる一方，コミュニティ・サービスへの貢献義務が（かえって）非就労者の継続的な居住を許しているという批判，あるいは，超極低所得層のために確保されているはずの住居が，いくつかの大都市部において，最低賃金で働く家族を支えるにも不十分になったとの問題点の指摘もある[9]．

比較的影響の小さかった住宅補助プログラム

　公共住宅で上述のような変化はあったものの，住宅・コミュニティ開発プログラムと，「福祉依存を解消するための」あるいは「就労を促進するための」福祉改革との関係について述べるならば，その影響は比較的小さかったといってよい．特に，福祉改革の中心であった AFDC/TANF 改革に対する影響とは大きく異なる．

　その理由については，次のように整理される．そもそも，住宅補助は受給要件を満たす者へのエンタイトルメント・プログラムではなかったから，い

---

[8]　旧規定では，公共住宅の家賃は調整後所得の 30%．1998 年法では，(1) 所得上昇分の参入を 12 ヵ月先送りしたうえで，さらに 2 年かけて段階的に上昇する所得基準の家賃か，(2) 所得に連動しない固定家賃のどちらかを選択できるようになった．Schussheim（2003）p. 21.

[9]　Schussheim（2003）pp. 21–22.

わゆる「福祉依存」の要因だったとはいえない．住宅補助の，所得上昇・就労インセンティブに対する阻害要因は，1970年代ニクソン政権期に問題となっており，当時のAFDC改革（FAP[10]法案等）が挫折したのとは異なり，住宅補助プログラムでは制度改革が行なわれ，基本的な問題は取り除かれていたから，90年代の改革では，マイナーな問題が議論されたに過ぎなかった．

クリントン政権下の住宅都市開発省は，1999年度，連邦議会から，5万世帯分の追加的な「福祉から就労をめざす世帯を援助する家賃補助プログラム（welfare-to-work housing voucher program, 以下WtWバウチャー）」の予算権限を付与された．このWtWバウチャーは，99年10月（2000年度）より，州・地方住宅局が作成する計画に基づいて競争的な配分が行なわれたが，これは，純粋に「福祉から就労へ」政策のための割り当てられたというより，それまでの少なすぎた財政支出を補う性質が強かった．

住宅補助プログラムにおける問題点は，受給要件を満たす者が，資格を割り当てられるまで待たなければならず，待機リストが長いことであった．このような現状は，補助を受けられる者と補助を受けられない者との格差を作り出すから，政策として公平性に反すると批判されている[11]．2012年の住宅都市開発省の統計で，41.9%の世帯が住宅問題を抱えているが，その約半数は"重度"の住宅問題を抱えたまま補助を受けられず放置されている[12]．加えて，2000年代初頭の時点で60万人のホームレスがいたという[13]．

こうなると，アメリカにおける住環境の保障とは何か，という点に疑問が生じる．そもそもアメリカにそのようなアイディアはないのだ，とする立場もあるかもしれない．しかし，1937年合衆国住宅法や1949年住宅法には，政策宣言として，国民の住環境の保障が謳われている．アメリカにおける住環境の保障は，マイクロ的な保障ではなく，大局的な方向性を与えるにとどまるものといえるかもしれない．

---

10) Family Assistance Plan.
11) CBO (1994) pp. 29-54.
12) HUD (2013a) pp. 30-33.
13) Schussheim (2003) p. 45.

第 2 章　低所得者用住宅税額控除（LIHTC）と HOME 投資パートナーシップの始動

住宅補助プログラムの変遷を色濃く反映する連邦財政

さて，1980 ～ 2000 年代の住宅補助プログラムの動向を，予算面から捉え直してみよう．図 2-2 は，連邦政府の住宅補助に関する予算権限（budget authority）と財政支出（outlay）の推移である．予算権限とは，議会による政府に対する財政支出の権限付与を指す．いかなる政策の財源であっても，連邦議会による予算権限の割当がなければ，連邦政府は，支出を行なうことができない[14]．このような予算のルールは，住宅・コミュニティ開発政策の遂行に次のような制約を与えることになる．住宅補助は，住宅という財の性質上，比較的長期の契約形態を取る．これは，「現在の新規契約」が，そのまま「将来の財政支出」となることを意味する．つまり転じて，将来の財政支出を約束する「現在の予算権限の割当」がなければ，新規の契約は行なえないことになる．

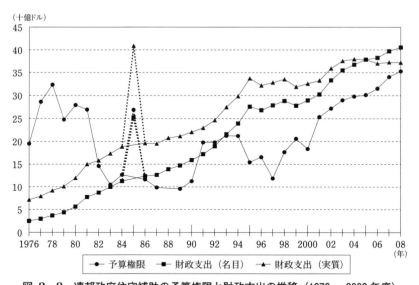

図 2-2　連邦政府住宅補助の予算権限と財政支出の推移（1976 ～ 2008 年度）
（注）実質値は 2005 年ドル．1985 年の高い予算権限・財政支出は，公共住宅の資金調達方法の変更による．
（出所）OMB（2013），"Historical Tables," より筆者作成．

---

14)　OMB（2013）"Analytical Perspectives," pp. 127-131.

1. クリントン政権に圧し掛かる予算編成上の制約

　図 2-2 には，歴代政権と連邦議会の財政運営方針と住宅補助プログラムに対するスタンスが色濃く反映されている．

　まず，1970 年代後半には，カーター民主党政権（1977 年 1 月～81 年 1 月）と民主党主導の連邦議会という組み合わせのもとで，大規模な予算権限が割り当てられた．これは，新規建設・家賃補助プログラムを合わせた年間 20 数万戸から 30 数万戸にのぼる住宅補助プログラムの新規契約を担保するものであった．

　続く，レーガン共和党政権期（1981 年 1 月～89 年 1 月）には，予算権限は大幅に削減された．それを反映する形で，図 2-1 でみたように，住宅供給型の住宅補助プログラムを中心に，新規契約が大幅に抑制されていたのである．

　ブッシュ（シニア）共和党政権（1989 年 1 月～93 年 1 月）からクリントン民主党政権（1993 年 1 月～2001 年 1 月）始めの 90 年代前半（91～94 年度）は，民主党主導の連邦議会の影響下で，1990 年全国アフォーダブル住宅法が制定され，いったん，予算権限の規模が回復し，予算割当が増やされ，財政支出も伸びていくことになる．

　しかしながら，1990 年代後半，特に 95 年 1 月以降，連邦議会の主導権が完全に共和党に移り，クリントン民主党政権と鋭く対立することとなった．95～96 年にかけて，暫定予算の期限切れによる連邦政府閉鎖（government shutdown）が計 2 回，27 日間にわたり発生した．97 年 5 月，クリントン民主党政権と共和主導の連邦議会は，2002 年度までに財政均衡を図ることに合意したが，こうした流れのなかで，住宅補助の予算権限は再び大幅にカットされ，図 2-1 にみられたように，連邦助成住宅の新規契約は著しく減少し，住宅補助支出も，名目値で一定，実質値で減少するという局面に至る．1980 年代の住宅補助の削減が，住宅問題を悪化させたと指摘される一方，連邦政府の膨大な累積赤字を背景とした予算編成上の制約が，これ以上の予算権限の拡大を許さなかったのである．

　こうした制約から解き放たれるのが，「2002 年度までの財政均衡」合意より早く，連邦財政黒字を記録した 1990 年代末以降の予算編成過程である．まず，先にふれたように，99 年度，連邦議会は，5 万世帯分の追加的な WtW バウチャーの予算権限を付与した．

第2章　低所得者用住宅税額控除（LIHTC）と HOME 投資パートナーシップの始動

図 2-3　住宅都市開発省 2001 年度予算書概要の表紙
（出所）HUD (2000).

　さらに，住宅都市開発省は，2000 年 2 月，01 年度（00 年 10 月～01 年 9 月）の予算編成にあたって，住宅都市開発省の予算概要（budget summary）を，わざわざ別刷りにしたうえで，色刷りの表紙を付け，その表題を "Back In Business" とした．

　図 2-3 がその表紙のデザインであり，1996 年 10 月 20 日付 The New York Times Magazine の表題 "The Year that Housing Died" の上に斜線を引き，新たに 2000 年 2 月 7 日の日付を入れ，"HUD: Back In Business," "The Rebirth of Housing" と上書きしているのである．その予算概要で，住宅都市開発省は，すべての中心的なプログラムへの予算割当の増加を通じて，住宅ビジネス，経済開発ビジネス，コミュニティ開発ビジネスへ回帰するとした[15]．もっとも，2001 年度予算は，クリントン民主党政権が関わった最後の予算であった．

---

15)　HUD (2000).

ブッシュ（ジュニア）政権下での実質支出の減少

　クリントン政権の後を引き継いだブッシュ（ジュニア）共和党政権（2001年1月～2009年1月）は，ブッシュ減税と呼ばれた大幅減税の実施と，対テロ戦争・対イラク戦争の遂行によって，連邦財政を一気に赤字に転落させた．再び，予算編成上の制約を課せられた政権は，住宅・コミュニティ開発政策の分野において，プログラムの整理統合や縮小・廃止を企図した．

　クリントン政権下で追加された WtW バウチャー・プログラムの割当は，2004年3月から段階的に縮小・廃止（phase-out）している[16]．これ以外に，成立しなかったものの，2004年度予算の，住宅選択バウチャー（Housing Choice Voucher, 旧セクション8バウチャー）の州政府への一括補助金化による整理統合を狙った HANF（Housing Assistance for Needy Families）提案や[17]，2006年度予算の，CDBG を始めとするいくつかの補助金プログラムを，商務省管轄の新たな経済・コミュニティ開発補助金プログラムに統合する提案など[18]，住宅問題の拡大に対して予算割当が少なすぎるという指摘とは対照的な提案を繰り返したのである．

　その結果は，図2-2にみられるように，予算権限および名目ベースの支出は上昇をみせているものの，実質ベースでの支出は2004年度をピークに2008年度まで減少するに至るというものであった．ブッシュ政権は，住宅問題の解決という意味でほぼ無力であった．

　なお，1976～2008年度の住宅補助プログラムの予算権限は7014億ドル，支出は6935億ドルであり，78億ドルを残してほぼ予算権限を使い切ったことになる．2008年度の名目支出規模は約400億ドルであるので，2009年度に新たな予算権限の割当を行なわなければ，同規模の支出を維持できないこととなる．

　周知のように，2008年9月のリーマン・ショックによる経済崩落の危機により，2009年1月に就任したバラク・オバマ大統領は，対応を迫られる

---

16) ブッシュ政権下の住宅都市開発省は，WtW バウチャーが，小さいながらも就業率や勤労所得を押し下げているという統計的事実を示し，連邦議会へ報告書を提出した．得られた統計的帰結に対する理由は明らかにされていない．HUD (2004).
17) OMB (2003) "Appendix," pp. 476-477.
18) OMB (2005) "Appendix," p. 541.

ことになった．住宅・コミュニティ開発政策も，この危機対応のなかで，予算権限を受けて新たな展開をみせることになる．

この点については，終章で述べることとし，以下では，少し時間軸を戻して，住宅・コミュニティ開発政策をめぐる租税優遇措置に話を移すこととしよう．

2. 新たな枠組みを提供する租税優遇措置プログラム

低所得者向け住宅の供給を促進する税額控除

1990年代後半以降の住宅補助支出の停滞をもって，単純に，低所得者向けの住宅・コミュニティ開発政策が縮減されたと捉えるのも早計である．それは，GAO（会計検査院）が，低所得者向け住宅を開発する連邦プログラムのなかで「最大」と呼ぶ，「低所得者用住宅税額控除（Low-Income Housing Tax Credit, 以下LIHTC）」の役割が大きくなっているからである[19]．LIHTCは，低所得者向け住宅を開発する民間ディベロッパーに税額控除を与えるというもので，1995〜2011年の平均で，年1450プロジェクト10万9000戸を超える低所得者向け住宅供給を支えており[20]，アフォーダビリティ問題を解決するための政策として注目されている．なお，これは，住宅都市開発省が所管する政府支出プログラムではなく，財務省・内国歳入庁が所管する租税優遇措置であり，政府の税収減として表れるものであり，「租税支出」と呼ばれるものの一つである．政府の関与は，一層「間接化」しているといえる．

LIHTCは，1986年税制改革法で縮減された賃貸住宅減価償却の代替として，1989年末までの時限的な制度として導入されたものであったが，度重なる延長の末，アフォーダブル住宅を供給するための重要な政策の一つとして定着した．恒常的な制度へ改編されたのは，クリントン民主党政権下の1993年統合予算調整法（OBRA 93[21]）によってである．

---

19) GAO (1997) p. 2.
20) HUD (2014) より集計．表2-1を参照．
21) Omnibus Budget Reconciliation Act of 1993

2. 新たな枠組みを提供する租税優遇措置プログラム

2015年度のLIHTCの規模は76億ドル程度であるが[22]，低所得者向け住宅を開発するプログラムのなかではもっとも大きい．低所得者向けのプログラムの多くは，古くは，財政支出を伴う住宅補助プログラムとして供給されてきたが，次第に，租税優遇措置による間接的な住宅・コミュニティ開発プログラムへシフトする動きが強まっている．

LIHTCは，(1) 連邦政府の補助を受けない賃貸住宅の新規建設・大規模修復費用の70%，(2) 連邦政府の補助を受けた賃貸住宅の新規建設・大規模修復費用の30%，または，既存住宅の取得費用の30%，について，10年間にわたって税額控除を与えるというものである[23]．税額控除額を算定するための費用の基準額は，財務省によって，毎月，現在価値に修正され，単年に換算すると，(1) は当初費用の約9%，(2) は約4%となる．なお，算入される費用は，住居そのものの開発や，居住者が用いる設備のための費用であり，土地の取得や資金調達，マーケティングのための費用は含まない．

LIHTCの適用を受けるにあたりディベロッパーは，

・全戸数のうち，少なくとも20%をその地域の所得中央値50%以下の世帯に，あるいは40%を所得中央値60%以下の世帯に提供しなければならない．
・家賃（水道光熱費を含む）を居住者の基準所得額（地域の所得中央値の50%）の30%以内にしなければならない．
・一定の住居の質を保たねばならない．
・1990年以前の物件については15年間，それ以後の物件に付いては30年間，家賃制限および入居者の所得制限を守らねばならない．

などの条件を課せられることになっている．

この制度の，もっともユニークな点は，税額控除の権利を投資家に移転できることである．もちろん，ディベロッパー自らこの利益を受けても構わないのだが，多くの場合は，10年にわたる税額控除の権利を投資家に譲渡す

---

22) Joint Committee on Taxation (2015) p. 32.
23) 26 USC 42; GAO (1997) pp. 25-27.

第2章 低所得者用住宅税額控除（LIHTC）と HOME 投資パートナーシップの始動

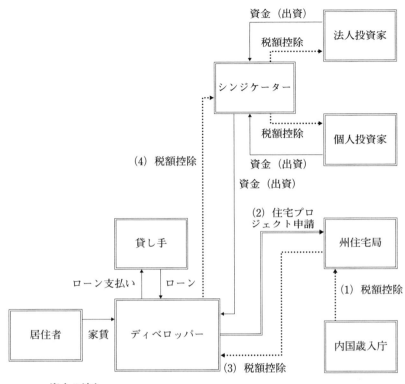

図 2-4 連邦政府から民間部門への LIHTC 移転の仕組み
(出所) GAO (1997) p. 24.

ることによって，現在の投資資金を集める．図2-4は，連邦政府から，民間部門へどのようにLIHTCの利益が配分されるかを示した図である．

(1) LIHTC は，内国歳入庁（IRS: Internal Revenue Service）が管理し，州が住宅ニーズに基づいて立てた計画をもとに，州人口1人当たり1.75ドルを上限として[24]，毎年の権限を割り当てる．州は，各ディベロッパーへLIHTCを配分する機関を設立する．この機関は，LIHTCをどの

ディベロッパーに与えるかの決定権限を持つ．
(2) 低所得者向けの賃貸住宅を開発し，LIHTC を受けようとするディベロッパーは，計画を州機関に提出し，申請しなければならない．
(3) 州機関は，これに基づいて，LIHTC の配分を決める．
(4) ディベロッパーは，シンジケーターを通じて，当該プロジェクトの出資者（個人・法人投資家）を集い，税額控除の利益を分け与える．

投資家は，プロジェクト運営に関わるディベロッパーのパートナーとなり，住宅の建設費に対して出資をするが，通常の投資収益の代わりとして，この税額控除および損金算入可能な損失を受け取る．制度の利用にあたって課せられる「条件」に見合う低所得者向け住宅の開発・運営から，投資収益を受け取ることは難しい．LIHTC は，投資収益に代わる税額控除と損金算入による租税利益の配分を通じた"節税スキーム"を提供することと引き換えに，一般の投資家から広く資金を集め，住宅・コミュニティ開発プロジェクトを遂行するプログラムとして働くことが期待されているものである．問題は，この制度が，「機能する政策」となっているかどうかという点である．

増額される LIHTC

この税額控除の割当の変遷は，人口1人当たり 1987～2000 年 1.25 ドル，2001 年 1.50 ドル，02 年以降 1.75 ドル，2003 年以降インフレ調整された値と定められていることもあり，1人当たり割当額と人口を掛け合わせれば，容易に推計できる．図 2-5 は，LIHTC の割当の推移（推計）を表している．図にみられるとおり，1987 年より各年の割当が増やされ割当額も増加する．96 年以降は，順次，旧契約が終了し，新規契約に入れ替わる．2001 年以降は，旧契約の終了，新規契約の開始とともに，増額分が加算され，総額も徐々に増えていくことになる．この推計による 12 年の割当は 62 億ドルとな

---

24) 法定レート（26 USC 42）．2003 年以降はインフレ調整されている．加えて，2008 年住宅・経済再生法（HERA: Housing and Economic Recovery Act of 2008）によって，暫定的にレートを 10% 引き上げ，2008 年を 2.20 ドルとし，以後，これに基づいてインフレ調整されている．GAO（2012a）p. 9.

第2章　低所得者用住宅税額控除（LIHTC）と HOME 投資パートナーシップの始動

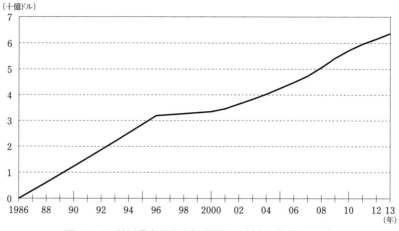

図 2-5　低所得者用住宅税額控除の割当の推移（推計）
（出所）26 USC 42; GAO (2012a); Census Bureau (2013) より筆者推計.

るが，連邦議会・合同租税委員会による 12 年の推計は約 60 億ドルとなっている[25]．

さて，表 2-1 は，1995〜2011 年までの LIHTC による住宅竣工戸数の経年変化をみたものであり，すべての年でみられる共通の傾向や，少しずつ変化している部分など，その特徴を読み取ることができる．税額控除の新規割当は毎年 6 億ドル程度，これにより，平均 10 万 9 千戸余りの住宅が供用開始となっている．このうち 60% 強が新規建設であり，30% 強が修復である[26]．非営利組織の比率も，当初の 2 割前後から 3 割弱まで上昇している[27]．

---

25) Joint Committee on Taxation (2013) Table 1.
26) 合計が 100% にならないのは，新規建設住宅と修復住宅の両方を抱えるプロジェクトがどちらにも算入されていないため．
27) なお，このデータを読み取るには若干の注意を要する．元のデータベースは，LIHTC の割当を受けたプロジェクトに対する調査票への回答をもとに作られている．したがって，各項目に一定割合の未記載がある．さらに，新しい年ほど，調査票が未回収でデータベースに収載されていないプロジェクトが多数存在する．たとえば，2013 年 9 月公表の 2011 年の竣工戸数は 5 万 3048 戸なのに対し，2014 年 4 月公表の 2011 年の竣工戸数は 7 万 6225 戸であり，2 万 3177 戸の差がある．過去の傾向から今後数年は竣工戸数がまだ増加する可能性が高い．このデータベース利用にあたっての注意事項は，住宅都市開発省が集計データを冊子として公表した最後の HUD (2009c) を参照されたい．

税額控除の割当は 10 年間にわたるものであるから，単年の"租税支出額"は，新規割当額の約 10 倍の 60 億ドル程度になる．毎年，60 億ドルの租税支出によって，平均 10 万戸の低所得者向け住宅が供給されていることになる．

LIHTC に対する是非の議論

さて，GAO は，連邦議会下院の要請を受けて，LIHTC の実態調査を行ない，1997 年に報告書を提出した[28]．調査は，割当が増やされていく過渡期である 1992 〜 94 年に契約されたプロジェクトのうち，無作為抽出した 423 プロジェクトに対して行なわれ，これをもとに予想される LIHTC の全体像について報告している．

GAO の推計によれば，1992 〜 94 年の 3 年間に割り当てられた税額控除は，合計で 61 億ドル．この間に 4121 プロジェクト 17 万 2151 戸の住宅が提供されたという．投資された総額は，107 億ドル，このうち 31 億ドルが税額控除によって追加された出資金である．残りは，民間融資，および政府融資または補助金によってまかなわれている．民間融資の比率は 29％，政府の融資・補助金は 37％ を占める．政府の融資・補助金は，さまざまなプログラムからの資金で構成され，各種の低利融資やコミュニティ開発一括補助金（CDBG），HOME 投資パートナーシップ・プログラム，農務省の住宅補助金などを含んでいる．投資額の合計には含まれていないが，LIHTC 住宅の居住者は，家賃補助などの追加的な連邦補助を 2 億 2900 万ドル受けたとされる．さらに，プロジェクトの 73％ は新規建設，供給された住宅の平均月額家賃は 435 ドルだったという．

GAO は，(1) 各州において優先すべき住宅の必要性に応じた運用がなされているか，(2) 住宅プロジェクトの費用は適切か，(3) 州や家主が制度の条件を遵守しているかどうかの 3 点について評価をし，マイナーな問題点を除いて概ね問題ないとしている．しかしながら，同時に，この評価は，セクション 8 プログラムなどの他の連邦補助政策との比較において有効性を認め

---

28) GAO (1997).

第2章　低所得者用住宅税額控除（LIHTC）と HOME 投資パートナーシップの始動

表 2-1　低所得者用住宅税額控除（LIHTC）に

供用開始年	1995	1996	1997	1998
プロジェクト数	1,585	1,504	1,438	1,408
戸　数	91,663	97,239	94,661	98,607
新規建設（%）	68.9	64.7	61.6	64.8
修　復（%）	28.7	32.3	34.2	32.3
非営利組織の比率（%）	14.2	20.1	25.6	27.5

供用開始年	2004	2005	2006	2007
プロジェクト数	1,601	1,695	1,621	1,571
戸　数	136,632	137,067	131,845	124,756
新規建設（%）	64.7	66.1	62.1	62.0
修　復（%）	32.3	31.4	34.6	35.3
非営利組織の比率（%）	23.9	23.9	27.0	25.9

（出所）HUD（2014）データベースに収載された全3万9287プロジェクトのデータを抽出して集計

るものではなく，この制度の存続および廃止いずれについても，何らの見解を与えるものではないとしている．

　GAO がこのようなコメントを付加したのは，中間報告へのコメントを求められた州住宅局全国協議会（National Council of State Housing Agencies）が，「GAO によって低所得者用住宅税額控除の廃止を求められなかったことが，この政策の正当性を立証する」と述べたことによる．GAO は最終報告で，この調査の目的は，法に定められた基準にしたがって運用されているかどうかの評価をすることであり，政策の正当性を立証するものではない，と付け加えた．

　しかしながら，GAO は，明らかに非効率な政策に対しては，廃止を含む改善の勧告を行なうのが普通であるから，少なくとも，この政策に有意な非効率性を発見しなかったことは確かであるといえる．

　住宅都市開発省は，同省が所管するプログラムでないにも関わらず，自省に深く関わり合う政策として，LIHTC に関する調査を委託し，2000年7月に報告書を受け取った[29]．電話調査を基礎としたこの報告によって，いくつ

29）　Abravanel and Johnson（2000）．

2. 新たな枠組みを提供する租税優遇措置プログラム

よる住宅竣工戸数の経年変化（1995～2011年）

1999	2000	2001	2002	2003
1,632	1,475	1,551	1,449	1,654
124,501	112,046	115,895	117,449	138,295
62.8	62.3	59.7	63.0	65.9
33.6	35.1	36.0	32.9	31.5
27.2	25.1	27.5	24.3	23.3

2008	2009	2010	2011	平　均
1,352	1,090	989	1,035	1,450
101,373	84,714	76,998	76,225	109,410
63.6	65.0	58.9	63.8	63.5
32.1	31.0	37.9	32.6	33.2
27.7	30.3	27.5	27.8	25.2

した．

かの重要な示唆が得られている．いわく，ほとんどの家主が，この制度を利用するにあたってかけられる低所得者へ住居を提供しなければならない制限期間（1990年以前の物件については15年間，それ以後の物件に付いては30年間）を過ぎた後にも，低所得者向けの住宅として提供し続けると回答していること，3割のディベロッパーは，非営利組織によって構成されていること，などである．

　GAOがさしたる問題点を見出さず，州住宅局全国協議会がこの政策に正当性が与えられることを期待し，住宅都市開発省も不完全ながら前向きな評価をくだしつつあり，さらに，クリントン政権が割当額の増額を通じて，LIHTCの拡大を指向する一方，研究者のなかには，LIHTCの非効率性を指摘する者もいる．

　これらの研究者が問題とする点は，割り当てられた税額控除に比較し，集められた出資金が少ないという点である．前述のGAOが調査した期間においても，61億ドルの税額控除割当に対し，31億ドルの出資金しか集められていない．Quigley（2000）は，LIHTCの開始以来，多くの研究者によって続けられてきた研究結果をもとに，この問題を指摘している．彼は，出資金の比率が，開始当初の約半分から，政策の定着にしたがって1996年には

62%に上昇してきているものの,まだまだ非効率であると指摘する[30].

確かに,制度開始からしばらくは,税額控除の割当額に対して集められた出資金が少なく,効率的なプログラムであったとはいえなかった.しかしながら,LIHTCの運用手法は,時とともに洗練され発達しており,2000年代後半以降は,税額控除の割当額を超える出資金を引き出すことにも成功している.より効率的で効果的な住宅・コミュニティ開発を実現するプログラムとして機能しつつある.詳しくは,第3章でみていくことにしたい.

3. 住宅・コミュニティ開発を担う非営利組織の役割の拡大

重要なアクターとしての非営利組織

詳細な分析に入る前に,前述した一括補助金や租税優遇措置を受け取り,効率的で効果的な住宅・コミュニティ開発を進める重要なアクターとしての非営利組織の位置づけについて押さえていきたい.

以前に比べて,非営利組織の役割が大きくなっていることを見逃すことはできない.この分野では,コミュニティ開発法人(CDC)に代表される,住宅・コミュニティ開発専門の非営利開発法人が数多く組織されており,再開発計画の作成・提案から,実際の再開発物件の取得や再開発地区に対する事業,さらに事業後の運営・メンテナンスまでをこなす団体も数多く存在する.インナーシティの再開発を積極的に担い,連邦直接補助住宅の供給戸数を上回る低所得者向け住宅を供給している[31].

営利組織(for-profit organizations)が政策的枠組みによって与えられた利益機会に惹きつけられて低所得者向け住宅を供給するのとは異なり,非営利開発法人は,別の動機とメカニズムによって低所得者向けの住宅供給を行なう.O'Regan and Quigley (2000) は,連邦政府が,法制度のなかに,わざわざ非営利組織への資金の優先的割当を組み込んだ理由を整合的に説くことができるという.

O'Regan and Quigley (2000) は,非営利組織を優遇する原理的側面につい

---

30) Quigley (2000) pp. 70–72.
31) 1990年の推計で約36,000戸を数える.O'Regan and Quigley (2000) p. 299.

て，次の3点を挙げる．第1に，コスト競争においては営利組織の方が有利であるが，営利組織が避けるような，支援の難しい貧困層を積極的に引き受けようとする．第2に，コミュニティに精通した非営利組織は，地域の住宅問題に対する有効な解決策を導き出す情報や知識を有し，地方分権や権限委譲に寄与する．第3に，連邦の政策目標は，営利組織が行なうような単に良質な住宅の供給だけでなく，それよりも広い，社会的・物理的外部性への配慮や，住民によるコントロール等を含んだ役割を期待しており，非営利組織の住宅供給はそれに調和する[32]．

住宅供給非営利組織の活動目的は，低所得層の住宅環境を支えること自身にあり，いうまでもなく利益の獲得ではない．こうした非営利組織の財政基盤は脆弱であり，さまざまな団体や個人からの寄付や，(地元)金融機関からの，地域貢献を目的とする特別な低利融資やゼロ金利融資など，複雑で，ばらついた資金源に頼っている (patchwork financing)．営利組織が利益機会そのものに惹きつけられて低所得者向け住宅を開発するのに対し，非営利組織は，LIHTC等が与える利益機会を活用して，一般の投資家を含む多様なソースから資金を引き出し，支援の困難な低所得層のための住宅供給を行なっているのである[33]．

低所得層を支える多様なプログラム・ミックス

さて，こうしたLIHTCやHOMEの枠組みが上手く機能するならば，住宅選択バウチャー(セクション8家賃補助)などの他の補助金プログラムは不要になるだろうか．否，GAOの調査によれば，1992〜94年に供用開始となったLIHTC住宅に居住する世帯の39%がセクション8家賃補助を受け取っていた．加えて，37%のLIHTC住宅は，CDBGやHOMEあるいは州・地方政府の補助金や融資などをミックスしたものであった[34]．

O'Regan and Quigley (2000) は，もし，これらの補助金が削減されるなら

---

[32] O'Regan and Quigley (2000) p. 300.
[33] O'Regan and Quigley (2000) p. 315.
[34] GAO (1997) p. 41. さらに，LIHTC住宅の約1/3は，農村住宅庁 (RHS: Rural Housing Service) の補助金とミックスされていた．

ば，低所得層を支えることがより困難になり，殊に，非営利組織は，深刻な財政危機に直面するだろうと指摘する．既存の政策的枠組みでも，非営利組織の財政基盤は脆弱であり，資金調達力を強化するためのさらなる政策的なサポートの必要性を示唆する[35]．

こうした住宅供給非営利組織（非営利開発法人）は，住宅市場や住宅金融市場のなかに組み込まれ，それを利用しながらも，利潤動機とは異なる目的を持って，低所得者向け住宅を供給する．連邦政府の租税優遇措置や補助金の一定割合は，州・地方政府を通じて非営利組織に配分され，従来の政府機関に代わって，もっとも貧しい，支援困難な人びとを支えているのである．

非営利組織の地位とその利点

これまで，アメリカの住宅・コミュニティ開発政策に関わるさまざまな問題を指摘した．住宅・コミュニティ開発政策は，地域の実情に基づいた計画立案によってなされるべきと主張され，州・地方政府に対する分権や権限委譲の過程を経てきたことを明らかにした．そのうえで，民間化・民営化（プライヴァタイゼーション）が推し進められてきたのである．

こうした流れのなかで，アメリカにおいて，低所得層の住環境を保障する主体の一つとして，非営利開発法人に重要な役割が与えられていることをみてきた．ここでは，非営利組織の地位とその利点をより深く理解することを試みよう．

われわれの経済社会がどのように構成され，成り立っているかについては，さまざまな議論があるが，Pestoff（1998）は，独自の視点で，社会の構成と連関を図 2-6 のように示した[36]．この Pestoff（1998）の福祉のトライアングル（welfare triangle）は，経済社会を"3つの切り口"から"4つの構成部分（セクター）"に分け，また，それぞれの関連性を簡潔に示しているところに特徴がある．

まず，社会の構成要素を分ける"3つの切り口"とは，第1に「公共」か「民間」かという違いであり，第2に「営利」か「非営利」かという違いで

---

35) O'Regan and Quigley (2000) pp. 314-315.
36) Pestoff (1998) p. 42.

3. 住宅・コミュニティ開発を担う非営利組織の役割の拡大

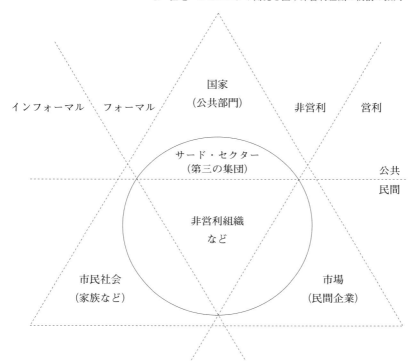

図 2-6 第三の集団と福祉のトライアングル
(注) 図中の重なりは両セクターにまたがる混合組織の存在領域を示す．
(出所) Pestoff (1998) p. 42 より筆者作成．

ある．そして第3に，組織化あるいは制度化された「フォーマル」セクターか，そうでない「インフォーマル」セクターかという分類である．

社会の構成部分（セクター）として，誰もがその存在を容易に認めるのが，まず，公共で非営利そしてフォーマルな「国家（公共部門）」であり（第一セクター），そして，民間・営利・フォーマルな「市場（民間企業）」であろう（第二セクター）．さらに，インフォーマル・セクターである「市民社会（家族等）」が存在する．これは民間であり非営利である．

さて，これらの切り口によっても，どこにも所属しない構成部分（セクター）が存在することがわかる．それは，組織化されているか，または制度内に組み込まれているフォーマルな存在でありながら，民間でもあり非営利で

91

もあるという「サードセクター（第三の集団）」部分である[37]．このサードセクターに属するのが「非営利組織」である．

　第三の集団としての非営利組織は，公共部門・市場・市民社会のそれぞれと共通項を持つ．公共部門とはフォーマルで非営利，市場（民間企業）とはフォーマルで民間，市民社会とは民間で非営利，という点が共通項となる．ここで想起すべきことは，市民社会（家族等）と，国家（公共部門）や市場（民間企業）とはしばしば利害対立を起こすにもかかわらず，それを解決するための有効な接点を持つことが困難であったということである．市民社会は，インフォーマルな存在ゆえ，しばしば社会の構成部分としての十分な力を発揮できない．非営利組織は，こうしたインフォーマル・セクターと共通の利害に立ち，公共部門や民間企業と相対し，これらとの仲介部門（intermediate sector）としての役割を果たすことができるのである[38]．

　こうした非営利組織の活動の利点は，以下の3点に集約できる．まず，第1に，非営利組織は，選挙民と議員との関係にみられるような政治的利権にとらわれず，住民の利益を代表することができる．第2に，専門的なスタッフを抱えているので，政策の対象となる住民に専門的な知識がなくとも，そのニーズを汲み上げ，専門的な提案を行なうことができる．第3に，行政区域にとらわれる必要がないので，たとえば，大都市に本部を置く一つの非営利組織が，他地域の小さな地方政府の政策形成に関与するようなことも可能となる[39]．

住宅・コミュニティ開発に欠かせない住民参加

　ここでは，さらに根源的な問題に立ち戻って，コミュニティをどう支えるべきかという視点から，都市開発のあるべき姿について言及した文献を手がかりに"住民参加"について考察する．

---

37) 日本においては，公民共同出資の事業体を「第三セクター」と呼ぶ．Pestoff (1998) のいう third sector は，無論，これらとは異質のものであることから，ここでは，サードセクターと表記するか，「第三の集団」と訳出することとした．
38) Pestoff (1998) p. 45.
39) 本山・岡田 (2005) p. 48. いうまでもなく，公共団体は自らの管轄区域を超えて活動することができない．

3. 住宅・コミュニティ開発を担う非営利組織の役割の拡大

　大野・エバンス（1992）は，アメリカにおける都市開発の経験と事例から，都市開発を効果的に進めるための「条件」を次のように導き出している[40]．

1. 質量ともに高い情報の入手が容易であること（情報公開）
2. ルールが明確で誰にでも納得のいくものであること（過程が透明であること）
3. 客観性を維持する制度であること（独立した監視機能があること）
4. 住民の実質的な参加があること

1番目から3番目の要点を述べれば，現在のアメリカにおいては，これらの制度が整備されており，一般に誤解されているような，規制のない，ディベロッパーによる自由な開発が行なわれているわけではなく，むしろ厳しい開発監視システムに基づいた「成長管理」と呼ばれる都市づくりがなされているということである．これらの3つの指摘について，それぞれ詳細に検討することにも意義があるとは思われるが，ここでは，特に4番目の「住民の実質的な参加」に焦点を絞る．大野・エバンス（1992）は，図2-7のアーンスティンの「住民参加の梯子8段階」を取り上げて，住民参加のあり方について検討している．

　"住民参加"は，原則論では民主主義の重要な要素であるとみなされるが，具体的な実行となると，たちまち実現不可能な理想として扱われてしまうことに問題がある．具体的な住民参加を考える際に，真の参加と形式的な参加を峻別するための有効な指標となるのが，このアーンスティンの「参加の梯子」であるという．

　大野・エバンス（1992）によれば，アメリカにおいても，住民参加の実際の程度は都市によって，またケースによって相当異なるが，全体としては徐々に参加の梯子の高い段階へと進んでおり，もっとも低い段階の都市でも「参加不在」に位置するものはほとんどない，と述べている．こうした「パートナーシップ」や「権限委任」を受ける住民とはどのような実体をなすも

---

[40]　大野・エバンス（1992）p. 177.

第2章　低所得者用住宅税額控除（LIHTC）と HOME 投資パートナーシップの始動

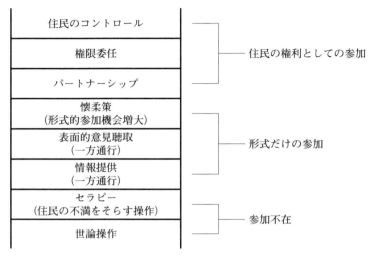

図 2-7　住民参加の梯子 8 段階
（出所）Arnstein（1969）p. 217; 大野・エバンス（1992）p. 193.

のなのか検討しなければならないだろう．

非営利組織の手によって進む住民参加

　一般的に住民参加の程度が高いといわれるアメリカにおいても，実は，衰退地域や低・中所得層の居住地域では，専門的な知識の不足や，衰退による意欲の喪失が伴って，住民の意識は低く，積極的な参加が進まないのが普通である．一般的な住民参加を図っても，多くの場合，組織化されない住民参加では，有効な提案を行なえない場合も多い[41]．

　地方政治への住民参加が，有効な手段として実質的に認められるようになったのは，非営利組織の活動が活発化した1990年代以降である．非営利組織が，コミュニティの住民に対して，組織づくりや資金集め，専門的な知識や技術の提供といった部分で支援している．非営利組織は，住民と地方政府の間を仲介し，住民のニーズを汲み上げたうえで，専門的な提案を地方政府に対して行なうのである[42]．

---

41)　Van Meter（1975）pp. 806ff.

住環境の保障という課題のなかの，もっとも重要な要素の一つである"住民参加"を実現し，アーンスティンの参加の梯子の高い位置へ引き上げている主体こそ，Pestoff（1998）が"第三の集団"と位置づけた非営利組織であるといえるだろう[43]．

おわりに

本章は，1990年代から課せられた財政収支均衡という強い予算編成上の制約のもとで，住宅・コミュニティ開発政策が「新たな枠組み」を持つに至ったことを明らかにした．新たな枠組みとは，州・地方政府に権限を委譲し，民間とのパートナーシップによって住宅供給を促進する租税支出プログラムであるLIHTCと，同様の枠組みを一括補助金プログラムで行なおうとするHOMEである．

予算を節約しつつ，住宅問題に対処する政策手段として，これからますます，LIHTCやHOMEなど，公民パートナーシップを基礎にした政策に重心が移されることが予想される．その際に，鍵となるのは，民間の非営利組織の動向である．非営利組織は，民間企業のように利潤目的で活動を行なう必要はないから，活動目的のレベルから，公共の福祉を向上させる主体となる潜在性・将来性（potential）を持つ．LIHTCでは，すでに，活動主体の約3割が非営利組織になっており，HOMEでは，資金の15%を非営利組織のために留保しなければならないと規定されている．非営利開発法人は，1980年代の予算削減と90年代以降の市場論理の強まりのなかで積極的な活動をみせている．

このような非営利開発法人が，「政府関与の間接化」された租税支出プログラムや一括補助金プログラムの枠組みのなかで，実際，どのように，住宅・コミュニティ開発を進めているのか，具体的にみていく必要があろう．

42）　平山（1993）pp. 142-166.
43）　平山（1993）は，「CDCの日常的活動，近隣居住者による"ボトム・アップ"の試み，プロジェクトを完成し，それを維持していく努力，そうしたすべてのプロセスは，それ自体が人びとの生活を強化し，コミュニティを発展させていく無形の効果を生み出している」と，その「間接効果」に注目する．平山（1993）p. 136.

第 2 章　低所得者用住宅税額控除（LIHTC）と HOME 投資パートナーシップの始動

これらによって，極めてユニークなアメリカ住宅・コミュニティ開発政策の姿が明らかとなるであろう．

第3章　低所得者用住宅税額控除（LIHTC）の
インセンティブ効果

はじめに

本章は，アメリカの住宅・コミュニティ開発政策における非営利組織と政府の役割を明らかにする研究である．

第2章で明らかにしたように，非営利組織が，住宅・コミュニティ開発政策のなかで重要な役割を担いつつある．コミュニティ開発法人（CDC）に代表される，住宅・コミュニティ開発専門の非営利開発組織が，一括補助金や租税優遇措置によって与えられる公的資金およびこれらの制度が持つ強いインセンティブによって取り込まれた民間資金をミックスさせ，支援が困難なコミュニティを支えている．

本章は，サンフランシスコ・ベイエリアの非営利開発法人の活動に関する調査研究によって，低所得者向け住宅・コミュニティ開発プロジェクトの資金の流れがどのように組み立てられているか，どのように活動が組み立てられているかを明らかにする．

これによって，市場志向の政策フレームワークと非営利組織の活動のコラボレーションによって実現される，ユニークなアメリカ住宅・コミュニティ開発政策の姿を浮かび上がらせることとなろう．

1. 低家賃で供給される民間賃貸住宅プロジェクト

サンフランシスコ・ベイエリアとは

サンフランシスコ・ベイエリアとは，サンフランシスコ市を含む，北カリフォルニアのサンフランシスコ湾を取り囲む地域を指す．

第3章 低所得者用住宅税額控除（LIHTC）のインセンティブ効果

　サンフランシスコ・ベイエリアは，概ね4つの地域に分類される．第1に，サンフランシスコ市を中心とする西海岸沿いの地域，第2に，オークランド市やバークレー市などサンフランシスコ湾の東岸にあたるイーストベイと呼ばれる地域，第3に，サンノゼ市などシリコンバレーを中心とするサンフランシスコ湾の南側にあたるサウスベイと呼ばれる地域がある．これらの3地域は，人口も多く，それぞれが国際空港を抱えるほどの大都市となっている．これに加え，第4に，サンタローザ市・ナパ市・フェアフィールド市などサンフランシスコ湾北側の地域をノースベイと呼ぶ．

低所得者向け住宅・コミュニティ開発プロジェクトの低い家賃水準

　まず，表3-1を用いて，4つの低所得者向け住宅・コミュニティ開発プロジェクトの概略をみよう．以下では，それぞれの住宅・コミュニティ開発プロジェクトの開発地域，住戸数，家賃水準をみる．なお，家賃水準は，いず

バークレー市のダウンタウンに位置する Oxford Plaza
1階が商業施設，2階以上がアフォーダブル住宅

（出所）2009年8月31日，筆者撮影．

1. 低家賃で供給される民間賃貸住宅プロジェクト

表 3-1 低所得者向け住宅・コミュニティ開発プロジェクトの概要

プロジェクト名	Oxford Plaza	One Church Street	Cottonwood Creek	Jack London Gateway
プロジェクト所在地	バークレー	サンフランシスコ	スースン・シティ	オークランド
全開発戸数	97 戸	93 戸	94 戸	61 戸
プロジェクト純家賃(2ベッドルーム)	月525～1090ドル	月790～960ドル	月458～957ドル	月 526 ドル
純市場家賃（2ベッドルーム）	月 1322 ドル	月 1982 ドル	月 1200 ドル*	月 1232 ドル
供用開始年	2009 年	2002 年	2008 年	2009 年
総開発費用	4096万4839ドル	2695万7370ドル	2531万9744ドル	2088万0175 ドル
プロジェクト所在地の人口（2006 年）	10 万 6230 人	74 万 4041 人	2 万 6118 人**	37 万 7256 人
ディベロッパー名	RCD	BRIDGE Housing	BRIDGE Housing	EBALDC
ディベロッパー所在地	バークレー	サンフランシスコ	サンフランシスコ	オークランド

(注)＊筆者推計による．＊＊ 2000 年センサスの値．
(出所) Metropolitan Transportation Commission and the Association of Bay Area Governments (2008), CHPC (2007) p. 1, BRIDGE (2002) p. 1, BRIDGE (2008) p. 1, EBALDC (2008) p. 1 より作成．

れも供用開始時点のものである．

　第1の Oxford Plaza プロジェクトは，サンフランシスコ湾東岸（イーストベイ）に位置するバークレー市のダウンタウンに開発され，2009 年から供用開始となった 97 戸の低所得者向け集合住宅である．管理人用住宅 1 戸を除く 96 戸が低所得者向けに提供されている．標準的な 2 ベッドルームの間取りの物件の純家賃[1]は，月額 525 ドルから 1090 ドルであり，純市場家賃[2] 月額 1322 ドルに対して約 40% ～ 80% の低家賃で提供されている．ディベロッパーは，バークレー市に本拠を置く RCD（Resources for Community Development）という非営利開発法人である．

---

1) 純家賃（net rent）とは，居住者から物件所有者に支払われる賃料を指す．これに対し，総家賃（gross rent）とは，純家賃に水道光熱費（utility costs）を加えたものである．アメリカでは，単に「家賃（rent）」という場合，通常，水道光熱費を含む総家賃を指す．
2) ここでは，市場家賃を，セクション 8 家賃補助の上限額である支払標準額（payment standard）を「純」家賃に換算したものを採用している．データは，CHPC（2007）に収載されている．この他，市場家賃の指標には，住宅都市開発省が全米 530 都市圏と 2045 非都市圏それぞれに定める公正市場家賃（FMR: Fair Market Rents）がある．公正市場家賃は，その地域の，標準的な質の，下位から 40% に位置する賃貸住宅の総家賃をもとにした推計値である．バークレー市を含むオークランド-フリーモント・エリアの公正市場家賃は，2008 年度で月額 1239 ドルである．HUD（2008）．なお，セクション 8 家賃補助の支払標準額は，公正市場家賃の 90% ～ 110% の範囲で，地方住宅局（LHA: Local Housing Authority）が定める．

第3章　低所得者用住宅税額控除（LIHTC）のインセンティブ効果

　第2の One Church Street プロジェクトは，サンフランシスコ市役所にも近いサンフランシスコ市中心部の比較的家賃の高い地域に開発され，2002年から供用開始となった93戸の集合住宅であり，すべての住戸が低所得者向け住宅として提供されている．2ベッドルームの純家賃は，月額790ドルから960ドルであり，純市場家賃月額1982ドルの約40～50%の低家賃で提供されている[3]．ディベロッパーは，サンフランシスコ市に本拠を置くBRIDGEハウジング・コーポレーションという全米でも屈指の規模を持つ非営利開発法人である．

　第3の Cottonwood Creek プロジェクトは，サンフランシスコ湾の北（ノースベイ）に位置する人口2万6千人余りのスースン・シティ（Suisun City）に開発され，2008年から供用開始となったものであり，比較的広い敷地（4.53エーカー，1万8330㎡）に，2階から3階の低層の建物が立ち並ぶ94戸の集合住宅である．すべての住戸が低所得者向け住宅として提供されている．

広い敷地に低層の建物が立ち並ぶ Cottonwood Creek
（出所）2008年9月14日，筆者撮影．

3）　BRIDGE（2002）; BRIDGE（2003）p. 18.

1. 低家賃で供給される民間賃貸住宅プロジェクト

2ベッドルームの純家賃は,月額458ドルから957ドルであり,筆者推計の純市場家賃1200ドル[4]の40〜80%程度である.ディベロッパーは,前出のBRIDGEハウジングである.

第4のJack London Gatewayプロジェクトは,イーストベイの中心都市であるオークランド市に開発され,2009年から供用開始となった61戸の集合住宅である.管理人用住宅1戸を除く60戸が低所得者向けに提供されている.2ベッドルームの純家賃は月額526ドル,純市場家賃月額1232ドルの42.7%である.ディベロッパーは,オークランド市に本拠を置くEBALDC(イボルドシー)(East Bay Asian Local Development Corporation)という非営利開発法人である.

オークランドのインナーシティに開発されたJack London Gateway
(出所)2009年9月1日,筆者撮影.

---

4) スースン・シティの直近の市場家賃に関するデータがないため,センサスに収載される,隣接するフェアフィールド市の2007年の総家賃の中央値(1122ドル)を参考に,比較可能な2000年センサスの総家賃の中央値の差(フェアフィールド778ドル,スースン・シティ870ドル)から,スースン・シティの純家賃を推計した.Metropolitan Transportation Commission and the Association of Bay Area Governments (2008).

第 3 章　低所得者用住宅税額控除（LIHTC）のインセンティブ効果

　以上，それぞれの住宅・コミュニティ開発プロジェクトを俯瞰してわかるように，市場家賃の 40 〜 80％ の低家賃で，低所得者向けに民間賃貸住宅が提供されている．なぜ，このような低家賃で賃貸住宅を提供することが可能なのであろうか．ディベロッパーは，いずれも非営利開発法人ではあるが，開発主体が非営利であるという点のみによって低家賃の説明がつくものではない．以下では，これらの住宅・コミュニティ開発プロジェクトの資金構造をみていこう．

低家賃を実現する資金調達メカニズム

　以下では，低家賃の理由を探るため，低所得者向け住宅・コミュニティ開発プロジェクトの資金構造を，開発費用と資金調達の両面から概観する．以下での検討によって，開発費用は決して割安でないこと，言い換えるならば，安普請の住宅によって開発費用を引き下げて低家賃を実現しているわけではないことが明らかとなろう．そして，低家賃を実現するメカニズムは主として資金調達の方にあることをみる．

低くない開発費用

　まず開発費用について検討しよう．表 3-1 で示したように，第 1 の Oxford Plaza の総開発費用は，4096 万 4839 ドルである．97 戸の集合住宅であるから，1 戸当たりの開発費用は，42 万 2318 ドルとなる．開発費用の高低を測るため，ここでは仮に，一定の金利・期間の借り入れによって元利均等返済を行なった場合の水準を算出する．たとえば，年 5.00％ の金利で満期 55 年であれば，Oxford Plaza の元利償還金は，1 戸当たり月額 1881 ドルとなる．設定された低家賃 525 〜 1090 ドルはおろか，純市場家賃 1322 ドルでも見合わない水準となる．仮定より金利水準が高いか満期が短い場合（往々にして実際の資金調達コストは上記仮定より高い），当然のことながら，元利償還額はこれ以上の水準となる．

　第 2 の One Church Street の総開発費用は 2695 万 7370 ドル，1 戸当たり 28 万 9864 ドルとなる．Oxford Plaza より開発費用が低いのは，2002 年供用開始の物件であり，住宅ブームによる住宅価格（建設費用）上昇前の開発

1. 低家賃で供給される民間賃貸住宅プロジェクト

であるからと推測されるが，さしあたり，同様の金利と期間で計算すると元利償還金の月額は1291ドルとなり，設定された低家賃790～960ドルには見合わない．純市場家賃1982ドルにしてみて初めて見合う開発費用となる．

同様に計算すると，第3のCottonwood Creekの元利償還費用の月額は1199ドルであるから，プロジェクトの純家賃458～957ドルには見合わず，純市場家賃1200ドルとほぼ同じになる．第4のJack London Gatewayの元利償還費用の月額は1524ドルであり，プロジェクトの純家賃526ドルとはかけ離れており，純市場家賃1232ドルでも見合わない．いずれのプロジェクトにおいても設定された低家賃には見合わず，純市場家賃と比較してみてようやく見合う水準に近くなることがわかる．

いずれにしても，低家賃の根拠を開発費用の削減に求めることはできないことが明らかとなったであろう．これは，低所得者向け住宅が，決して安普請ではなく，一定の質を持つ住宅として供給されていることの証左でもある[5]．

多様な資金調達の構成

さて，民間低所得者向け住宅の低家賃の理由が，開発費用に求められないとすれば，もう一方の資金調達について検討する必要があろう．表3-2は，各プロジェクトの資金源をみたものである．低所得者向け住宅の開発資金は，大別して，民間融資（政府補助なし），州レベニュー債（連邦所得税免税債），市場金利以下の融資，補助金，雑収入，そして，民間出資（無限責任パートナー），民間出資（有限責任パートナー）の7つに分けることができる．

住宅・コミュニティ開発プロジェクトによってそれぞれの構成比は異なるが，大まかに特徴を指摘すれば，第1に，直接的な補助金はゼロか，非常に低い水準に過ぎないこと，第2に，市場金利以下の融資と有限責任パートナ

---

[5] ここで，現地調査におけるヒアリングと物件の訪問によって得られた知見を注記として残したい．これらの住宅の質は外観・内装を含めて高い．実際，ある非営利開発法人の理事に，見晴らしの良い場所から「どれが低所得者向け住宅か当ててごらん」と問われたが，筆者も同行の研究者も言い当てることができなかった．一般住宅と比較して遜色のないものであるとの自信の表れが，非営利法人理事の問いに込められていたと考えられる．

第3章　低所得者用住宅税額控除（LIHTC）のインセンティブ効果

表 3-2　住宅・コミュニティ開発プロジェクトの資金源

(単位：ドル，％)

	Oxford Plaza		One Church Street		Cottonwood Creek		Jack London Gateway	
	金額	構成比	金額	構成比	金額	構成比	金額	構成比
民間融資（政府補助なし）	0	0.0	0	0.0	0	0.0	1,600,000	7.7
州レベニュー債	6,286,300	15.3	8,216,000	30.4	1,615,000	5.8	0	0.0
市場金利以下の融資	12,324,478	30.1	11,462,566	42.4	15,001,684	54.2	5,427,897	26.0
補助金	1,944,506	4.7	424,664	1.6	0	0.0	0	0.0
雑収入	491,647	1.2	0	0.0	232,786	0.8	355,399	1.7
民間出資（無限責任）	1,750,000	4.3	300,000	1.1	200,000	0.7	50,000	0.2
民間出資（有限責任）	18,167,908	44.4	6,623,553	24.5	10,634,000	38.4	13,446,879	64.4
合計	40,964,839	100.0	27,026,783	100.0	27,683,470	100.0	20,880,175	100.0

(出所) CHPC (2007) p.1, BRIDGE (2002) p.1, BRIDGE (2008) p.1, EBALDC

ー（Limited Partner）による民間出資の比重が高いことがみてとれる．前者の市場金利以下の融資は，州・地方政府が多様な資金源をもとに低所得者向けプロジェクトへ振り向ける公的資金であり，後者の有限責任パートナーによる民間出資は，連邦政府の租税優遇措置に惹きつけられて集められる民間資金である．以下で，住宅・コミュニティ開発プロジェクトの資金源を概観しておこう．

住宅・コミュニティ開発プロジェクトを支える多様な政府補助

　一般に，住宅・コミュニティ開発プロジェクトを支える政府補助は，さまざまな階級の政府から，さまざまな形をとって提供される．第1に，補助を与える政府の階級別に，連邦政府，州政府，地方政府にそれぞれを分類することができる．第2に，租税優遇措置か，低利融資か，補助金に分類することができる．さらに，第3に，補助の財源の性質によって分類できる．すなわち，租税資金（自主財源）か，上級政府からの補助金か，債券発行による資金調達に区分できる．

　表3-3は，政府補助を分類したものである．州レベニュー債は，住宅・コミュニティ開発プロジェクトのために州の認可によって発行される債券であるが，州政府による元利保証はなく，事実上の補助を与えるのは連邦政府である．連邦政府が与える条件・制約のもとで，州レベニュー債の利子所得に対する連邦所得税が免税となる．そのため，利子所得が免税とならない債券

1. 低家賃で供給される民間賃貸住宅プロジェクト

表 3-3 住宅・コミュニティ開発プロジェクトを支える政府補助の分類

	補助の出し手	補助形態	財源
州レベニュー債（連邦所得税免税債）	連邦	租税優遇措置	債券
市場金利以下の融資	州・地方	低利融資	租税・補助金・債券
補助金	地方	補助金	租税・補助金・債券
低所得者用住宅税額控除（LIHTC）	連邦	租税優遇措置	税収減（租税支出）

に比べて低い利率で債券を発行することができる[6]．

　市場金利以下の融資は，租税資金（自主財源），上級政府からの補助金，債券発行（一般財源保証債）を混合した財源をもとに提供される低利融資である．さまざまな種類の融資があり，金利・期間・その他の条件がそれぞれに異なる．

　補助金は，住宅・コミュニティ開発プロジェクトに直接に投じられるものであるが，現在においては，建設補助金のような予算措置があらかじめなされることはなく，個々の住宅・コミュニティ開発プロジェクトの特殊事情により提供される限定された性質を持つものとなっている．この点については後に述べる．

　低所得者用住宅税額控除（LIHTC）は，住宅・コミュニティ開発プロジェクトに出資する民間資金に対して連邦政府が与える租税支出（tax expenditure）である．LIHTC には，連邦政府の定める基準を満たす減価償却資産に対して，10年間，約9％の税額控除を認めるものと，約4％の税額控除を認めるものの2種類がある．

　ほとんどの住宅・コミュニティ開発プロジェクトは，さまざまな政府補助の組み合わせからなっている．サンフランシスコ・ベイエリアの4つの住宅・コミュニティ開発プロジェクトの政府補助の利用状況をまとめると表3-4のとおりとなる．概説すると，第1に，すべてのプロジェクトが州・地方政府による市場金利以下の融資を利用している．

　第2に，州レベニュー債と4％ LIHTC はセットとなっており，9％ LIHTC を受けるプロジェクトは，州レベニュー債（連邦所得税免税債）を同

---

[6] 前田（2007）p. 17.

第3章 低所得者用住宅税額控除（LIHTC）のインセンティブ効果

表 3-4 住宅・コミュニティ開発プロジェクト別の政府補助の利用状況

プロジェクト名	Oxford Plaza	One Church Street	Cottonwood Creek	Jack London Gateway
州レベニュー債 （連邦所得税免税債）	○	○	○	×
市場金利以下の融資	○	○	○	○
補助金	△	△	×	×
低所得者用住宅税額 控除（LIHTC）	○ (4%)	○ (4%)	○ (4%)	○ (9%)

(出所) CHPC (2007), BRIDGE (2002), BRIDGE (2008), EBALDC (2008) より作成。

時利用できない，という関係にある．

以下では，低家賃を実現する住宅・コミュニティ開発プロジェクトの資金調達メカニズムについて，Oxford Plaza プロジェクトの事例を参照しながら，公的資金と民間資金に分けてみていくことにしよう．

2. 低家賃を実現する公的資金調達メカニズム

各資金源の分析に先んじて，全体の特徴を指摘しておこう．低所得者向け住宅・コミュニティ開発プロジェクトに向けられる政府補助のほとんどは，非常に複雑な経路をたどる間接的な補助であることである．表3-2および表3-4の一覧が示すとおり直接的な建設補助金はほとんど投入されていない．住宅・コミュニティ開発プロジェクトへの直接的な補助金の投入がないにもかかわらず，市場家賃の40〜80%という低家賃で提供される低所得者向け住宅の開発資金がどのように調達されているかを明らかにすることは意義深いことであろう．

表3-5は，Oxford Plaza プロジェクトの資金源を示したものである．以下では，低家賃を実現する資金調達メカニズムについて，Oxford Plaza プロジェクトの事例を参照することによって探っていくことにしよう．

低い利子率で資金調達できる州レベニュー債（連邦所得税免税債）

表3-5の1番および2番を構成するのが，州政府が認可するレベニュー債であり，利子を債権者の連邦所得税の課税所得に算入しないという免税債

2. 低家賃を実現する公的資金調達メカニズム

表 3-5 Oxford Plaza プロジェクトの資金源

	金　額	利　率	期　間	構成比
1　ウェルズ・ファーゴ銀行免税債券（Permanent Loan）	3,869,600	5.826%	35	9.4%
2　ウェルズ・ファーゴ銀行免税債券（Section 8 Increment）	2,416,700	5.826%	20	5.9%
3　バークレー市住宅信託基金	4,300,039	6.000%	55	10.5%
4　　同繰り延べ利子	317,801			0.8%
5　アラメダ郡 HOPWA プログラム	500,000	3.000%	55	1.2%
6　　同繰り延べ利子	24,581			0.1%
7　連邦住宅貸付銀行アフォーダブル住宅プログラム	582,000	0.000%	55	1.4%
8　市営駐車場取得資金(バークレー市再開発局(RDA)補助金)	1,944,506			4.7%
9　州住宅コミュニティ開発局集合住宅プログラム	6,600,057	3.000%	55	16.1%
10　雑収入	179,277			0.4%
11　繰り延べディベロッパー報酬	312,370			0.8%
［出資金］				
12　無限責任出資	1,300,000			3.2%
13　無限責任出資（財団助成金）	450,000			1.1%
14　有限責任出資	18,167,908			44.4%
合　計	40,964,839			100.0%

（出所）CHPC（2007）p. 1.

（tax-exempt bond）である．貸し手（この場合ウェルズ・ファーゴ銀行）は，税引き後利回りが同じであれば良いので，利子課税の債券よりも低い利子率で免税債を引き受けることができる．借り手にとっては，市場利子率より低い利子率で資金を調達できることになる[7]．

なお，レベニュー債は，連邦政府が設定する条件および総額の枠のなかで，州政府が認可するものであるが，事業収入を担保とした起債であって元利償還に関する政府保証はなされない[8]．元利償還のリスクは，貸し手，すなわち Oxford Plaza プロジェクトの場合ウェルズ・ファーゴ銀行が，そのすべてを負うことになる．

これらのレベニュー債のうち，1番は，低所得者向け住宅の運営から元利償還を行なう一般的なレベニュー債である．この借入資金が開発費用の9.4% を構成している．

---

[7]　連邦政府による伝統的な租税優遇措置であり，いわゆる"租税支出"の一部を構成する．

[8]　前田（2007）p. 19.

第3章　低所得者用住宅税額控除（LIHTC）のインセンティブ効果

　これに対して，2番はやや特殊な債券である．低所得者向け住宅は，政府補助を受ける限り，それがどのようなタイプであれ，物件の家賃に上限がかけられる．すなわち，市場家賃以下で賃貸に出さなければならない．しかしながら，連邦政府の家賃補助プログラムであるセクション8を受け取る居住者に対しては，市場家賃（ただし，公正な水準を政府が定める）で貸し出すことができる．市場家賃と上限家賃の差額は，増分（increment）となって現れるが，それを元利償還財源とした債券が Section 8 Increment 債である．なお，Oxford Plaza プロジェクトには，全住戸の20%に対し，セクション8家賃補助が与えられることが決定されている．この債券による資金調達が5.9%を占める．

　1番と2番を合わせて，開発費用の15.3%を占めるこの財源が，ディベロッパーにとっては，最優先で元利償還を果たさなければならないもっとも重い債務となる．

市場金利以下の低利融資

　州・地方政府は，上級政府からの補助金，債券発行による資金調達，そして自主財源を原資として，低所得者向けの開発プロジェクトに市場金利以下で融資を行なっている（BMIR Loan: Below Market Interest Rate Loan）．これらの低利融資には，金利・期間の違いや，その他の条件に違いがあるなど，さまざまな種類のものがある．"その他の条件"のなかで最たるものは，元利償還の繰り延べである．多くの低利融資は，一定期間，元利償還を繰り延べできる．さらに，建設期間中から受け入れ可能なものと，供用開始となってから初めて受け入れ可能となるものがある．

　そのために，プロジェクトは，最低でも，会計期間を，建設期間（construction period）と供用期間（permanent period）の2区分にしなければならず，場合によっては，両期間をまたぐ橋渡し期間（bridge period）を設けて，資金をつながなければならない．

金利の引下げと償還の繰り延べによる利益

　表3-5の3, 4, 5, 6番は，地方政府による低利融資である．地方政府は，

2. 低家賃を実現する公的資金調達メカニズム

この原資を連邦補助金（CDBG[9]やHOME[10], HOPWA[11]等），州補助金，自主財源（一般基金：general fund），再開発局（RDA: redevelopment agency）からの資金などを混合して調達している．多くの場合，こうした地方政府の融資は，超長期，市場金利以下で提供され，加えて，一定期間，元利償還が繰り延べられる．収入として計上されている4, 6番は，建設期間に繰り延べられた利子の合計を示している．Oxford Plazaプロジェクトの資金計画プランによれば[12]，8年目まで元利償還が繰り延べられる．なお，カリフォルニア州における再開発局の資金は，次で述べるTax Increment Financing（TIF）によって調達された資金である．

再開発による財産税の増分を充当するTIFと地方債

表3-5の3番にあるバークレー市住宅信託基金の一部および表3-5の8番にある市営駐車場取得資金は，バークレー市再開発局（RDA）の資金である．

このなかで，表3-5の8番の資金は，このプロジェクトだけに存在する真に例外的な資金であるので，先に解説しておこう．Oxford Plazaプロジェクトは，平地であったバークレー市営駐車場の跡地に建てられたものである．バークレー市は，平地の市営駐車場をプロジェクトに売却し，プロジェクト完成後に作られる地下駐車場を再取得する．表3-5の8番の資金は，この市営地下駐車場を運営するために，市がプロジェクトの無限責任パートナー（general partner）になったことによって発生した出資金であり，このプロジェクトだけに存在する例外である[13]．これを除けば，市再開発局の資金は，通常，あくまでも元利償還を必要とする融資資金として提供される．

カリフォルニア州における再開発局の資金は，TIFと呼ばれる方法によって調達される資金である．衰退・荒廃地域や発展途上の地域の開発資金を調達するために，地方政府は，TIFと呼ばれる資金調達方法を用いる．

図3-1は，TIFの仕組み簡略化し，仮定の数字をおいて示したものである．

---

9) CDBG: Community Development Block Grant（一括補助金）．
10) HOME: HOME Partnership program（一括補助金）．
11) HOPWA: Housing Opportunities for Persons With AIDS.
12) California Housing Partnership Corporation（2007）．
13) 2008年9月19日バークレー市へのインタビューによる．

第3章 低所得者用住宅税額控除（LIHTC）のインセンティブ効果

（単位：万ドル）

年	財産価値	財産税（固定）	財産税増分 Tax Increment	発行可能 TIF 債
0	100000	1000	0.0	652.6
1	102000	1000	20.0	＝全財産税増分 /1.06^{10}
2	104040	1000	40.4	
3	106121	1000	61.2	
4	108243	1000	82.4	財産価値上昇率　2.0%
5	110408	1000	104.1	利子率　6.0%
6	112616	1000	126.2	財産税率　1.0%
7	114869	1000	148.7	プロジェクト期間　10 年
8	117166	1000	171.7	
9	119509	1000	195.1	
10	121899	1000	219.0	
合計			1168.7	

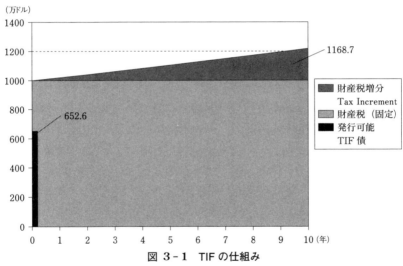

図 3-1　TIF の仕組み

（出所）Dye and Merriman（2006）を参考に筆者作成.

図3-1 では，基準年＝0年の財産価値を10億0000万ドル，財産価値の上昇率を年2%，利子率を6%，財産税率を1.0%，プロジェクト期間を10年と仮定した．なお，カリフォルニア州では，1978年の提案13号（Proposition 13）の可決により，財産税率の上限が1.0%に定められており，事実上，財産税率（property tax rate）は1.0%で固定されている．したがって，財産税

収の変動は，すべて，課税標準（tax base）＝財産価値（property value）の変動による[14]．

TIF の仕組みは以下のようになる．第 1 に，地方政府が，衰退・荒廃地域や発展途上の地域を TIF 地区（TIF district）として指定すると，地方政府の一般歳入に充当されるその地区の財産税収は，基準年（base year）の水準で固定（fix）される．基準年以後，財産価値の増大＝課税標準の拡大によって生じた財産税収の増分（tax increment）を，すべて衰退・荒廃地域や発展途上の地域の開発資金に充当するという手法が TIF の第 1 の基本である．すなわち，図 3-1 の仮定にしたがえば，基準年以後，一般歳入に充てられる財産税収は 1000 万ドルに固定され，プロジェクト期間 10 年で生じた財産税の増分 1168 万 7 千ドルが開発資金に充当される資金となるのである．

第 2 に，衰退・荒廃地域や発展途上の地域における財産価値の増大は，何らかの開発プロジェクトが遂行されることを前提とする．基準年において開発資金はゼロであり，以後の年度においても，開発が行なわれなければ財産価値の増大＝財産税の増収は期待できない．そこで，TIF は，将来の財産税収の増分を元利償還財源として充当することを約束した地方債を発行して，現在の開発資金を調達する．これが TIF の第 2 の基本形である[15]．図 3-1 の仮定にしたがえば，将来の財産税増分 1168 万 7 千ドルを元利償還財源として，現在の 652 万 6 千ドルを調達するのである．

繰り返しを恐れずにいえば，TIF 地区は，衰退・荒廃地域や発展途上の地域など，基準年時点での財産価値が低い地域であること，言い換えれば，財産価値の増大余地の大きい地区であることが前提とされる．これら TIF によって調達された資金の使途の典型として引き合いに出されるのは，衰退・荒廃地区や新興地区における学校の建設である[16]．これ以外に，地域経済開発，環境保全など財産価値の増大＝財産税の増収につながる事業に用いられる．カリフォルニア州では，TIF 資金の一定割合が各地方の再開発局

---

14) 財産税の課税標準となる評価額（assessed value）の上昇率も年 2％ に制限されている．
15) ただし，長年の運用によって TIF 資金に余剰が存在するようになれば，地方債による調達なしに開発資金が捻出されることもある．なお，事業の種類によっては，地方債による調達を認めない，いわゆる "pay as you go" 原則に運用を限定する場合もある．

の資金として割り当てられるよう定められ，コミュニティ再開発に充当されている．多くの地方政府では，この再開発局の TIF 資金を用いて，低所得者向け住宅・コミュニティ開発プロジェクトに低利融資を提供しているのである[17]．

州債を主たる財源とするカリフォルニア州ローン・プログラム

表3-5の9番は，カリフォルニア州・住宅コミュニティ開発局（HCD）が提供する集合住宅向け低利融資である．カリフォルニア州・住宅コミュニティ開発局の政策原資は，同州住民投票（Proposition 46, 2002; Proposition 1C, 2006）によって発行が承認された州債（一般財源保証債）を主たる原資とし，これに連邦補助金と州の自主財源を加えた資金で構成される．州債：連邦補助金：州自主財源の比率は，30：10：2であり，州債の比率が圧倒的に大きい[18]．

貸し付け条件は，地方政府のものよりもいくつかの点で厳しい．建設期間中は与えられず，供用開始後に，建設ローン（construction loan）の借り換えとして提供されるものとなっている．元利返済の一部は数年間猶予されるが，

---

[16] 塙（2007）は，貧困地域における学校建設に伴う地方債発行と元利償還の根拠となる財源を連邦補助金や州補助金による後ろ盾に求めている．加えて，貧困地域内における地方財産税の税収には期待できないとも記述している．しかしながら，塙論文が根拠とした原資料によれば，この学校建設のための地方債にこそ TIF が利用されている．さらに，TIF は，もともと地方財産税の税収が少ない地域にこそ適用しうるものであることに注意を払わなければならない．Chicago Public Schools (2004). もっとも，本書は，学校区の資金調達における連邦補助金や州補助金（特に州補助金）の重要性を否定するものではない．

[17] こうした資金調達の手法は，一見，財産価値の変動に大きく影響され，不安定なものになるとの推測を呼び起こすことになろう．現実に，2000年代前半の住宅ブームによる住宅価格の上昇と，後半の住宅バブルの崩壊による住宅価格の下落によって，不動産価格は激しく変動した．しかしながら，前述のように，カリフォルニア州では，1978年提案13号の可決によって，財産税率の上限が1.0％，各年の財産価値評価額の上昇率が2％に制限されているため，かえって財産税収の上昇を安定的なものにさせている．たとえば，ロサンゼルス・カウンティ財産評価局の説明によれば，財産評価額は，基準年を起点として年2％の上昇を上限として算出されるため，これを超えない限り，市場価格（現実の現在価値）の下落局面でも，財産税の財産評価額が上昇する場合があることを説明している．Los Angeles County Office of the Assessor (2009).

[18] State of California, Department of Housing and Community Development (2007) p. 5.

利子の一定部分（定額）は払い続けなければならない．開発資金のなかでは，州レベニュー債（連邦所得税免税債）の次に優先して償還しなければならない資金となっている．これは，連邦補助金や自主財源をミックスしながらも，資金の大半を，州の責任において元利償還を果たさなければならない州債（一般財源保証債）に頼っていることが原因と考えられる．

3. 低家賃を実現する民間資金調達メカニズム

低所得者用住宅税額控除（LIHTC）を用いた民間投資資金

　低所得者用住宅税額控除（LIHTC）とは，財務省・内国歳入庁が所管する租税優遇措置（租税支出）プログラムであり，(1) 連邦政府の補助を受けない民間低所得者向け住宅の新規建設・大規模修復費用の70%，(2) 連邦政府の補助を受ける民間低所得者向け住宅の新規建設・大規模修復費用の30%について，10年間にわたって税額控除を与えるものである[19]．

　財務省が住宅価格を現在価値に引き直すため，前者は，毎年，当初価格の約9%の税額控除，後者は約4%の税額控除の権利を受け取ることになる．なお，連邦所得税免税債（州レベニュー債）の割当と，4%税額控除の配分が同時になされるため，これは「権利としての税額控除（"As of Right" credit)」とも呼ばれる[20]．

　LIHTCのユニークな点は，税額控除の権利を投資家に移転できることにある．ディベロッパーがそのまま10年にわたり税額控除の利益を受けるよりも，投資家に移転して現在の建設資金を引き出す形で利用される．

　1986年税制改革法で導入された同制度であるが，投資家からの資金調達方法は，さまざまな工夫が凝らされるようになっている．制度導入当初は，税額控除額の割当額に対し，集められる投資資金の比率は約半分（50%）程度であった．しかしながら，20年以上のときを経て，より洗練された調達

---

19) ここでいう"連邦政府の補助"とは，主として連邦所得税免税債（州レベニュー債）のことを指し，連邦の一括補助金を利用した州・地方政府の低利融資は含まない．
20) HUD "Housing Tax Credit Rates,"
http://www.hud.gov/offices/cpd/affordablehousing/training/web/lihtc/calculating/rates.cfm

第3章 低所得者用住宅税額控除（LIHTC）のインセンティブ効果

表 3-6　Oxford Plaza プロジェクトの有限責任パートナー投資計算書

年	LP 出資額	損金計上 による所得税 減税額	LP 全LIHTC	LP 全租税利益
2006	10,000	0		0
2007	5,009,710	0		0
2008	12,848,428	0		0
2009	299,770	734,973	1,491,195	2,226,167
2010	0	471,317	1,636,053	2,107,370
2011	0	462,470	1,636,053	2,098,524
2012	0	457,823	1,636,053	2,093,876
2013	0	453,230	1,636,053	2,089,283
2014	0	444,238	1,636,053	2,080,291
2015	0	440,735	1,636,053	2,076,788
2016	0	437,259	1,636,053	2,073,313
2017		433,846	1,636,053	2,069,900
2018		428,672	1,636,053	2,064,725
2019		421,934	144,859	566,793
2020		333,611		333,611
2021		329,644		329,644
2022		325,505		325,505
2023		183,511		183,511
合計	18,167,908	6,358,768	16,360,531	22,719,301
比率1	0.7997	0.2799	0.7201	**1.0000**
比率2	1.1105	0.3887	**1.0000**	1.3887

内部収益率 IRR（四半期）　　　　　　　　　　　　　　　　4.59%

（出所）"Net Quarterly Benefit Schedule," CHPC（2007）p. 13 より作成.

方法が確立され，2009 年時点では，税額控除の割当額よりも多くの投資資金が引き出される"節税スキーム"が確立している．

表3-6 は，LIHTC を利用した有限責任パートナー（Limited Partner, 以下 LP）の投資計算書の概略である．Oxford Plaza の場合，LP は，4 年間にわたって約 1817 万ドルを出資している．これと引き換えられる税額控除は約 1636 万ドルであり出資額より少ない．言い換えると，税額控除に対する出資額の比率は 111.05% と高くなる．

税額控除に加えて重要なのが，低所得者向け住宅の運用から発生する損失である．LP である投資家が運用損失をより多く受け取れるように，無限責

任パートナー (general partner) と LP の持ち分比率は，0.01% : 99.99% のように極端に LP に偏らせる形がとられている．低所得者向け住宅の運用損失を受け取り，全額を損金算入または所得控除することにより，限界税率35%の場合，約636万ドルの節税ができることになる．当然のことながら，この低所得者向け賃貸住宅の運営から，LP へ収益の配分がなされることは1セントたりともない．むしろ，運用損失をより多く配分するだけである．通常，パートナーシップは，法で最低限義務付けられている15年を経たのちに解消されるが，それまでに，投資家である LP は，約2272万ドルの節税を行なうことができる．このように，約2272万ドルの節税と引き換えに，約1817万ドルの出資金が提供される．節税総額に対する LP 出資額の比率は79.97%である．節税利益を，四半期ベースで算出した内部収益率 (IRR: Internal Rate of Return) に換算すると年率4.59%となる．

低所得者向け賃貸住宅の運営から，収益の見返りを求めない投資資金が，開発費用の44.4%を占めるのである．この投資資金の割合の大きさ，そして逆に，元利償還を厳しく要求される資金の割合が15.3%にとどまっていることが，市場家賃の40〜80%という低家賃で提供される低所得者向け住宅の開発を実現させている仕組みの神髄といえるであろう．

競争的に配分される LIHTC

もはや，LIHTC は，住宅・コミュニティ開発プロジェクトにはなくてはならない存在となっている．LIHTC の権利が得られるか得られないかで，プロジェクトの成否が決まるといっても過言ではない．LIHTC の応募に対する配分の比率は，カリフォルニア州においては，2 : 1 となっており，非常に競争的となっている[21]．LIHTC は，どれだけ厳しい条件におかれた貧困層をどれだけ受け入れるかなど，開発計画をいくつもの基準によって評価し，スコア化することによって配分を行なっている．ディベロッパーは，厳しい評価をくぐり抜けるために，より厳しい条件におかれた貧困層をできるだけ積極的に受け入れる開発計画を策定しようと努力する．

---

21) California Tax Credit Allocation Committee (2008) Appendix E.

第3章 低所得者用住宅税額控除(LIHTC)のインセンティブ効果

表 3-7　Jack London Gateway プロジェクトの資金源

		金　額	利　率	期　間	構成比
1	シリコンバレー銀行モーゲッジ(住宅ローン)	1,600,000	6.750%	10	7.7%
2	オークランド市再開発局(RDA)ローン	4,900,000	3.000%	55	23.5%
3	同繰り延べ利子	131,397			0.6%
4	連邦住宅貸付銀行アフォーダブル住宅プログラム	396500	0.000%	55	1.9%
5	カリフォルニア州税額控除配分委員会預け金還付金	27,399			0.1%
6	繰り延べディベロッパー報酬	328,000			1.6%
	[出資金]				
7	無限責任パートナー(財団助成金)	50,000			0.2%
8	有限責任パートナー(Union Bank of California)	13,446,879			64.4%
	合　　計	20,880,175			100.0%

(出所) "Source and Uses of Funds," EBALDC (2008) p.1.

　特に，9% LIHTC の配分は，より競争的でより厳しいものとなる．9% LIHTC に採択された Jack London Gateway プロジェクトは，地域の所得中央値の 30 ～ 55% の極めて低所得の人びとを低家賃で受け入れようとするものである．

　表3-7 は，Jack London Gateway プロジェクトの資金源を示したものである．連邦所得税免税となる州レベニュー債を用いず，市場利子率のモーゲッジ(住宅ローン)を資金の一部として調達する代わりに，有限責任パートナーとなったユニオンバンク・オブ・カリフォルニア銀行(UBOC，当時．後のユニオンバンク)の出資金を得るという資金構成となっており，LP 出資金の比率は 64.4% に達している．

　表3-8 は，Jack London Gateway プロジェクトの LP の投資計算書である．約 1675 万ドルの節税と引き換えに，約 1345 万ドルの出資金が提供される．節税総額に対する LP 出資額の比率は 80.26% であり，Oxford Plaza プロジェクトのケースとほぼ同じである．節税利益を，四半期ベースで算出した内部収益率(IRR)に換算すると年率 5.34% となる．なお，4% LIHTC の場合に比べて，低所得者向け住宅の運用から発生する損失の占める割合が低くなるために，税額控除に対する出資額の比率は 103.18% と若干低くなる．

表 3-8　Jack London Gateway プロジェクトの有限責任パートナー投資計算書

年	LP 出資額	損金計上 による所得税 減税額	LP 全 LIHTC	LP 全租税利益
2008	2,050,000	0		0
2009	11,021,879	297,676	810,692	1,108,369
2010	375,000	248,066	1,299,833	1,547,899
2011	0	233,479	1,299,833	1,533,312
2012	0	222,112	1,299,833	1,521,945
2013	0	215,382	1,299,833	1,515,215
2014	0	208,139	1,299,833	1,507,972
2015	0	200,362	1,299,833	1,500,195
2016	0	195,588	1,299,833	1,495,421
2017		195,198	1,299,833	1,495,031
2018		190,171	1,299,833	1,490,004
2019		216,027	523,544	739,571
2020		263,301		263,301
2021		260,995		260,995
2022		259,636		259,636
2023		259,877		259,877
2024		256,239		256,239
合計	13,446,879	3,722,248	13,032,733	16,754,982
比率1	0.8026	0.2222	0.7778	**1.0000**
比率2	1.0318	0.2856	**1.0000**	1.2856

内部収益率 IRR（四半期）　　　　　　　　　　　　　　　　　　　　　　5.34%

（出所）"Internal Rate of Return," EBALDC (2008) p.7 より作成.

4. 財政支出を代位する「租税支出」

ほぼ同額となる有限責任パートナー（LP）出資と租税支出

　さらに，低所得者向け住宅・コミュニティ開発プロジェクトの資金構造を，「租税支出」の概念から再評価してみよう．「租税支出」とは，定義上，ある租税優遇措置がなかったと想定した場合の税収と，実際の税収の差額を指す．州レベニュー債による連邦所得税の免税や LIHTC は，その全額が租税支出となる．しかし，租税利益（tax benefit）のすべてが租税支出でないことに注意が必要である．

第3章　低所得者用住宅税額控除（LIHTC）のインセンティブ効果

表 3-9　Oxford Plaza プロジェクトの租税支出計算（15年間の総計）

LP 出資額　18,167,908

(a) 加速償却 27.5年 =租税支出	(b) LIHTC =租税支出	(c) その他 租税利益 =非租税支出	全租税利益 =(a)+(b)+(c)	(d) 通常の減価償却 40年 =非租税支出	(e) 通常の減価償却と 加速償却の差額 (a)-(d)=租税支出	全租税支出 =(b)+(e)
5,407,871	16,360,531	950,897	22,719,299	3,717,911	1,689,960	18,050,491
			LP 出資額の比率　79.97%		LP 出資額の比率	100.65%

（出所）"Analysis of Taxable Income,""Capital Account Analysis and Tax Liability," CHPC (2007) pp. 10-11より作成.

　これまで損金計上による所得税減税と LP 出資金の関係をみてきたが，住宅・コミュニティ開発プロジェクトが出す損金による租税利益のすべてが租税支出ではない．損金のほとんどは，物件の減価償却によるものである．このうち，通常の40年定額減価償却による部分は，"租税優遇措置"ではないから"租税支出"とはならない．低所得者向け住宅には，27.5年の加速減価償却が認められている．通常の40年定額償却と，この27.5年の加速償却の差額が，"租税優遇措置"によって生じた"租税支出"となる．Oxford Plaza プロジェクトの LP 出資金に関係する租税利益と租税支出について計算したものが表3-9である．

　表3-9にみられるように，(b)LIHTC と(e)通常の減価償却と加速減価償却の差額が，租税優遇措置によって失われた歳入，すなわち租税支出となる．同表をみればわかるように，LP の出資額と，租税支出の比率は，100.65%となり，ほぼ同額となることがわかる．

　すなわち，Oxford Plaza プロジェクトでは，低所得者向け住宅に関わる租税優遇措置によって，約1805万ドルの税収減を生じさせたことになる．しかし，同時にほぼ同額の約1817万ドルの低所得者向け住宅の無償の建設資金を得ているのである．

　この事実を，やや踏み込んで言い換えるならば，低所得者向け住宅に関わる租税優遇措置がなければ約1805万ドルの税収を得られたであろうが，同規模で同質の低所得者向け住宅の建設を実現させるためには，財政支出として約1817万ドルの補助金を与えなければならなかったといえるだろう．

　LP の投資計画書を得られた3つのプロジェクトに関する LP 出資額と，LP 出資に関わる租税支出を計算したものが表3-10である．

表 3-10　有限責任パートナー出資額と租税支出の比較

	Oxford Plaza	Cottonwood Creek	Jack London Gateway
LP 出資額	18,167,908	10,634,974	13,446,879
租税支出	18,050,491	11,011,680	14,151,870
比　率	100.65%	96.58%	95.02%

（出所）CHPC（2007）pp. 10-11, BRIDGE（2008）p. 2, EBALDC（2008）p. 8 より作成.

　表3-10にみられるように，LP出資額と租税支出を比較すると，ほぼ同水準になるということがわかる．この仕組みによって，低所得者向け住宅への補助を，財政支出ではない，租税支出が代位しているといえるであろう．

おわりに

　税額控除を用いた住宅・コミュニティ開発プロジェクトへ，直接投入される建設補助金は，原則として存在しない．租税優遇措置か低利融資のみである．すなわち税を軽減するか，政策融資の利子を軽減するだけである．しかしながら，これらの優遇措置は強力に低所得者向け住宅の建設を後押ししている．

　まず，次のことがいえよう．無限責任パートナー，すなわちプロジェクト遂行の当事者たちの出資金を除くと，ほとんどの項目に何らかの補助が入っていることがわかった．供用開始後の元利償還等の負担に軽重の差のある，数多くの多様な資金がミックスされている．

　加えて，プロジェクトの収入のなかでも，開発費用のかなりの部分を担保する，運営収益という見返りを求めない有限責任パートナー（LP）出資金の存在が欠くべからざる重要なものとなっている．その大きさは，結果として，租税優遇措置によって生じる歳入減，すなわち租税支出とほぼ同額であった．租税支出が財政支出を代位している関係が読み取れたのである．

　しかも，LIHTCに代表される優遇措置は，アメリカの市場システムのなかで競争的に配分され，営利を求める民間資金を引き出し，それが低所得者向け住宅の開発という非営利部門へ流されているという極めて巧妙なシステムということができるであろう．

第4章　非営利開発法人の組織形態

はじめに

　本章は，アメリカの住宅・コミュニティ開発専門の非営利開発法人の姿を明らかにしようとするものである．第3章では，"プロジェクト"をベースに財政構造を分析したが，本章は，これらの"プロジェクト"を実施した主体である非営利開発法人の"組織"の財政構造に焦点を合わせるものである．

　組織の運営に際して，寄付をどの程度どのように集めているか，あるいは，幹部職員や従業員への報酬をどの程度支払っているかなど，"組織"をめぐる諸問題について，内国歳入庁（IRS: Internal Revenue Service）に提出される免税申告書・フォーム990から得られる財務諸表と，現地インタビュー調査によって，その実態に迫る．

　本章は，アメリカの非営利組織が，その主たる事業を成立させるために，人事面や財務面での戦略的な活動を必要とし，最低限の財務基盤を備える存在であることを明らかにする．

1.　アメリカにおける2種類の非営利開発法人

非営利開発法人3つの特徴

　アメリカにおいて，第1に，低所得層のための住宅・コミュニティ開発は，直接的な財政支出によらず，間接的な租税優遇措置や低利融資といった政策的インセンティブを利用する民間団体が支えており，なかでも，限界的で，支援困難なコミュニティを支えるのは，非営利開発法人（nonprofit developers）である．第2に，非営利組織は寄付金や補助金などの資金を頼りにし

ているが，そのうち寄付金については，多少なりとも資金提供者の意思が反映されており，加えて，資金集めのための事業に奔走しなければならない実態がある．第3に，アメリカの非営利組織では，直観に反して，幹部職員や従業員に高額報酬が設定されていることが多い．しかしながら，その高額報酬も，優秀な人材登用の観点から一定の合理性があり，加えて，透明性が確保されていれば，社会的な役割の高さに照らして，相応の報酬を社会が受容している．

IRC 501(c)(3)組織

まずは，アメリカ住宅・コミュニティ開発政策における"非営利組織"の定義について明確にしておこう．

最初に，住宅・コミュニティ開発に関わらず，アメリカにおける一般的な"非営利組織（nonprofit organizations）"の定義についてみておこう．"非営利組織"とは，第一義的に，内国歳入法（IRC: Internal Revenue Code）501条によって定められる規制を受け，所有者に利益を分配せず，公的な目的のために組織されるがゆえに，連邦所得税を免除される自立組織のことである[1]．

さらに，広範な公共の目的に奉仕し，教育，宗教，科学，文芸，貧困救済，その他の公益活動のために組織された団体は，IRC 501条(c)項(3)のもとで「慈善資格（charitable status）」を申請できる．この「慈善資格」によって，当該団体は，寄付金控除の適格団体となる[2]．適格団体への寄付金は，法人所得税における損金算入，個人所得税における所得控除の対象となるので，当該団体によって，寄付金を得るための重要なインセンティブが与えられることとなる．

これに加えて，州によっては，501(c)(3)適格団体に，州所得税，売上税，財産税の免税資格を与えるところもある．加えて，アメリカ連邦郵便制度は，郵便料金の減免措置を用意している[3]．

501(c)(3)適格団体は，フォーム990と呼ばれる年次免税申告書を，内国

---

1) Boris (2006) p. 3.
2) Boris (2006) p. 4.
3) IRS (2009) p. 2.

歳入庁に提出しなければならない．フォーム990には，活動計算書・貸借対照表・事業目的および成果・役員名簿・高額報酬従業員リストなど，非営利組織に関する一連の情報が収載される．当該団体は，公衆に対し，これを開示し，無償で閲覧に供さなければならない[4]．

　2015年時点で内国歳入庁に登録された約170万の免税組織のうち，その大半を占める約118万組織がIRC 501条(c)項(3)に規定される"慈善団体または宗教団体"である[5]．全国慈善統計センター（NCCS: National Center for Charitable Statistics）による2015年時点での免税団体全国分類（NTEE: National Taxonomy of Exempt Entities）の慈善団体26分類をみると，把握されている約109万8千の501(c)(3)慈善団体のうち，"住宅，ホームレス・シェルター"として分類される組織は2万6032団体ある．免税申告書の提出組織（総収益2万5000ドル以上）は，慈善団体全体で約73万8千団体，"住宅，ホームレス・シェルター"では2万2788団体に上る[6]．

　アメリカにおいて，住宅・コミュニティ開発に関わる"非営利組織"は，定義上，少なくともこの免税団体である501(c)(3)適格団体でなければならない．

コミュニティ住宅開発組織（CHDO）

　アメリカの住宅・コミュニティ開発の分野においては，501(c)(3)のカテゴリーとは別に，"非営利組織"が住宅法によって定義されている．1990年全国アフォーダブル住宅法は，次のように"非営利組織"を定義する．非営利組織とは，民間の非営利組織で，(A)州法または地方の条例に基づいて組織されたものであること，(B)いかなる構成員，創立者，寄付者，その他の個人に対する利益として効力を発するような事業収益を持たないこと，(C)住宅都市開発省長官が受諾し得る会計責任の基準を満たすこと，(D)低所得・中所得の人びとにとってアフォーダブルな良質の住宅の供給に関連した有意な活動を行なうこと，である[7]．

---

[4] IRS (2014) pp. 6-8.
[5] IRS (2016) p. 58.
[6] National Center for Charitable Statistics, http://nccs.urban.org/

第4章　非営利開発法人の組織形態

　住宅法のもとで特別な役割を与えられるこのような非営利組織を，コミュニティ住宅開発組織，原語で Community Housing Development Organization，これを略して通称 CHDO（cho'do と発音する）と呼ぶ．なお，CHDO は，1990年法によって与えられた名称であり，それ以前の1960年代より一般的に使われているコミュニティ開発法人 = CDC: Community Development Corporation とほぼ同義である．

　CHDO は，法で定められた上記(A)～(D)の制約を受けるほかに，連邦規則（CFR）によって追加的な制約をも受ける．たとえば，低所得コミュニティへの説明責任を維持するために，(1) 少なくとも理事会の3分の1以上を低所得の居住者または低所得者を支援する近隣組織から選ばれた代表で構成すること，(2) アフォーダブル住宅のデザイン，立地，開発と管理に関する組織の決定に際して，組織へ助言するために，低所得のプログラム受益者（当事者）に公式なプロセスを開示すること[8]，などである．

　CHDO になるためには，連邦住宅プログラムである HOME 投資パートナーシップに参加する管轄区域の政府から，プログラムの実施に必要な要求事項を満たしているかどうか審査を受けたうえで，認証を得なければならない．こうして認証を経た CHDO は，運営補助金や，開発プロジェクトへの補助金を受けることができる．CHDO が受け取る開発プロジェクト資金は，HOME 投資パートナーシップ・プログラム予算のなかで留保された一定率（15%）の資金であり，この配分を優先的に受けることができる．さらに，CHDO は住宅都市開発省から追加的な技術支援を受けることができる[9]．

　なお，後述するように，CHDO 資格は必須のものではない．住宅・コミュニティ開発を担う非営利開発法人の場合であっても，501(c)(3) とは異なり，CHDO 適格とならない組織も存在することに留意する必要がある．

---

7)　42 U.S.C. 12704, Office of the Law Revision Counsel, U.S. House of Representatives, http://uscode.house.gov/
8)　24 CFR Part 92.2.
9)　HUD "How to Become a CHDO," http://www.hud.gov/offices/cpd/affordablehousing/training/web/chdo/

2. 非営利開発法人の多様な姿

 本節では，3つの非営利開発法人について，フォーム990収載の財務諸表や各団体の年次報告書などを利用することで，これらの団体の具体像を把握する．この作業により，一口に非営利開発法人といっても，その姿が一様でないことが明らかとなる．

大規模な非営利開発法人──BRIDGEハウジング・コーポレーション

 BRIDGEハウジング・コーポレーションは，サンフランシスコを拠点に1983年に設立された組織であり，ほぼ営利企業と変わらない規模，専門家，資金力，実績などを持つ，アメリカを代表するもっとも大規模な非営利開発法人の一つである．501(c)(3)適格の免税非営利組織が閲覧に供しなければならない内国歳入庁のフォーム990の情報や，年次報告書からその概要をみよう．

 まず，表4-1によって，フォーム990に収載の「収益，費用，純資産・資金残高の変動額」の一覧（以下，「活動計算書」と表記する）をみよう．BRIDGEハウジング単体の2007年度の収益は，約1365万ドルである．そのうちの約4分の1，24.6%の約336万ドルが"寄付，贈与，補助金その他の類似金"に該当し，当該組織が公衆から直接受け取る"直接寄付"が10.7%の約146万ドル，他組織などと共同で行なう資金募集キャンペーンなどによる公衆からの寄付のうち，自組織の取り分を示す"間接寄付[10]"が13.4%の約183万ドル，そして，0.5%の約6.5万ドルが政府補助金となっている[11]．収益のうち63.1%を占める約861万ドルが事業収益である．事業収益のうち開発収益が約426万ドル，管理収益が約410万ドル，家賃収益が約24万ドルとなっている[12]．残りは，預金利息および一時的現金投資約115万ドル8.4%，その他の収益約52万ドル3.8%などとなっている．

 費用は，そのほとんどを占める86.7%の約1275万ドルが事業費である．

---

10) IRS (2007).
11) Form 990, BRIDGE (2007) Part I.
12) Form 990, BRIDGE (2007) Part VII.

第 4 章　非営利開発法人の組織形態

表 4-1　BRIDGE ハウジング——収益, 費用, 純資産・資金残高の変動額 (活動計算書)
(2007/1/1 から 2007/12/31 まで)

(単位：ドル, %)

	分類番号	科　目			金　額	構成比
収益	1	寄付, 贈与, 補助金, その他の類似金			3,361,306	24.6
		寄付者意向付基金 (DAF)	1a			
		直接寄付金 (1a 除く)	1b	1,464,034		
		間接寄付金 (1a 除く)	1c	1,832,052		
		政府補助金 (1a 除く)	1d	65,220		
	2	事業収益			8,606,734	63.1
	4	預金利息および一時的現金投資			1,152,474	8.4
	8d	資産売却益			898	0.0
	11	その他の収益			525,000	3.8
	12	収益の合計			13,646,412	100.0
費用	13	事業費			12,746,109	86.7
	14	管理費			1,700,604	11.6
	15	資金調達費			252,205	1.7
	16	系列組織への支払				0.0
	17	費用の合計			14,698,918	100.0
純資産	18	当期の変動額			-1,052,506	
	19	期首の純資産・資金残高			24,353,238	
	20	純資産・資金残高のその他変動額				
	21	期末の純資産・資金残高			23,300,732	

(出所) Form 990, BRIDGE (2007).

　そのうち，幹部報酬が約 70 万ドル，従業員報酬および賃金が約 300 万ドルを占める[13]．それ以外に，約 170 万ドル 11.6% が管理費（うち人件費約 92 万ドル），また資金募集事業のための資金調達費が約 25 万ドル 1.7% ある．

　続いて，表 4-2 の貸借対照表をみる．資産合計は約 4946 万ドルであるが，そのほとんどは預金・一時的現金投資である．開発法人であるが，土地・建物等の資産保有は少ない．これは開発・運営物件に関する会計のほとんどが，BRIDGE ハウジング本体から切り離されていることによる．開発物件に関する会計科目は，活動計算書のなかでみたように，開発収益や管理収益として BRIDGE ハウジングに入ってくる．負債は約 2615 万ドルであり，そのほ

---

13) Form 990, BRIDGE (2007) Part II.

表 4-2　BRIDGE ハウジング──貸借対照表
（2007/12/31 現在）

（単位：ドル，%）

	分類番号	科　目	金　額	構成比
資産	46	預金・一時的現金投資	21,110,579	42.7
	47c	未収金	8,088,642	16.4
	48c	未収寄付金	130,100	0.3
	51c	その他の未収金（受取手形および貸付金）	9,453,025	19.1
	53	前払費用・繰延資産	163,691	0.3
	56	投資：その他	3,087,967	6.2
	57c	土地・建物・備品の取得価額―減価償却費累計額	3,934,258	8.0
	58	事業関連投資を含むその他の資産	3,486,848	7.1
	59	資産合計	49,455,110	100.0
負債	60	未払金および未払費用	2,182,730	8.3
	62	繰延収益	5,000	0.0
	64b	モーゲッジ・その他支払手形	23,026,511	88.0
	65	その他の負債	940,137	3.6
	66	負債合計	26,154,378	100.0
純資産・資金残高	67	非拘束純資産	18,510,377	79.4
	68	一時拘束純資産	3,040,355	13.0
	69	永久拘束純資産	1,750,000	7.5
	73	純資産・資金残高の合計	23,300,732	100.0
	74	負債および純資産・資金残高の合計	49,455,110	

（出所）Form 990, BRIDGE（2007）.

とんどは，開発プロジェクト遂行のためのモーゲッジ（住宅ローン）・その他の支払手形である．純資産・資金残高の合計は約2330万ドルとなる[14]．

さらに，「事業目的および成果」の項をみると，「勤労者やシニアに対する高品質なアフォーダブル住宅を提供する」となっている．その詳細には，以下のように記述されている．

「BRIDGE ハウジングは，カリフォルニア州におけるアフォーダブル集

14）　Form 990, BRIDGE（2007）Part IV.

合住宅・戸建住宅の主要な非営利の開発・所有組織である．BRIDGE は，家族や高齢者向けのアフォーダブル集合住宅・賃貸住宅や持ち家などの開発，そして，都市の整然とした再開発，公共交通指向，都市空地利用，複合用途・所得階層混合居住などを専門とする．BRIDGE は，コミュニティの──特に，カリフォルニアの高騰する住宅市場において弾き出された困難を抱える勤労世帯の──あらゆる経済階層に対して住宅を提供する責務を持つ地方政府を支援する．BRIDGE は，BRIDGE が開発した物件に居住する居住者が，経済階層を上昇するための，一連のサービスを提供する．1983 年以来，BRIDGE は，3 万 5000 人以上の人びとを擁する 1 万 3000 戸以上の住宅を供給している[15]」．

さらに，人員構成についてみる．表 4-3 は「役員・管理者・理事・幹部職員報酬および従業員報酬」の一覧である．最高経営責任者（CEO）をはじめとする 4 名の幹部職員が，CEO の年 21 万 3000 ドルを筆頭に，かなり高額の報酬を得ている．これ以外にも，フォーム 990 では，年 5 万ドル以上の報酬を受ける上位 5 名の従業員について申告し，開示しなければならないことになっており，これをみると最高で 20 万 3077 ドルの報酬を受け取る従業員を筆頭に，高額報酬を受け取る従業員が多数いる．総数を明らかにしたいところであるが，2007 年度フォーム 990 は申告ミスと思われる記載となっているので[16]，他年度のフォーム 990 を参考にする．2006 年度フォーム 990 によると，5 万ドル以上の報酬を受ける従業員数は 45 名となっており，幹部職員と合わせると 49 名[17]．様式が改定された 2008 年度フォーム 990 によると，10 万ドル以上の報酬を受ける幹部職員・従業員数は合計で 13 名となっており[18]，かなり高額報酬を受ける構成員が多いことがわかる．

以上が，フォーム 990 によってみた BRIDGE ハウジングの姿であるが，

---

15) Form 990, BRIDGE (2007) Part III.
16) Form 990, BRIDGE (2007) の申告書では，5 万ドル以上の報酬を受ける従業員が，リストアップされた 5 名以外に "3 名" いると記述されており，合計すると 8 名ということになる．
17) Form 990, BRIDGE (2006) Schedule A, Part I.
18) Form 990, BRIDGE (2008) Part VII.

2. 非営利開発法人の多様な姿

表 4-3 BRIDGE ハウジング
——役員・管理者・理事・幹部職員報酬および従業員報酬

(単位：ドル，人)

役員・管理者・理事・幹部職員報酬合計	715,900
a	213,000
b	197,000
c	185,000
d	120,900
その他 21 名	0
人数	25
従業員のうち上位 5 名の報酬合計	860,040
a	203,077
b	179,160
c	177,303
d	168,500
e	132,000
50,000 ドルを超えるその他従業員数	3*

(注)* 申告書の記載に誤りがあると思われる．
(出所) Form 990, BRIDGE (2007).

　実は，BRIDGE ハウジングは単体のみの活動に収まるものではなく，巨大なグループを形成しているので以下でみておきたい．

　BRIDGE グループは，BRIDGE ハウジングに加え，BRIDGE Economic Development[19]や，BRIDGE Infill Development ほか，数十の関連団体を抱えている．BRIDGE ハウジングの年次報告書には，これら関連団体を含めた連結決算が掲載されており，それによると，2008 年の収益は 1 億 1908 万ドル，費用は 8591 万ドル，資産 11 億 1405 万ドル，純資産 3 億 7359 万ドルの巨大なグループとなっている[20]．加えて，スタッフも 200 名以上と膨れ上がる[21]．

　BRIDGE の開発物件は，2008 年単独で，建設中 1946 戸，認可申請中が 3352 戸であり，5298 戸の開発プロジェクトが動いている．1983 年の設立から 2008 年までに供用開始となった物件は 1 万 2528 戸，そのうち 8848 戸が

---

19) 501 (c) (3) 組織ではなく，501 (c) (4) 組織であり，すなわち慈善組織ではない．
20) BRIDGE (2009).
21) BRIDGE Housing, http://www.bridgehousing.com/

低所得者向け物件である．これら開発物件の総価値は約18億3000万ドルに達する[22]．

BRIDGE ハウジングの特徴は，第1に，これまでのデータでもみたように，とにかく規模の大きいことが挙げられる．全体の規模だけでなく，取り扱う一つのプロジェクトの大きさでみても，500戸を超えるような大規模開発を抱えており，開発力の大きさが示される．

特徴の第2は，幹部職員および従業員報酬が高いことである．先にもみたように，フォーム990（2007）による単体決算によると，4名の役員報酬は，71万5900ドルであり，最高経営責任者（CEO）の報酬は21万ドルを超え，もっとも高い従業員報酬は20万ドル余りである．2006年度のデータでみると，5万ドルを超える報酬を受けるものは45名おり，これらのスタッフが，計上されている従業員報酬および賃金約314万ドルのほとんどの部分を占めていることが示される[23]．

代表的な CDC——EBALDC（East Bay Asian Local Development Corporation）

EBALDC（イボルドシー）は，サンフランシスコ湾東岸（イーストベイ）のオークランド市のチャイナタウンから生まれた組織であり，1975年から2009年まで，17プロジェクト1400戸以上の低所得者向け住宅を開発している[24]．その名のとおり，Asian の名を冠しているが，アメリカでは民族による差別的取り扱いは許されておらず，同組織は，すべての人種・民族に開かれたものとなっている．

EBALDC は，ベイエリアの代表的な CDC の一つ，すなわち，地域に根ざした（Community-based な）開発（Development）を行なう法人（Corporation）であるといわれ，アラメダ郡とコントラ・コスタ郡の2つの隣接するカウンティおよびオークランド市から CHDO として公認されている．

フォーム990 によって，その姿にふれてみよう．表4-4の活動計算書によれば，2007年度の収益の合計は約1131万ドルであり，そのうち約134万ド

---

22) BRIDGE (2009).
23) Form 990, BRIDGE (2006) Part II.
24) EBALDC, "Our History," http://www.ebaldc.org/our-history

2. 非営利開発法人の多様な姿

表 4-4　EBALDC——収益，費用，純資産・資産残高の変動額（活動計算書）
（2007/7/1 から 2008/6/30 まで）

（単位：ドル，%）

	分類番号	科　目			金　額	構成比
収益	1	寄付，贈与，補助金その他類似金			1,344,800	11.9
		寄付者意向付基金（DAF）	1a			
		直接寄付金（1a 除く）	1b	1,344,800		
		間接寄付金（1a 除く）	1c			
		政府補助金（1a 除く）	1d			
	2	事業収益			8,422,415	74.5
	4	預金利息および一時的投資資金			469,176	4.1
	5	配当金および有価証券利息			20,639	0.2
	9c	特別行事による収益			79,926	0.7
	11	その他の収益			974,931	8.6
	12	収益の合計			11,311,887	100.0
費用	13	事業費			8,223,048	88.3
	14	管理費			882,361	9.5
	15	資金調達費			212,040	2.3
	16	系列組織への支払い				
	17	費用の合計			9,317,449	100.0
純資産	18	当期の変動額			1,994,438	
	19	期首の純資産・資金残高			25,181,282	
	20	純資産・資金残高のその他変動額			-18,106	
	21	期末の純資産・資金残高			27,157,614	

（出所）Form 990, EBALDC（2007）．

ル 11.9% が公衆からの直接寄付で占められている[25]．74.5% を占めるのが約 842 万ドルの事業収益であり，明細は，家賃収益が約 533 万ドル，開発収益が約 259 万ドル，資産管理収益が約 29 万ドルなどとなっている[26]．残りは，預金利息および一時的投資資金約 47 万ドル，その他の収益約 97 万ドルなどとなっている．なお，2007 年度において，政府補助金や政府との事業契約はない．

費用は，そのほとんどを占める 88.3% の約 822 万ドルが事業費である．そのうち，幹部報酬が約 34 万ドル，従業員報酬および賃金が約 128 万ドル，

---

25) Form 990, EBALDC（2007）Part I.
26) Form 990, EBALDC（2007）Part VII.

第4章　非営利開発法人の組織形態

表 4-5　EBALDC——貸借対照表
(2008/6/30 現在)

(単位：ドル，％)

	分類番号	科　目	金　額	構成比
資産	46	預金・一時的現金投資	10,390,706	13.4
	47c	未収金	325,676	0.4
	51c	その他の未収金（受取手形および貸付金）	13,454,634	17.4
	53	前払費用・繰延資産	16,276	0.0
	55c	投資：土地・建物・備品の取得価額—減価償却費累計額	38,861,882	50.1
	56	投資：その他	450,811	0.6
	58	事業関連投資を含むその他の資産	13,992,667	18.1
	59	資産合計	77,492,652	100.0
負債	60	未払金および未払費用	589,152	1.2
	64b	モーゲッジ・その他の支払手形	30,576,404	60.7
	65	その他の負債	19,169,482	38.1
	66	負債合計	50,335,038	100.0
純資産・資金残高	67	非拘束純資産	26,212,530	96.5
	68	一時拘束純資産	945,084	3.5
	69	永久拘束純資産		
	73	純資産・資金残高の合計	27,157,614	100.0
	74	負債および純資産・資金残高の合計	77,492,652	

(出所) Form 990, EBALDC (2007).

機材設備レンタル・メンテナンスが約113万ドル，利払費が約162万ドル，減価償却・固定資本減耗が約139万ドルなどとなっている[27]．それ以外に約88万ドル 9.5％ が管理費（うち人件費約43万ドル），また資金募集事業のための資金調達費が約21万ドル 2.3％ である．

表4-5の貸借対照表によると，資産合計は約7749万ドルであり，そのうち50.1％ の約3886万ドルが，土地・建物・備品の取得価額から減価償却費累計額を引いた投資額となっており，EBALDC開発物件がここに計上されていることがわかる．それ以外は，預金・一時的現金投資約1039万ドル 13.4％，その他の未収金（受取手形および貸付金）約1345万ドル 17.4％，事業関連投資を含むその他の資産約1399万ドル 18.1％ などとなっている．負債

---

27)　Form 990, EBALDC (2007) Part II.

は約 5034 万ドルであり，その 60.7% の約 3058 万ドルがプロジェクト遂行のためのモーゲッジ・その他の支払手形，約 1917 万ドル 38.1% が未払利子を含むその他の負債となっている．純資産・資金残高の合計は約 2716 万ドルとなる．

続いて，「事業目的および成果」についてみる．フォーム 990 によれば，「EBALDC は，アフォーダブル住宅やコミュニティ施設を開発するコミュニティ開発法人（CDC）であり，同時に，居住者や近隣住民に対し，平等なサービスを提供する．特に，イーストベイ（サンフランシスコ湾東岸）におけるアジア・太平洋諸島出身者のコミュニティや多様な低所得の人びとを重要視する」となっている[28]．

さらに，人員構成についてみる．表 4-6 の「役員・管理者・理事・幹部職員報酬および従業員報酬」の一覧をみると，6 名の幹部職員がおり，報酬は，9 万 1 千ドル～6 万 3 千ドルの水準となっている[29]．年 5 万ドル以上の報酬を受ける従業員は，約 9 万 8 千ドルの報酬を受け取る者を筆頭に合計 11 名いることになる[30]．なお，計上されている人件費は 172 万ドルあり，5 万ドル以上の従業員報酬を受けている人びとだけでは総額を説明できない．EBALDC の Web ページによれば，80 名のスタッフを抱えているとされており，計算上，172 万ドルの従業員報酬・賃金の半分以上は，これらスタッフの人件費になっていると読むことができる[31]．

EBALDC は，役員が当事者を含むコミュニティの代表で構成され，CHDO 資格を得ており，オークランド市を中心に，イーストベイの隣接する 2 つのカウンティに根ざした活動に限定していることが特徴である．

---

28) Form 990, EBALDC, 2007, Part III.
29) Form 990, EBALDC（2007）Part V-A.
30) Form 990, EBALDC（2007）Schedule A, Part I.
31) East Bay Asian Local Development Corporation, http://www.ebaldc.org/

表 4-6 EBALDC
——役員・管理者・理事・幹部職員報酬および従業員報酬

(単位:ドル,人)

役員・管理者・理事・幹部職員報酬合計	451,620
a	91,138
b	87,265
c	71,865
d	69,751
e	68,547
f	63,054
その他 15 名	0
人数	21
従業員のうち上位5名の報酬合計	386,521
a	97,610
b	92,121
c	75,875
d	60,744
e	60,171
50,000 ドルを超えるその他従業員数	6

(出所) Form 990, EBALDC (2007).

社会の周辺に取り残された人びとを支援する RCD (Resources for Community Development)

　RCD は,イーストベイ(サンフランシスコ湾東岸)のバークレー市に 1984 年に設立された,サンフランシスコ・ベイエリアで,アフォーダブル住宅を開発し運営する組織である.RCD は 2009 年現在で,1600 戸以上のアフォーダブル住宅を供給している[32].RCD は,いわゆる CDC の一つであり,バークレー市,オークランド市,アラメダ郡,コントラ・コスタ郡,およびカリフォルニア州から CHDO として公認されている.

　「RCD は,選択肢をほとんど与えられていない人びと (people with the fewest options) が居住するアフォーダブル住宅を供給し維持する」ことを自らの使命として謳っている.「選択肢をほとんど与えられていない人びと」とは,ホームレス,障がい者,高齢者,HIV 感染者・AIDS 患者など,特別

---

32) Resources for Community Development, http://rcdhousing.org/

2. 非営利開発法人の多様な姿

表 4-7 RCD——収益，費用，純資産・資金残高の変動額（活動計算書）
（2007/7/1 から 2008/6/30 まで）

(単位：ドル，%)

	分類番号	科　目			金　額	構成比
収益	1	寄付，贈与，補助金，その他の類似金			3,096,761	36.1
		寄付者意向付基金（DAF）	1a			
		直接寄付金（1a 除く）	1b	473,315		
		間接寄付金（1a 除く）	1c			
		政府補助金（1a 除く）	1d	2,623,446		
	2	事業収益			5,444,738	63.5
	4	預金利息および一時的現金投資			30,230	0.4
	12	収益の合計			8,571,729	100.0
費用	13	事業費			14,974,988	95.3
	14	管理費			570,566	3.6
	15	資金調達費			168,644	1.1
	16	系列組織への支払い				
	17	費用の合計			15,714,198	100.0
純資産	18	当期の変動額			-7,142,469	
	19	期首の純資産・資金残高			8,305,924	
	20	純資産・資金残高のその他変動額				
	21	期末の純資産・資金残高			1,163,455	

(出所) Form 990, RCD (2007).

なニーズを有するもっとも社会の周辺に取り残された人びと（the most marginalized people）を指す[33]．

フォーム 990 を使いながら，RCD の姿についてふれていこう．表 4-7 の活動計算書によれば，2007 年度の収益の合計は約 857 万ドルであり，そのうち，3 分の 1 を超える 36.1% が"寄付，贈与，補助金，その他の類似金"に該当し，公衆からの直接寄付が約 47 万ドル 5.5%，政府補助金が約 262 万ドル 30.6% と大きい．RCD においても，事業収益が 63.5% を占めており，約 544 万ドルとなっている[34]．内訳のほとんどは，開発収益約 428 万ドルによって占められている[35]．

---

33) RCD (2005).
34) Form 990, RCD (2007) Part I.
35) Form 990, RCD (2007) Part VII.

第4章　非営利開発法人の組織形態

表 4-8　RCD——貸借対照表
（2008/6/30 現在）

（単位：ドル，％）

分類	分類番号	科　目	金　額	構成比
資産	46	預金・一時的現金投資	1,489,990	5.2
	47c	未収金	212,549	0.7
	51c	その他の未収金（受取手形および貸付金）	612,175	2.1
	53	前払費用・繰延資産	137,037	0.5
	56	投資（その他）	4,424	0.0
	57c	土地・建物・備品の取得価額—減価償却費累計額	10,770,649	37.3
	58	事業関連投資を含むその他の資産	15,641,865	54.2
	59	資産合計	28,868,689	100.0
負債	60	未払金および未払費用	381,937	1.4
	62	繰延収益	12,690	0.0
	64b	モーゲッジ・その他の支払手形	12,962,877	46.8
	65	その他の負債	14,347,730	51.8
	66	負債合計	27,705,234	100.0
純資産・資金残高	67	非拘束純資産	1,123,757	96.6
	68	一時拘束純資産	39,698	3.4
	69	永久拘束純資産		
	73	純資産・資金残高の合計	1,163,455	100.0
	74	負債および純資産・資金残高の合計	28,868,689	

（出所）Form 990, RCD (2007).

　費用は，そのほとんどである 95.3％ の約 1497 万ドルが事業費であり，管理費のシェアは 3.6％，約 57 万ドルと相対的に少なくなっている．2007 年度事業費の大きさについて，フォーム 990 の添付文書によると，有限責任会社（LLC: Limited Liability Company）の設立と，その LLC への資産移転によるものと説明されている．通常の事業費の規模をみるために，2005 年度，2006 年度のフォーム 990 によって当該年度の事業費を参照すると，両年度とも 360 万ドル程度となっていること，また 2007 年度単年でみても，収益の合計とのインバランスが大きいことから，2007 年度の LLC の設立と資産の移転は，例外的な大型案件の遂行と理解して差し支えない．

　表 4-8 の貸借対照表によると，資産合計は約 2887 万ドルである．土地・建物・備品の取得価額から減価償却費累計額を引いた約 1077 万ドルが RCD

2. 非営利開発法人の多様な姿

表 4-9 RCD——役員・管理者・理事・幹部職員報酬および従業員報酬

(単位：ドル，人)

役員・管理者・理事・幹部職員報酬合計	0
人数	14
従業員のうち上位5名の報酬合計	368,645
a	90,000
b	73,438
c	70,825
d	68,542
e	65,840
50,000ドルを超えるその他従業員数	7

(出所) Form 990, RCD (2007).

の開発物件と推測される．なお，事業関連投資を含むその他の資産が約 1564 万ドル 54.2% ともっとも大きくなっているが，内訳をみると"パートナーシップによる投資"がこの額を大きく引き上げており，前述のLLC設立による影響と推測される．負債合計約 2771 万ドルについても，その他の負債が約 1435 万ドル 51.8% となっており，同じくLLC設立に伴う何らかの負債計上と思われる[36]．それ以外は，プロジェクト遂行のためのモーゲッジ・その他の支払手形約 1296 万ドル 46.8% で説明される．

続いて，「事業目的および成果」についてみると，2007 年度については，9 物件 203 戸の運用と，6 物件 356 戸の開発計画の進行と記されている[37]．

さらに，人員構成についてみる．報酬を受ける役員等幹部職員はいない[38]．表 4-9 によって，「役員・管理者・理事・幹部職員報酬および従業員報酬」の一覧によって，年 5 万ドル以上の報酬を受ける従業員をみると，9 万ドルの報酬を受ける者を筆頭に合計 12 名いることになっている[39]．

RCD は，役員が当事者を含むコミュニティの代表で構成され，CHDO資格を得ており，バークレー市を中心に，サンフランシスコ・ベイエリアで，

---

[36] 他年度の貸借対照表の「その他資産」「その他負債」の構成比は必ずしも高くない. Form 990, RCD (2005); Form 990, RCD (2006).
[37] Form 990, RCD (2007) Part III.
[38] Form 990, RCD (2007) Part V-A.
[39] Form 990, RCD (2007) Schedule A, Part I.

取り残されたコミュニティを支える役割を果たしていることを特徴としているといえる．

さまざまな「民間」が入り組んだ複雑な枠組み

　アメリカにおける住宅・コミュニティ開発政策は，他の先進資本主義諸国と比較すると，できるだけ市場経済の機能を阻害しないような，極めて特徴的な仕組みを伴っている．たとえば，民間部門が，公民パートナーシップのパートナーとして，低・中所得層向けの住宅建設あるいは衰退地域のコミュニティ開発に参加できるような枠組みとなっているのである．

　ただし，一口に「民間」といっても，その態様はさまざまである．投資の対象として住宅・コミュニティ開発からのリターンだけを求める投資家，営利を目的として住宅・コミュニティ開発を行なうディベロッパーがある．これらに民間の非営利組織が加わるのである．非営利組織には，住宅・コミュニティ開発を手がける非営利開発法人の他にも，低所得家族に対するソーシャルワークを手掛けようとする組織まである．

　これらのさまざまな「民間」組織が入り組んだ複雑な枠組みが形成されている．一つのタイプの民間経済主体が，すべての住宅・コミュニティ開発を担っているわけではない．それぞれの経済主体によって「棲み分け」がある．営利・非営利の違いのみならず，営利部門内においても，投資家とディベロッパーでは，住宅・コミュニティ開発への関わり合い方が異なる．投資家は住宅・コミュニティ開発に市場と同じリターンを求め，営利ディベロッパーは比較的"良質な"貧困・衰退地域の再開発の利益をすくい取る（skimming）．これに対し，営利企業が進出をためらうような，支援困難で限界的なコミュニティを引き受けるのが，間接的な政策手段に頼りながら活動する非営利組織である．

　ところが，さらに，一口に非営利組織といっても差異があることを指摘しておかなければならない．BRIDGE ハウジングに代表されるように，ほぼ営利企業と変わらない大規模の非営利開発法人が，広範囲に事業を展開しているようなケースも存在するし，EBALDC のように，コミュニティに根ざした（community-based な）開発・再開発を行なう中規模の団体もあれば，行

き場を失った低所得者や取り残されたコミュニティの再開発を引き受けようとしている RCD のような組織も存在しているのである．

CHDO 資格を取得するか否か

第1節でみたように，住宅・コミュニティ開発に関わる"非営利組織"のステータスには2種類ある．アメリカにおいては，慈善活動を行なう"非営利組織"である限り，例外なく 501(c)(3) 適格団体である．しかしながら，CHDO 資格を得るかどうかは，組織の活動方針に依存する．第2節で取り上げた非営利組織のうち，BRIDGE ハウジングは，CHDO 資格を得ておらず，いわゆる CDC にも分類されない．それに対し，EBALDC と RCD は，CHDO であり，CDC と認知される組織である．

BRIDGE ハウジングは，CHDO でないために，住宅都市開発省が用意する HOME 投資パートナーシップ・プログラム資金のうち，非営利組織のために留保される 15% の資金にアクセスすることができない．営利企業と対等に，一般向けの 85% の資金を競争的に獲得しなければならない．

BRIDGE ハウジングへのインタビュー[40]のなかで，BRIDGE ハウジングの開発担当ディレクターは，そのような相対的に厳しい競争環境にあることを認めつつ，筆者による質問「BRIDGE ハウジングが CHDO 資格を取得しない理由」については，その場で回答を保留し，後日に至っても回答を寄せなかった．BRIDGE ハウジングは，CHDO 資格によって与えられる便益なしに，低所得者向け住宅・コミュニティ開発プロジェクトを採算にのせるなど，事業のパフォーマンスが良い．それであるならば，CHDO に課せられる義務によって事業や組織に制約をかけられない方が良いと判断することもあるかもしれない[41]．

---

40) 2008年9月3日サンフランシスコ市内 BRIDGE ハウジング本部にてインタビュー．

3. 財務面の基盤と人事面の基盤——寄付金と高額報酬

寄付金を集める努力

どの分野の非営利組織にとっても寄付金や補助金などの無償資金が重要であるように，住宅・コミュニティ開発専門の非営利組織にとってもこれらの無償資金は重要である．BRIDGE ハウジングでは直接寄付金・間接寄付金・政府補助金を合わせて，収益の 24.6% を占めているし，EBALDC では直接寄付金だけで 11.9% を占め，RCD では政府補助金の比率が高いものの，5.5% を占める直接寄付金を合わせた 36.1% を無償資金に頼っている．この項では，このうち，寄付金について考察しておきたい．

注目しなければならないのは，片山（2006）がいうように，「世界経済における市場経済のチャンピオンとして自他共に認めるアメリカが，実は寄付金大国である」ことである[42]．アメリカ経済における 2004 年の寄付金総額は，実に 2485 億ドル，GDP 比で 2.1% を占める規模にある[43]．こうした寄付が公益のために使われているとすれば，小さな政府であるアメリカであっても，社会全体を見通したときには，やや異なった姿が描かれることになろう．

ここで，本書が対象とする住宅・コミュニティ開発における寄付の特徴について，非営利組織の年次報告書やインタビューから指摘しておきたい．片山によれば，総寄付金額のうち 75.6% が個人による寄付であり，財団は 11.6%，企業は 4.8% というシェアになり，全体的には，個人の寄付が大き

---

41) この点について，EBALDC のエグゼクティブ・ディレクターに聞くと，あくまでも推測であるとの条件をつけながらも，BRIDGE のような組織にとっては，CHDO 資格によって得られる利益よりも，課せられる義務の方が，特に開発プロジェクトの居住者である低所得の当事者などを理事会メンバーに加えなければならないことなどが，活動のかせになると考えているのではないかと答えた（2008 年 9 月 18 日オークランド市内 EBALDC 本部にてインタビュー）．事実，EBALDC や RCD の理事は，低所得の当事者が理事会構成メンバーとなっているのに対し，BRIDGE ハウジングの理事は，住宅・コミュニティ開発のプロフェッショナルで占められ，当事者はみあたらない．
BRIDGE Housing, http://www.bridgehousing.com/
42) 片山（2006）p. 13.
43) 片山（2006）p. 13. ただし，原資料は *Giving USA 2005*.

いことが指摘される．これに対し，住宅・コミュニティ開発分野における寄付を，各団体の年次報告書やニュースレターなどに掲載された寄付者リストをもとにみると，財団や，ゼネコンや金融機関が多くリストアップされ，個人は相対的に少ないことが特徴として読み取れる．インタビューによれば，取引関係のある企業や財団からの寄付が多くなる傾向にあるという．個人の寄付もないわけではないが，やはり何らかの利害関係がある者からの寄付で，見知らぬ個人からの寄付はほとんどないという．

　片山は，「民間寄付の意義」として，寄付は何らかの形で還元される（特典が提供される）が，税金の場合は，そうした還元がないことを指摘している[44]．片山が対象とした芸術文化分野のように"特典の提供"とはいかないが，住宅・コミュニティ開発の分野においても，何らかの"還元"を伴った寄付が大勢を占めていると考えてよかろう．

　これに加えて，資金集め（fundraising）のイベントによって寄付を集めていることも注目される．事実，EBALDCのフォーム990によれば，寄付集めのために，たとえば食事会やゴルフ・トーナメントを開催したことが記載されている．寄付大国アメリカといっても，無縁で無償の寄付が多いわけではなく，利害関係の存在や，資金集めのイベント開催の努力などによって寄付がなりたっているということは注目に値する事実といえるであろう．

許容される高額報酬

　アメリカの非営利組織についての研究業績を持つ木下（2007）は，その著書『アメリカ福祉の民間化』のなかで，非営利組織の幹部報酬の高額化問題について言及する．いわく「NPOの運営に関わる透明性については，NPOの経営責任者等への幹部報酬のことが問題になっている．なぜなら，『大きな責任には大きな報酬を』という論理に基づいて，NPOの経営責任者などへの報酬が増加する事例が増えていたからである」という．そのうえで，ウィスコンシン州ミルウォーキーのある民間団体の事例を次のように紹介している．「ソフトウェア会社の失敗等により1500万ドルの赤字が見込まれ，

---

[44]　片山（2006）pp. 26-29.

第 4 章　非営利開発法人の組織形態

150 人もの従業員を解雇したが，赤字の一方で，経営責任者の報酬が 20 万ドルを超えていたことに批判が集まった」という．そして，「元来，アメリカの NPO には役員に収益に応じた報酬を支払ってはならないという『非分配制約の原則』がある．しかし，収益に応じなくても，報酬を高額に設定し，高い報酬を幹部に与えることができる」と述べたうえで，木下は，「NPO の幹部への報酬の決定プロセスについて，透明性が求められている」という[45]．

　本章においても，非営利組織の幹部報酬について検討しなければならないと考える．表 4-3，表 4-6，表 4-9 で示したように，高額の報酬を受け取る幹部職員や従業員が比較的多いと思われるからである．高額報酬の筆頭は，BRIDGE ハウジングの CEO であり，2007 年度で 21 万 1300 ドルの報酬を受けている．この CEO は，同じ年度に，さらにグループ内の組織（BRIDGE Infill Development）から，追加的な報酬 6 万 3250 ドルを受け取っている．CDC である EBALDC や RCD においても，もっとも高額な報酬は 9 万ドル台に達している．公衆からの寄付を受け，さまざまな免税措置をも受けるこれらの非営利組織の幹部職員や従業員の報酬が，このように高額であってもよいのだろうか，そして一般からの批判はないのであろうか．

　科学研究費補助金によるカリフォルニア州サンフランシスコ・ベイエリアでの実地調査の過程で，インタビューを行なったすべての非営利組織職員，研究者，新聞記者等に，非営利組織職員の報酬の水準について質問した．結論を先にいえば，コメントは多様であったものの，共通していえることは，高額報酬に対する批判を述べる者はなく，一般にも批判を聞いたこともない，というものであった．この"全般的に批判がない"ということを前提としつつ，追加的な回答事項について，いくつか事例を紹介しよう．

　まず，BRIDGE ハウジングの開発担当ディレクターによれば，「非営利組織といえども営利ディベロッパーと同等の報酬を出さなければ，営利企業に人材を取られるだけである．人材の獲得については，営利組織と完全な競争関係にある．非営利組織であるがゆえの利点と結びつかないので，相応の報酬があることは当然である」という[46]．

---

45)　木下（2007）pp. 142-143.
46)　2008 年 9 月 3 日サンフランシスコ市内 BRIDGE ハウジング本部にてインタビュー．

3. 財務面の基盤と人事面の基盤——寄付金と高額報酬

　さらに，カリフォルニア大学の Berkeley Program on Housing and Urban Policy のエグゼクティブ・ディレクター Larry Rosenthal 博士によれば，「あえて支持もしないが批判もない．しかし，この報酬がなければ，（具体名を挙げたうえで，これらの）優秀な人材を，これらの組織に留めておくことはできなかっただろう」と述べた[47]．

　少し異なった角度から，サンフランシスコ市に本部を置く CHC: Citizens Housing Corporation の元プロジェクト・マネージャーのコメントを紹介しよう．報酬に対する批判もないし，批判を聞いたこともないということを前提としたうえで，次のような留保条件を示した．というのは，「事実，自らが働いていて，しばしば，取引関係にある人びとから，非営利（nonprofit）と無利益（no profit）を混同され，むしろ同情を受けた．それぐらいの認識であるから，一般の人びとは，非営利組織の職員が高い報酬を得ているという事実を知らない可能性が高く，知らしめた場合の反応はわからない」というのである[48]．

　最後に，カリフォルニア大学の John Quigley 教授のコメントを紹介しよう[49]．数多くの一連のインタビューのなかで，批判を述べる者はなく，批判を聞いた者もいないという筆者の調査結果に強い興味と関心を示しつつ，次のような解釈を示した．「不正がなく，低所得層のために貢献している限り，（カリフォルニア州における賃金水準を考慮したうえで）この程度の報酬で批判が出ることはないだろう．しかし，万が一，不正があると，一気に風向きは変わるだろう」．

　以上のさまざまな見解から，非営利組織における報酬の水準をめぐる一定の解釈が引き出されよう．第1に，非営利組織といえども，人材の引き合いから，営利組織と同水準の報酬を提示できなければ，人材の流出を招くことになるだろう．報酬においては，非営利組織であるが故の利点を発揮できない．第2に，木下（2007）が事例で示したように，赤字が見込まれ，解雇も行ないながら高額報酬を支払ったり，Quigley が述べたように，不正が発覚

---

47) 2008年9月23日カリフォルニア大学内の研究室にてインタビュー．
48) 2008年9月16日サンフランシスコ市内のカフェにてインタビュー．
49) 2008年9月22日カリフォルニア大学内の研究室にてインタビュー．

したりした場合には，高額報酬が批判の的になることも推測されよう．しかしながら，低所得者のための顕著な貢献が認められるならば，相応の報酬も社会に受容されると考えられるのではないだろうか．このように理解するならば，木下のいう"NPO の幹部報酬の透明性"も，すでにある程度確保されており，一定の合理性を見い出すこともできるのではなかろうか．

おわりに

　本章では，住宅・コミュニティ開発に関わる非営利開発法人の姿をみてきた．まず，住宅・コミュニティ開発において，非営利組織は，市場と同じリターンを求める投資家や，営利ディベロッパーが存在するなかで，営利企業が進出をためらうような支援困難で限界的なコミュニティを支える存在として位置づけられることを確認した．そして，そうした非営利組織のなかにも，大規模に事業展開をする組織が存在する一方，コミュニティに根ざした活動を続ける中小組織があることもみてきた．

　非営利組織は，収益の一定割合を，寄付金や政府補助金などの無償資金に頼っている．なかでも，住宅・コミュニティ開発分野における"寄付金"について，年次報告書などの資料や，現地インタビューのなかから，(芸術文化などの他分野と同様に) これらが，無縁・無償のものとしてではなく，利害関係のある財団や企業・個人から寄せられるものであり，何らかの"還元"が期待されたものとして集められている可能性が高いことを指摘した．加えて，資金集めの事業を行なうなどの努力が行なわれていることも，資料から裏付けを行なった．

　さらに，非営利組織の構成員の"報酬"についても検討した．事実として，規模の大小による差異は認められるものの，小さな組織においてさえ，かなり高額の報酬が支払われていることを資料により確認した．そして，現地インタビューから，その理由について，非営利組織といえども，人材の登用の問題は，営利組織との引き合いが生じることから，同水準の報酬が用意されなければ成り立たないこと，加えて，経営の失敗や不正がない限り，相応の報酬はある程度社会に受容されており，一見，高額にみえる報酬にも合理性

が認められることをみてきた．

　アメリカの非営利組織は，どのような分野であれ，自立性を求められ，非営利組織が行なう事業を成り立たせるための最低限の財務基盤を必要とする．本章が対象とした非営利開発法人では，低所得者向け住宅の開発と運営を成り立たせるために，収入として多くの"寄付金"が集められ，支出として構成員に相応の"報酬"が支払われていた．そして，それぞれの背後には，合理的な理由が存在していたのである．

　本章は，非営利開発法人の実態を詳らかにすると同時に，非営利開発法人あるいは非営利組織一般が，社会のなかの一つの構成部分として自立的に組織され運営されるための条件を明らかにしたものである．

第5章　持ち家政策とHOME投資パートナーシップ

はじめに

　本章では，低所得者向け持ち家の供給と非営利組織の活動について明らかにする．連邦政府によって細かな使途を限定されない一括補助金（block grant）が，その土地の事情に合わせて，地方政府と民間非営利組織とのパートナーシップのもと，低所得者向けの持ち家開発に使われている．

　本章は，テキサス州ダラス地域とミズーリ州カンザスシティ地域におけるアフォーダブル住宅プロジェクトと非営利組織に対する調査研究によって，大規模な経済圏域と人口を擁しながらも，人口密度の低い地域におけるアフォーダブル住宅・コミュニティ開発のユニークな事例について明らかにする．

1.　低所得者向け持ち家戸建住宅の建設

大都市ながら人口密度の低い地域

　本章では，大都市ながら人口密度の低いテキサス州ダラスとミズーリ州カンザスシティの2つのケースを取り扱う．両地域の特徴を押さえることから始めよう．

　まず，ダラス地域についてみる．テキサス州は，アメリカにおいて，地理的に南部諸州と中西部諸州の間に位置し，文化的にも両方の性格を併せ持つ地域であるといわれる．ダラス地域は，テキサス州北部の中心都市であり，ダラス市単体で約121万人，周辺の市域を含むダラス郡で約237万人の人口を擁する[1)]．行政管理予算局（OMB: Office of Management and Budget）が定義する大都市圏（MSA: Metropolitan Statistical Areas）でみると，ダラス郡を含

第5章　持ち家政策とHOME投資パートナーシップ

む周辺12郡で構成されるダラス・フォートワース・アーリントン大都市圏は，約637万人を擁し，全米366大都市圏のうち，ニューヨーク，ロサンゼルス，シカゴに続く，第4位に位置する大経済圏域を形成している[2]．

続いて，カンザスシティ地域についてみる．ミズーリ州は中西部の州であり，カンザスシティは，カンザス州と境を接する西の端に位置する．なお，カンザス州にも同名の市があり，それぞれをカンザスシティ・カンザスとカンザスシティ・ミズーリと呼び区別している．人口が多いのはミズーリ州側で約46万人（カンザス州側約15万人）である[3]．市が4郡にまたがっており，これらを含む14郡で構成されるミズーリ州・カンザス州・カンザスシティ大都市圏の人口は204万人，全米366大都市圏中29位に位置する．ちなみに，サンフランシスコ・オークランド・フリーモント大都市圏（いわゆるサンフランシスコ・ベイエリア[4]）は，約434万人，第11位である[5]．

いずれも大都市圏に分類され，そのなかでも上位に位置するものの，人口密度をみると，他の大都市圏とは異なった性質が読み取れる．2000年国勢調査の値を用いて，1マイル四方当たりの人口をみると，ダラス主要都市圏[6]は573.6人，カンザスシティ大都市圏は328.5人しかなく，ニューヨーク都市圏[7]の8158.7人，ロサンゼルス都市圏[8]の2344.2人，シカゴ都市圏[9]の1634.2人，サンフランシスコ都市圏[10]の1704.7人などと比較して，相当程度，人口密度は低いといえる[11]．

---

1) Census Bureau, "State & County Quick Facts," http://quickfacts.census.gov/qfd/
2) Census Bureau, "Census 2010," http://www.census.gov/2010census/index.php
3) Census Bureau, "State & County Quick Facts," http://quickfacts.census.gov/qfd/
4) サンフランシスコ郡を含む周辺9郡．
5) Census Bureau, "Census 2010," http://www.census.gov/2010census/index.php
6) PMSA: Primary Metropolitan Statistical Areas. ダラス郡を含む周辺8郡．
7) ニューヨーク郡を含む周辺8郡．
8) ロサンゼルス郡1郡．
9) シカゴ市のあるクック郡を含む周辺9郡
10) サンフランシスコ郡を含む周辺3郡．
11) Census Bureau, "Density Using Land Area For States, Counties, Metropolitan Areas, and Places 2000," http://www.census.gov/population/www/censusdata/density.html

低所得者向け持ち家の戸建住宅

　大規模な経済圏域と人口を擁しながらも，人口密度が低いダラス地域やカンザスシティ地域での住宅・コミュニティ開発は，他地域とは異なった展開をみせる．第3章・第4章のサンフランシスコ・ベイエリアにおける住宅・コミュニティ開発において明らかにしたように，人口密度の高い地域における低所得者向けのアフォーダブル住宅[12]といえば，ほぼ賃貸の集合住宅とイコールである．それは，ニューヨーク，ロサンゼルス，シカゴにおいても同様である．しかしながら，ダラス地域，カンザスシティ地域の低所得者向けアフォーダブル住宅は，基本的に，持ち家の戸建住宅である．なぜ，そうなるのかと問えば，土地に余裕があるから，というのがもっとも簡潔な答えであるが，もう少し別の角度からも説明を試みよう．

　人口密度の高い大都市圏の場合，アフォーダブル住宅は，都市内部に建設される集合住宅とならざるを得ない．このようなアフォーダブル住宅は，多くの場合，近隣住民によって，いわゆる NIMBY（not in my back yard）施設，すなわち迷惑施設としての反対を受けることがある．このようなケースにおいては，近隣住民に対する十分で丁寧な説明によって，"誤解"を解く必要が生じる．これは，大都市のアフォーダブル住宅ディベロッパーが必ず直面する問題であり，近隣住民へ理解を求める説明会などの活動に多くの力が費やされる．しかしながら，ダラスやカンザスシティにおいては，ダウンタウン周辺を除いてそれほど高層建築物がなく，開発余地のある空地も多い．そこで，近隣住民から反対を受けるような，十分で丁寧な説明を必要とするような，アフォーダブル集合住宅の建設は選択されない．言い換えれば，ある程度，面的な広がりを持ったコミュニティ単位での，アフォーダブル住宅開発・コミュニティ再開発が選好される傾向にあるのである[13]．住環境の保障のあり方は地域によって多様である．政策的な枠組みによる支援も，それを利用する非営利組織の活動のあり方も大きく異なってくる．

　本章では，ダラス市ダウンタウン近くの中心部に本部を置き，ウェスト・

---

[12]　アフォーダブル住宅とは，低所得者にも手の届く良質で安価な住宅のことである．
[13]　2009年8月28日ダラス市内 Builders of Hope CDC 本部での代表へのインタビューによる．

ダラスの再開発事業を行なっている，Builders of Hope CDC という非営利開発法人と，カンザスシティの南に本部を置き，大カンザスシティ都市圏（Greater Kansas City metropolitan area）の住宅再生・近隣保全事業を行なっている，Builders Development Corporation（BDC）という非営利開発法人に焦点を当てる．

まず，ダラスの Builders of Hope CDC とカンザスシティの BDC の組織形態について述べ，続いて，Builders of Hope CDC の行なう低所得者向けの住宅・コミュニティ開発事業，BDC の行なう低所得者向け住宅の修復・再生と近隣保全事業について明らかにしていこう．

2. 小さな組織と大きな事業活動

アフォーダブル住宅開発，家族サポート・サービス，コミュニティの安全と近隣保全

ダラスの Builders of Hope CDC は，2001年に，前身となる組織から分離独立して組織された，内国歳入法 501(c)(3)の資格を持つ非営利の免税法人であり，ウェスト・ダラス地域の再開発を刺激し，健全で安全なコミュニティを開発することを通じて，良質なアフォーダブル住宅を供給することを任務としている．

Builders of Hope CDC は，主要な使命として次の4つを掲げる．第1にアフォーダブル住宅の供給であり，第2に，住宅購入者への教育とカウンセリングであり，第3に，家族サポート・サービスであり，第4にコミュニティの安全・健全化である．Builders of Hope CDC は，ダラス市によってコミュニティ住宅開発組織（CHDO）に認証されている16組織のうちの一つである．加えて，テキサス州，住宅都市開発省，隣接するアービング市，そして数ある地方銀行から住宅カウンセリング組織としても認証されている[14]．

カンザスシティの Builders Development Corporation（BDC）は，大カンザスシティ都市圏において，アフォーダブル住宅の供給を増やし，近隣を再

---

14) Builders of Hope CDC, http://www.buildersofhopecdc.com/

2. 小さな組織と大きな事業活動

生することを目的として2005年に設立された，内国歳入法501(c)(3)の資格を持つ非営利の免税法人である．BDCは次のような使命を掲げる．コミュニティ開発を促進する，勤労家族にアフォーダブルな持ち家の取得機会を提供する，低・中所得の個人や家族にアフォーダブル住宅を取得する革新的な手法を手ほどきする，これらの目的の遂行に助力となる，あらゆる近隣再生や教育活動に従事する，等々である．BDCは，大カンザスシティ都市圏内のインディペンデンス市，ジョンソン郡，カンザス州からCHDOの認証を受け，HOME投資パートナーシップ一括補助金の優先的割り当てを受けている．

異なる組織でありながら，Builders of Hope CDCとBDCには多くの共通点がある．人口密度の低い大都市を活動拠点とし，アフォーダブルな持ち家の低・中所得家族への提供，また，持ち家購入のための家族へのサポート・サービス，そして，コミュニティの安全や近隣保全を重要な活動の一つにしていることである．

フォーム990にみるBuilders of Hope CDC

501(c)(3)免税非営利組織が閲覧に供しなければならない内国歳入庁のフォーム990の情報から，Builders of Hope CDCの財務内容と組織形態についてみていこう．表5-1の「収益，費用，純資産・資金残高の変動額」の一覧（以下，「活動計算書」と呼ぶ）をみると，収益の合計は77万ドルである．

内訳をみると，当該組織への公衆からの直接寄付金が約62万ドルあり，収益の80.7％を占める．事業収益に計上される収益はなく，資産売却益（純計）が約14万ドル18.5％ある．なお，この純計の資産売却益は，Builders of Hope CDCの事実上の事業活動の差益を示しているので後述する．なお，費用の部をみると，事業費が約67万ドルであり，これだけで，費用の合計約73万ドルの92.1％を占める．費用のほとんどは人件費であり，幹部報酬として計上されるもの約7万6千ドル，従業員報酬・賃金として計上されるもの約27万ドルである．その他の費用として計上されている約33万ドルのなかにも契約労働約8万ドルがあり，それ以外は，保険や治安・警備費用などで構成される[15]．

第 5 章 持ち家政策と HOME 投資パートナーシップ

表 5-1 Builders of Hope CDC
――収益,費用,純資産・資金残高の変動額(活動計算書)
(2007/1/1 から 2007/12/31 まで)

(単位:ドル,%)

分類	分類番号	科 目	金 額	構成比
収益	1	寄付,贈与,補助金,その他の類似金	621,691	80.7
		寄付者意向付基金(DAF) 1a		
		直接寄付金(1a 除く) 1b 621,691		
		間接寄付金(1a 除く) 1c		
		政府補助金(1a 除く) 1d		
	2	事業収益		
	8d	資産売却益	142,578	18.5
	11	その他の収益	5,825	0.8
	12	収益の合計	770,094	100.0
費用	13	事業費	672,708	92.1
	14	管理費	37,201	5.1
	15	資金調達費	20,212	2.8
	16	系列組織への支払		
	17	費用の合計	730,121	100.0
純資産	18	当期の変動額	39,973	
	19	期首の純資産・資金残高	498,944	
	20	純資産・資金残高のその他変動額		
	21	期末の純資産・資金残高	538,917	

(出所)Form 990, Builders of Hope CDC(2007).

　前述した Builders of Hope CDC の"事実上の事業活動"とは,土地を取得し,低所得者向けの持ち家を建設して,売却することである.そこで,資産売却益約 14 万ドルの内訳をみると,資産売却額が約 117 万ドル,費用その他の取得価額および販売費用が約 103 万ドルとなっており,フォーム 990 の活動計算書に計上される差し引きされた収益の裏側で,それよりも大きな額の売却と購入の活動が行なわれていることを窺い知ることができるのである[16].

　続いて,表 5-2 の貸借対照表をみると,資産合計が約 353 万ドル,内訳はその 80.8%が,土地・建物・備品の取得価額から減価償却費累計額を引い

---

15) Form 990, Builders of Hope CDC(2007)Part I, Part II, Statement 3.
16) Form 990, Builders of Hope CDC(2007)Part I.

2. 小さな組織と大きな事業活動

表 5-2 Builders of Hope CDC——貸借対照表
(2007/12/31 現在)

(単位：ドル，%)

	分類番号	科　目	金　額	構成比
資産	45	現金	562,807	16.0
	47c	未収金	113,303	3.2
	57c	土地・建物・備品の取得価額－減価償却費累計額	2,852,274	80.8
	58	事業関連投資を含むその他の資産		
	59	資産合計	3,528,384	100.0
負債	60	未払金および未払費用	83,481	2.8
	65	その他の負債	2,905,986	97.2
	66	負債合計	2,989,467	100.0
純資産・資金残高	67	非拘束純資産	538,917	100.0
	68	一時拘束純資産		
	69	永久拘束純資産		
	73	純資産・資金残高の合計	538,917	100.0
	74	負債および純資産・資金残高の合計	3,528,384	

(出所) Form 990, Builders of Hope CDC (2007).

たものであり，Builders of Hope CDC のアフォーダブル住宅資産と推計される．それ以外のほとんどは，現金約 56 万ドル 16.0％である．負債合計は約 299 万ドルであり，そのほとんどが「その他の負債」に計上されているが，付属文書によれば，そのすべてが未払手形である．純資産・資金残高の合計は約 54 万ドルとなる[17]．

さらに，「事業目的および成果」の項をみると，「コミュニティ開発およびアフォーダブル住宅」とあり，その詳細が次の 4 項目として示されている．「第 1 に，住宅購入者への教育および家族への一対一のカウンセリング活動である．予算の組み方，節約，信用（ローン）の取得，住宅の修繕や購入について教育する．第 2 に，低所得家族のためのアフォーダブル住宅を建設することおよび高齢者住宅の補修を行なうことである．第 3 に，コミュニティ内の空き家の撤去・除去である．第 4 に，家賃補助や食糧その他緊急援助を

---

17) Form 990 (2007), Builders of Hope CDC, Part IV, Statement 6.

必要とする家族へのカウンセリングや関係機関への紹介業務である[18]」．なお，予算規模としては，第2のアフォーダブル住宅の建設約37万ドルがもっとも大きく，事業費約67万ドルの55.0％を占める．

フォーム990にみるBDC（Builders Development Corporation）

内国歳入庁のフォーム990の情報から，BDCの財務内容と組織形態についてみていこう．表5-3は，BDCの活動計算書である[19]．収益の合計は約345万ドル，費用の合計は約293万ドルである．

内訳をみると，収益の寄付金および補助金が28.2％を占めるが，さらに明細を参照すると，その94.4％が政府補助金であり，寄付金はごくわずか

表 5-3　BDC——収益，費用，純資産・資金残高の変動額（活動計算書）
（2013/7/1 から 2014/6/30 まで）

（単位：ドル，％）

	分類番号	科　目	金　額	構成比
収益	8	寄付金および補助金	972,747	28.2
	9	事業収益	2,452,891	71.1
	10	投資収益	0	0.0
	11	その他の収益	24,790	0.7
	12	収益の合計	3,450,428	100.0
費用	15	賃金，費用弁済，雇用者給付	237,340	8.1
	16	資金調達費	0	0.0
	17	その他費用	2,691,102	91.9
	18	費用の合計	2,928,442	100.0
純資産	20	総資産	3,635,341	
	21	総負債	2,369,804	
	22	純資産または資金残高	1,265,537	

（出所）Form 990, BDC (2013).

---

18) Form 990 (2007), Builders of Hope CDC, Part III.
19) Form 990 は，2007年以前と2008年以後で，フォーマットが大きく異なり，活動計算書の部分が簡素化された．BDCの2007年版は入手不可能であるので，2013年版を用い，他の収載データを参照して比較した．

である．事業収益が71.1％を占めるが，これは住宅の売却収入とディベロッパー報酬で構成される[20]．なお，BDCの場合は，Builders of Hope CDCと異なり，住宅の売却収入やディベロッパー報酬の差益ではなく総計を計上している[21]．事業収益が相対的に大きいのはそのためである．

費用のうち，8.1％に当たる部分が人件費である．BDCは，代表とフルタイム従業員1名とパートタイム従業員数名の体制で活動しており，この費用でカバーされている．その他の費用が91.9％を占めているが，これも明細を確認すると，住宅の建設・取得・修復のための諸費用の総額であり，その他の費用の91.5％を占める[22]．

続いて，表5-4の貸借対照表をみると，資産合計が約364万ドルである．

表 5-4　BDC——貸借対照表
(2013/6/30 現在)

(単位：ドル，％)

	分類番号	科　目	金　額	構成比
資産	1	現金	86,792	2.4
	4	未収金（帳簿）	441,746	12.2
	7	未収金（手形および貸付）	972,291	26.7
	15	その他の資産	2,134,512	58.7
	16	資産合計	3,635,341	100.0
負債	17	未払金および未払費用	29,548	1.25
	19	繰延収入	1,596,973	67.4
	23	保証付モーゲッジおよびその他支払手形	743,283	31.4
	26	負債合計	2,369,804	100.0
純資産・資金残高	27	非拘束純資産	1,265,537	100.0
	28	一時拘束純資産		
	29	永久拘束純資産		
	33	純資産・資金残高の合計	1,265,537	100.0
	34	負債および純資産・資金残高の合計	3,635,341	

(出所) Form 990, BDC (2013).

---

20) Form 990, BDC (2013) Part VIII.
21) BDCの内部文書によって確認できる．BDC (2014a).
22) Form 990, BDC (2013) Part IX.

第 5 章　持ち家政策と HOME 投資パートナーシップ

内訳を BDC 内部文書によって確認すると，その他の資産 58.7%のほとんどが，BDC の保有する住宅や土地などの固定資産であり，未収金（手形および貸付）26.7%のほぼすべてが売却資産（住宅）の長期繰延債権である．

負債合計は約 237 万ドルであるが，67.4%が繰延収入すなわち前受金であり，31.4%がプロジェクトのための借入金である[23]．

BDC の中心的な事業活動を簡単に述べておくと，遺棄住宅（abandoned housing）を取得し，大規模修復を行なって住宅を再生させ，低・中所得者向けのアフォーダブルな持ち家として売却することである．

3. 土地の取得，持ち家の建設，そして売却

サポートの厚い事業の流れ

第 2 節では，Builders of Hope CDC と BDC の財務内容と組織形態をみてきたが，そこでも示されていたように，その活動の内容は，第 1 に，低所得者向け住宅の建設や修復による供給，第 2 に，低・中所得家族へのカウンセリングや教育を中心としたサポート，第 3 に，コミュニティの安全や近隣の保全に配慮した再開発事業に集約されるといってよい．本節では，これらの事業活動について，さらに詳しくみていくことにしよう．

アフォーダブルな水準となる持ち家供給事業

Builders of Hope CDC によるアフォーダブル住宅供給事業の例として，ウェスト・ダラス地域の Eagle Ford プロジェクトを取り上げる．59 戸の持ち家・戸建住宅で構成され，総費用 143 万 4000 ドルのプロジェクトである．このプロジェクトのために，ダラス市より無償で寄付された 8 エーカー（3 万 2380 平方メートル）の用地が使われる（ただし，財産税 4 万 2000 ドルは支払わなければならない）．

143 万 4000 ドルの開発資金は，3 つのソースより調達される．それは，第 1 に，ダラス市の HOME 投資パートナーシップ・プログラムから 63 万

---

23) BDC (2014b).

4000ドル，金利0％のローン，第2に，インウッド銀行の60万ドル，プライムレート＋1％の民間市場金利のローン，第3に，ウェルズ・ファーゴ銀行による20万ドル，コミュニティ再投資法（CRA: Community Reinvestment Act）に基づくディスカウント・レートの金利2％のローンで構成される．なお，これ以外に，Meadows財団より，児童公園の遊具等が寄付される．

一戸当たりの販売価格は，11万0000ドル，これに権原移転費用（closing cost）4601ドルが掛かり，総価格は11万4601ドルとなる．

低所得の住宅購入者は，政府補助を混ぜながら，これらの住宅を購入する．補助は，概ね3つの資金に分かれる．第1に，ダラス市HOME資金からの1万0746ドルであり，金利0％で，元本の支払いを8～15年間猶予される返済免除条件付融資である．第2に，住宅都市開発省の資金を原資とし，ダラス市によって管理運営される非営利組織エンタープライズ・コミュニティ・パートナー[24]・ダラスが提供する，最初の住宅購入者（first-time homebuyers）向けプログラムである住宅ローン補助プログラム（MAP: Mortgage Assistance Program）がある[25]．金利0％の第2抵当権融資を，上限1万0000ドルまで受けることができる[26]．第3に，連邦政府の1974年住宅・コミュニティ開発法第108条に基づく経済開発イニシアティブ補助金（EDI: Economic Development Initiative[27]）から，権原移転費用相当をカバーする4601ドルの援助を受ける．

これに自己資金1000ドルを加えると，モーゲッジ（住宅ローン）で市場から調達する資金は，残りの8万8254ドルとなり，資産価値に対する負債比率（LTV: loan to value）は約80％となる．これにより，住宅購入者の月額支払いは825ドルとなる．Builders of Hope CDCの代表は，これで，年間所得3万ドルの世帯にとってもアフォーダブルな水準（所得の3分の1）の住宅となると説明する[28]．

---

[24] Enterprise Community Partners, Inc., http://www.enterprisecommunity.org/
[25] City of Dallas, Mortgage Assistance Program, http://www.dallasmap.org/
[26] North Texas Housing Coalition and the J. McDonald Williams Institute (2007) p. 27.
[27] HUD, "Economic Development Initiative," http://portal.hud.gov/

第5章　持ち家政策と HOME 投資パートナーシップ

Builders of Hope CDC によって開発された低所得者向け住宅
(出所) 2009年8月28日, 筆者撮影.

成果を挙げるアフォーダブル住宅事業

この Eagle Ford プロジェクトで, Builders of Hope CDC は, 調査時点 (2009年8月末) において, 59戸中55戸の住宅を, 低所得・中所得家族向けに販売した. 住宅購入者は, 多様な人種に分かれ, 62％がヒスパニック, 31％が黒人, 7％が白人である. アメリカ経済全体として, 2007〜2008年のサブプライム・ショックやリーマン・ショックによる差し押さえ (foreclosure) の嵐が荒ぶなか, 1件の差し押さえも出さなかった. これは, 住宅の販売と同時に Builders of Hope CDC 自身の手によって行なわれる, 低所得の住宅購入者に対する徹底的な資産管理の教育とカウンセリングの成果だといえる. 加えて, 荒んだ貧困地域にあって, 犯罪発生率は22％下落し,

---

28) 2009年8月28日ダラス市内 Builders of Hope CDC 本部での代表へのインタビューによる. なお, 厳密には, 連邦政府のアフォーダビリティの基準は, 所得の3分の1ではなく, 30％であるから, 逆算すると, 年間所得3万3000ドル以上の世帯にとってアフォーダブルな水準となる.

3. 土地の取得，持ち家の建設，そして売却

住宅修復前後を比較できる2軒の住宅
右がBDCによって修復・再生された修復住宅（renovating housing），左が遺棄住宅（abandoned housing）で修復前の状態である．右の住宅も，修復前は左の住宅とほぼ同じように荒廃していたという．
（出所）2014年9月8日，筆者撮影．

財産税の課税標準は700万ドル上昇した[29]．

遺棄住宅の修復で近隣保全

続いて，BDCの手によって行なわれる遺棄住宅の修復を通じた近隣保全事業を紹介する．

BDCは，カンザスシティに隣接するインディペンデンス市のCHDOである．インディペンデンス市は，歴史のある古い街で，市街地はもちろん住宅街も古く，築100年を超える住宅が数多くあり，インディペンデンス市独特の景観を形作っている．インディペンデンス市でもっとも大きな問題となっているのが，持ち主のわからなくなった遺棄住宅（abandoned housing）が数多く存在することである．BDCとインディペンデンス市は，遺棄住宅の取得と修復による街並み再生事業を行なっている．再生の対象となる遺棄住宅を定め，裁判所に届け出て，所有権を主張する者が現れないか公示する．法定期間を経ると，市が遺棄住宅を取得することが可能となり，それを非営利

---
[29] 2009年8月28日ダラス市内 Builders of Hope CDC 本部での代表インタビューの際に提供された内部資料による．

第 5 章　持ち家政策と HOME 投資パートナーシップ

組織（BDC）に移譲して，修復を行ない，低・中所得者（地域の所得中央値の80％以下の層）のためのアフォーダブルな修復住宅（renovating housing）として再生するのである．

　このプロジェクトには，その景観の保存という役割があり，近隣保全（neighborhood preservation）事業と呼ばれる．遺棄住宅の存在は，その住宅が存在する近隣の住宅の価値も下げてしまう．住宅の価値を回復するために，遺棄住宅を取得した後，取り壊して新築することも可能ではある．しかし，それでは歴史ある街並みを壊してしまう．そこで修復にこだわるのである．

　BDC のスタッフによれば，さらに，遺棄住宅の再生には，予期せぬ副作用があったという．同じ通り（street）の遺棄住宅が修復住宅として再生されると，自分の住宅の修復（renovation）を始める近隣が増えるのだという．遺棄住宅の修復で，近隣の住宅の価値が回復し，近隣の住宅修復努力で，さらに住宅の価値が増すという[30]．

　なお，住宅修復費用は，一例を挙げれば，次のように調達される．銀行の建設ローンが 5 万 7843 ドル，HOME 投資パートナーシップ一括補助金を財源とする CHDO 向け補助金が 4 万 7500 ドル，ディベロッパーである BDC 自身の出資金が 5 万 0587 ドルの計 15 万 5930 ドルである．HOME による補助金は無償であるが，100％を事業に充てることは許されず，見合資金（matching fund）が要求される．銀行ローンとディベロッパー出資金がこれに対応している[31]．

　こうして修復した住宅を 15 万ドルで売却する．修復費用に加えて，権原移転費用をはじめその他諸費用などもかかるが，それらの合計よりも安く売却できるのは，HOME 資金が無償資金だからである．

　インディペンデンス市で行なわれた住宅修復事業によるアフォーダブル住宅の価格は 9 万 5000 ドルから 18 万 9000 ドルまで幅があるが，中心的な価格帯は 12 万ドルから 15 万ドル程度である．

　公的資金が投入されていることから，購入者は，低・中所得層に限定され

---

30)　2014 年 9 月 9 日，インディペンデンス市にて，BDC スタッフへのインタビューによる．
31)　BDC（2013）．

るが，彼らは，さらに，非営利組織のサポートを受けながら，頭金補助やローン補助を追加で受け取り，持ち家の購入を実現させるのである．

近隣の保全と低・中所得者への持ち家供給を両立させたユニークな取り組みといえるだろう．

4. 重要視される住宅の取得と維持というソフト面

低所得家族へのサポート事業

住宅購入を予定している者にとって，実際に，良い住宅を適正な価格で見付け出し，購入することは，一つのチャレンジである．予算の限られた家族は，さまざまな障壁に直面する．数々の障壁を乗り越え，豊かな情報をもとにした投資（well-informed investment）を助けるために，これらの非営利開発法人は，さまざまな教室や教育プログラムを提供する．それらは，持ち家について，予算管理について，住宅ローンを組むことについて，住宅のメンテナンスについて，その他財務上の基礎的能力についてである．ケースにより，一対一でのカウンセリングをも提供する．

加えて，コミュニティでの家族サポートも行なう．特に，経済環境が不安定ななかで，コミュニティ内の家族は，長期的な意味でのゴールに向けて進展を図るために必要な，何らかの短期的なニーズに直面することがある．そこで，家賃や水道光熱費の工面のための関係機関への仲介，高齢者へのサポート・サービス，小規模な住宅補修などに応じる[32]．

低所得層に対する非営利開発法人のスタンス

これらの非営利開発法人は，前述したように，低所得の家族にハード面のアフォーダブル住宅を提供するだけでなく，それをどのように取得し維持するのかというソフト面についても重要視する．それが，非営利開発法人が携わった低所得の居住者における低い差し押さえ率を物語っている．

これに加えて，ダラスの Builders of Hope CDC は，しばしば限界的なコ

---

[32] Builders of Hope CDC, http://www.buildersofhopecdc.com/

ミュニティを支える非営利組織でさえ敬遠しがちな，犯罪経験やドラッグ経験のある若者を，住宅建設の現場に積極的に雇用する．そうした若者を雇用することで，第1に，生活をしていくためのスキル（住宅建設業務に関するスキル）を身につけることができ，第2に，働くことで経済的にも安定し，犯罪やドラッグに再び手を染めることがなくなっていくのだという．

ギャップを埋める非営利開発法人

ダラスのBuilders of Hope CDCの代表は，非営利開発法人の存在意義について，インタビューにおいて，次のように回答した．政府は，公共住宅によって年間所得1万5000ドル以下の貧困層に住宅を提供する一方，民間のディベロッパーは，年間所得5万ドル以上の所得階層にしか住宅を提供しない．非営利開発法人は，この1万5000ドルから5万ドルの間に空いたギャップを埋めている，と．

そして，営利セクターに対して次のような批判も向ける．営利セクターは，低所得や中所得の家族を相手にしようとする際に，正義と公正に無関心であり，貧困層における教育や助言の欠如を利用して，有利な立場に立っている．サブプライム危機は，彼ら（貧困層）に高利で貸し付けるという行為によって，営利セクター自身が惹き起こしたものである，と．

おわりに

アメリカにおける，政府による住宅補助プログラムは，直接的な建設補助金が廃止され，租税優遇措置や政策金融による間接的な補助に限定される傾向がある．特に，持ち家に対する直接的な補助金は，農務省が管轄する農家向けの一部補助金を除いて，80年代末に廃止されている．

しかしながら，これまでみてきたように，間接的な補助は，（賃貸住宅だけでなく）戸建の持ち家にも与えられていた．それは，地方政府による用地の寄付であったり，金利0%のローンや，その返済の繰り延べなどの形をとっていた．他方で，一定割合は，ディベロッパーによる建設段階でも，住宅購入者による購入段階でも，市場金利での民間資金が使われ，それが最終的に

住宅購入者の負担となって表れていた.ただし,その負担水準は,低所得の家族にとってアフォーダブルな水準——ダラスの Eagle Ford プロジェクトの例では,月額 825 ドル,年間所得 3 万 3000 ドルで 30% 以内に収まる水準——となるよう調整されていたのである.

調査対象とした非営利開発法人について言及しよう.これらの非営利開発法人は,小規模であるが,コミュニティや近隣により深くコミットしようとする姿勢がみてとれる.

ダラスの Builders of Hope CDC は,犯罪やドラッグ経験のある若者を積極的に雇用し,その生活安定のために努力を傾注していた.そして,貧困層が住宅を得られるように,さまざまな教育プログラムを提供し,あるいはカウンセリングを行なっていた.これにより,サブプライム・ショックやリーマン・ショックによる差し押さえが広がるような経済環境のなかでも,1 件の差し押さえも出さなかった.貧困に喘ぐ人びとが,きめ細やかなソーシャル・ワークに接し,カウンセリングを受けながら,社会復帰を目指せるような環境をつくる活動も重要であろう.それを実践しようという試みが,実際に非営利開発法人によってなされていたのである.

カンザスシティの BDC は,誰も見向きもしなかった遺棄住宅について,市に働きかけて取得し,それを修復して,低・中所得者のために提供した.それは,住宅そのものの再生のみならず,伝統ある街並みの維持を目的としたものであった.そして,それは,通り(street)単位の近隣の保全と,住宅の価値の向上に対する住宅修復のインセンティブを追加するものであった.

以上のように,連邦政府が使途を限定せず,州・地方政府の裁量の幅を広げた HOME 一括補助金が,地方の実情に合わせ,極めてユニークな取り組みを促している事例を発見することができたのである.

第6章　アメリカ住宅バブルの崩壊と経済再建過程

はじめに

　21世紀アメリカの財政と金融は，市場に強い信頼を置く，共和党のジョージ・W・ブッシュ大統領と，アラン・グリーンスパンFRB議長という2人の指導者のもとで幕を開けた．この2人の市場に対する信頼に基づく政策が，住宅バブルを発生・崩壊させる遠因の一つとなっていたともいえる．

　グリーンスパンFRB議長は，ITバブル崩壊後における前例のない水準の金融緩和を実施し，住宅バブル発生後に周囲の警告を受けながらも緩和路線を維持した．

　ブッシュ大統領は，「オーナーシップ社会（ownership society）」構想を掲げ，自助自律の社会を唱道した．ブッシュ大統領が提案した施策は極めて小規模なものにとどまったが，その一方で，サブプライム・ローンとその証券化という民間住宅金融の発展による住宅の「オーナーシップ化」は確かに進行し，それは，住宅バブル発生の原動力となった．

　それが，ひとたび信用収縮が始まると，極めて厳しいバブル崩壊を惹起し，実体経済を巻き込みつつ，「100年に一度」といわれる2007～08年の金融・経済危機を引き起こしたのである．

　2009年1月に就任した民主党のバラク・オバマ大統領は，翌2月に，戦後アメリカ史上最大の景気対策の根拠法となる2009年アメリカ再生・再投資法を成立させ，拡張的財政政策を遂行し，金融・財政危機が大恐慌につながることを防いだ．

　ベン・バーナンキ議長率いるFRBは，住宅ローン担保証券＝モーゲッジ担保証券（MBS）の大量購入プログラムを発動させて，住宅金融システムの

第 6 章　アメリカ住宅バブルの崩壊と経済再建過程

正常化を図った．

　本章は，オバマ大統領による拡張的財政政策や，バーナンキ FRB 議長による金融緩和策が，危機対応としての緊急対策であったが，ひとまず，2010 年末頃までに最悪の危機を回避し，経済再建過程への第一歩の道筋をつけた過程を明らかにするものである．

1. ブッシュ政権の「オーナーシップ社会」構想と住宅バブル

IT バブルの崩壊とグリーンスパン FRB 議長による超低金利政策

　2000 年代アメリカの住宅バブルをみる場合，いくつかの伏線を押さえておく必要がある．1990 年代末に，インターネット関連企業を中心に投資が盛んになり，株価の高騰を伴ったブームが発生した．グリーンスパン議長率いる連邦準備制度理事会（FRB: Federal Reserve Board）は，政策金利の誘導目標を，1998 年 11 月に 4.75％ まで引き下げていたが，1999 年 6 月に 5.00％ と順次引き上げに入り，2000 年 6 月には 6.50％ まで引き上げ，金融引き締めにかかった[1]．株式市場は，00 年初めまでに異常な高値圏に入っていたが，この金融引き締めにより，00 年 3 月をピークとして反転，下落を始め，01 年には本格的な景気後退に入った．この過程は，IT バブルの崩壊あるいはドットコム・バブル（dot-com bubble）の崩壊と呼ばれる．

　FRB は，一転して急激な金融緩和に入る．政策金利の誘導目標を 2001 年 1 月に 6.00％ に引き下げたのを皮切りに，10 度にわたって利下げを繰り返し，同年 12 月にはそれまで前例のない 1.75％ まで引き下げ，さらに 02 年 11 月には 1.25％，03 年 6 月に 1.00％ と引き下げることになる．この 2％ を下回る超低金利は，すでに住宅価格が異常な高値圏に入っていた 04 年 11 月まで続けられた[2]．この超低金利の継続が，2000 年代住宅バブルを支える原因の一つとなったと指摘されているのである．

---

1)　FRB（2013a）.
2)　FRB（2013a）; FRB（2013b）.

金融サービスの発展によって進んだ「オーナーシップ社会」構想

2000年代の住宅バブルは，ブッシュ大統領の「オーナーシップ社会」構想とも無縁ではなかった．ブッシュ共和党政権は，住宅補助プログラムのうち，賃貸住宅を支えるプログラムの縮小をたびたび提案し，他方で，マイノリティや低所得者に対する住宅取得支援を強調した[3]．予算提案において，住宅所有を支援するとして，自助住宅所有機会プログラム（SHOP: Self-Help Homeownership Opportunities Program），アメリカン・ドリーム頭金イニシアチブ（American Dream Downpayment Initiative），住宅カウンセリング（Housing Counseling）などを用意した[4]．しかし，これらのプログラムは，予算規模としても政策効果としても小さなものであった．

その一方で，吉田（2008）は，アメリカ社会を覆う理念としての「オーナーシップ社会」構想の反映として，金融サービスの発展を背景とする所有化の進展があったとする[5]．すなわち，「（非力な政策の）他方で，住宅分野における実体としての『オーナーシップ化』自体は進行」し，現実として，マイノリティの持ち家率の上昇があったというのである[6]．

サブプライム・ローンとその証券化という原動力

こうした住宅所有促進の原動力の一つとなったのは，信用力の低い層向けの住宅融資，いわゆるサブプライム・ローン（subprime mortgage）であった．これに加えて，住宅モーゲッジの証券化，およびそれらの証券化商品を再証券化（2次証券化）するという手法を駆使した金融の発展が果たした役割は大きかった．

サブプライム・ローンは，当初の2～3年を低利固定金利，残期間（28～27年）を割増金利（プレミアム）を乗せた変動金利とするハイブリッド・ローン（組合せ型ローン）が大半である．こうした住宅ローンは，当初の返済負担の抑制により，返済能力の低い者の借り入れ・住宅購入を可能としたが，

---

3) White House (2004).
4) OMB (2003) Budget, pp. 164-165.
5) 吉田（2008）p. 151. 加えて，荒巻（2011）pp. 163-164 も参照されたい．
6) 吉田（2008）p. 146.

固定金利あけの金利変更時に返済額が大幅に上昇するので，大きな貸し倒れリスクを内包していたといえる．

それでも，こうしたローンが成り立ったのは，当初の数年間の低利返済を続け，金利変更時に，住宅価格が上昇していれば，繰上償還手数料を差し引いても，より有利なローンへ借り換えることが可能となり，返済額大幅上昇のショックを回避できるとの期待があったためという[7]．

2. 住宅バブルの発生と崩壊

住宅ローンの証券化と住宅バブルの発生

このようにして組成されたサブプライム・ローンは，2006年には80％台の割合でモーゲッジ担保証券（住宅ローン担保証券）（MBS: Mortgage-Backed Securities）に証券化された．モーゲッジ担保証券は，借り手の元利返済金をもとにした受益証券として，貸し手から投資家に転売される．さらに，これらは，消費者ローン，企業向けローン等を担保とする他の資産担保証券（ABS: Asset-Backed Securities）と組み合わされて，債務担保証券（CDO: Collateralized Debt Obligations）として再証券化（2次証券化）された．プールされた資産の元本総額よりも新たに発行される証券の元本総額を小さくする余剰担保（overcollateralization）などの信用補完（credit enhancement[8]）の手法により，これらCDOの75〜90％がAAAという高い格付けを得たという[9]．

なぜ，サブプライムのような（貸し倒れリスクの高い）ローンが提供されたかについて，荒巻（2011）は次のように説明する．ローン提供サイドをみると，ローン債権を保有し続けるわけではなく，ただちに売却され，売られたローンは証券化され投資家に販売される．したがって，ローン提供者にとっては，手数料・売却差益等のフローの収入の最大化が目的となり，リスクは

---

7) 荒巻（2011）p. 151.
8) 詳しくは，荒巻（2011）pp. 152-153を参照されたい．これ以外に，外部機関による信用保証なども信用補完（credit enhancement）の手段である．
9) 荒巻（2011）pp. 152-153.

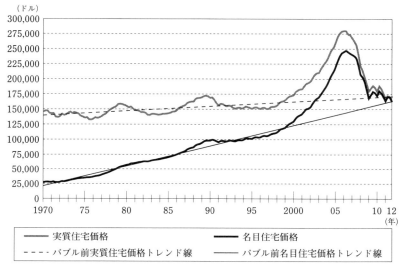

図 6-1 アメリカ住宅価格の推移（1970～2012年）
（出所）JP's Real Estate Chart, http://www.jparsons.net/housingbubble/

2次的な問題となった可能性があるというのである[10]．

　言い換えるならば，大元となる債権のリスクが正しく評価されず，さらに，それが証券化，再証券化（2次証券化）の過程を経て，さらに内在するリスクが曖昧になり，高い格付けと相俟って，リスク情報が証券市場に正確に伝わらなくなる仕組みができ上がっていたといえる．これが，証券化商品の販売・資金調達を通じて，住宅市場に資金が流れ込む「住宅バブル」発生のメカニズムを支えていたと考えられる．

　図 6-1 にみられるように，1970年から2012年にわたる比較的長期のアメリカ住宅価格の推移をみると，住宅バブル以前の実質住宅価格の長期トレンドはほぼフラットである．しかし，2000年頃から，実質住宅価格は，この長期トレンドから乖離をみせ始め，04年頃までには大きく逸脱し高騰したのである[11]．

10）荒巻（2011）p. 165.
11）JP's Real Estate Chart, http://www.jparsons.net/housingbubble/

第6章　アメリカ住宅バブルの崩壊と経済再建過程

金融引き締め策の遅れ

　2004年には，01年の景気後退からの回復が明らかになっていたが，アメリカの中央銀行FRBは，5月まで金融緩和を継続した（政策金利1.00％）．グリーンスパンFRB議長が委員長を務める連邦公開市場委員会（FOMC: Federal Open Market Committee）は，インフレ率が低位に推移したことも相俟って[12]，政策金利を引き上げる決定をしなかった．ようやく6月に引き締めに転じたものの，政策金利は，12月まで2％を下回る低水準で推移した[13]．

　世界金融・経済危機の一つのピークが過ぎ去った直後の2008年10月23日，金融危機と連邦規制の役割を問う連邦議会・下院監査政府改革委員会の公聴会が開かれ，グリーンスパン前FRB議長は，ワックスマン議会公聴会議長（民主党）に，かつて「自由で競争的な市場こそが経済を調整する至高の道である」という信念に基づいて政策を遂行したことが誤りであったと指弾されたが[14]，まさに，当時は，この信念に基づいて，金融機関や金融取引に対する規制を行なってこなかった．加えて，サブプライム・ローンに関わる住宅信用の混乱に警告を発したグラムリッジ元FRB理事の警告を無視し続けたという[15]．

　低金利と住宅価格の上昇に支えられ，サブプラム・ローンは，2004年以降に大きく増加し，05年に新規住宅ローンに占める割合は20％に達した[16]．しかし，06年に入ると，このような信用の仕組みは収縮を始める．

---

12) 消費者物価指数（CPI）は2003年2.3％，2004年2.7％．Department of Labor, "Consumer Price Index," http://www.bls.gov/cpi/
13) FRB（2013c）．
14) 2008年10月23日の連邦議会・下院監視政府改革委員会の公聴会の記録による．Committee on Oversight and Government Reform（2010）p. 46. ワックスマン議会公聴会議長に，金融政策が誤りであったかと問われ，グリーンスパン前FRB議長は，「部分的に．（Partially.）」と答え，デリバティブ取引に対する規制をしなかった責任について否定している．同上書 p. 44.
15) 佐々木（2010）pp. 113-115, 130-133; Gramlich（2007）pp. 105-113.
16) 荒巻（2011）p. 149.

サブプライム・ショック，リーマン・ショックと100年に一度の金融・経済危機

　FRBは，2006年までに明らかに急激な金融引き締めに転じ，6月には，政策金利を5.25％まで引き上げた．この高金利と住宅価格の頭打ち・ピークの到来により，サブプライム・ローンに延滞が多発することとなった．すなわち，06年夏から住宅価格が下落し，サブプライム・ローンの借り手は，返済額大幅上昇を回避するための借り換えができなくなっていたのである．

　この頃から，サブプライム・ローンの延滞率は急上昇し，年末にはサブプライム関係の金融機関に破たんが始まり，2007年8月には，BNPパリバが，サブプラム・ローンを扱う傘下3ファンドの解約を凍結するという「パリバ・ショック」が起きた．サブプライム・ローンを含む複雑な証券化商品を運用していたファンドが資金調達難に陥り金融不安が拡大した．これが「サブプライム・ショック」と呼ばれるものである[17]．

　証券化商品の損失に始まる金融市場の混乱は，2008年に入ると一層深まった．3月には投資銀行5位のベアー・スターンズが商業銀行JPモルガン・チェースに救済合併され，9月15日には，投資銀行最大手のリーマン・ブラザーズが破たんした．いわゆる「リーマン・ショック」の発生である．翌16日には，世界最大の保険会社AIGが破たんしたが，"大きすぎてつぶせない（too big to fail）"問題に直面することとなり，結局，公的救済（bailout）を受けることになった．

　以後，金融市場の混乱・麻痺が続き，貸し渋り・貸し付けの縮小が進んだ．金融市場の機能停止が実体経済を悪化させ，それがさらに金融危機を加速させるというスパイラルに陥った．金融制度そのものの全面的な崩落を生じさせかねない，100年に一度といわれる「大恐慌型」の金融・経済危機に発展したのである[18]．

17）　荒巻（2011）pp. 154-156; 河村（2010）pp. 36-37.
18）　河村（2010）pp. 37-38.

3. オバマ政権とバーナンキFRBによる緊急対策としての危機対応

オバマ民主党政権の金融・経済危機対応と拡張的財政政策

2009年1月,オバマ大統領が就任したが,待ち受けていたのは,「住宅バブル」の崩壊によって発生したリーマン・ショックとそれに続く深刻な金融・経済危機であった.オバマ民主党政権は,即座に金融・経済危機対応に着手し,2月17日,2009年アメリカ再生・再投資法(ARRA: American Recovery and Reinvestment Act of 2009)を成立させた.これにより,アメリカ史上最大の財政赤字を伴う,11年間で7872億ドル(当初)の経済刺激,雇用維持・創出プランを決定した[19].

2009年アメリカ再生・再投資法は,大まかな分類として,減税およびその他租税優遇措置2880億ドル,エンタイトルメント・プログラムの増額2240億ドル,契約・補助金・ローン2750億ドルで構成される.同法の主要な目的(primary objective, major purpose)は,雇用の創出と維持(creating and saving jobs)であり,そのために,すぐにでも開始できるプロジェクト(shovel-ready project)をサポートするとした[20].

2009年アメリカ再生・再投資法は,戦後最大規模の国債により調達した資金を元手に,財政赤字に苦しむ州・地方政府を補助金や州・地方債への利子補給によって補助し,衰退する事業を財・サービス購入・補助金・ローン・租税優遇措置によって支え,家計の遣り繰りに苦しむ個人を減税や所得保障によって援助する広範なプログラム・パッケージであった.

こうして,オバマ政権は,大規模で大胆な拡張的財政政策により,100年に一度といわれた金融・経済危機が大恐慌につながることを阻止したのである.

---

19) CBO (2009) Table 1.
20) Recovery.gov, http://www.recovery.gov/; CBO (2010).本書に掲載の数値はすべて成立当初ベースのものである.アメリカ再生・再投資法のその後の財政規模は,プログラムの執行状況を加味し,インフレや金利を調整した現在価値が,議会予算局(CBO)の各種リポートやRecovery.govのWebサイトで最新値に更新される.

3. オバマ政権とバーナンキ FRB による緊急対策としての危機対応

緊急対策としての租税支出の財政支出転換

2007～08 年の金融・経済危機は，住宅・コミュニティ開発政策も直撃した．あらゆる住宅・コミュニティ開発プロジェクトにとって，有限責任パートナーからの出資は，もはやなくてはならない存在である．

しかしながら，有限責任パートナーからの出資を引き出すための LIHTC や運用損失の損金計上は，有限責任パートナーである機関投資家＝金融機関が十分な利益を出していてこそ意味があるものである．金融機関が軒並み巨額の損失を抱えた金融・経済危機のもとでは，出資者がいなくなり，こうした仕組みが機能不全に陥った．実際，LIHTC と引き換えられる出資金の比率は著しく下落し，引き受け手も減少した[21]．

2009 年 5 月 4 日の財務省，住宅都市開発省の合同記者発表によれば，06 年比で，全米の住宅着工が 80％減少，建設中の住宅が 60％減少し，約 100 万人の雇用が失われたという[22]．

民間に対するインセンティブの付与を目的とする LIHTC のような租税支出プログラムは，リーマン・ショックのような「100 年に一度の」大恐慌型不況において完全に機能しなくなったのである．

これに対し，オバマ政権は，2009 年アメリカ再生・再投資法のもと，2 つの，税額控除の補助金転換プログラムを始動させた．

1 つ目は，住宅都市開発省の税額控除補助プログラム（TCAP: Tax Credit Assistance Program）である[23]．予算措置額は，22 億 5 千万ドル．2006 年 10 月 1 日～09 年 9 月 30 日（2007～09 年度）に LIHTC の対象として選定された低所得者向け住宅プロジェクトを交付対象とし，州の LIHTC 配分機関を通じて交付するとした．目的は，停止した LIHTC プロジェクトに建設投資資金を提供し，約 3 万 5000 戸の低所得者向け住宅の供給を実現し，経済危機によって喪失の危機にある雇用を維持ないし新たに創出することである．なお，支出期限を 2012 年 2 月 16 日（2009 年アメリカ再生・再投資法成立から 3

---

21) 2010 年 9 月 10 日，筆者による CHPC：California Housing Partnership Corporation （開発プランを作成・提供するサンフランシスコの非営利組織）へのインタビューによる．
22) Treasury and HUD（2009）．
23) HUD（2009a）．

第6章　アメリカ住宅バブルの崩壊と経済再建過程

年）までとした[24]．

2つ目は，財務省による，未活用のLIHTCの補助金化プログラム（TCEP: Tax Credit Exchange Program）である．具体的には，10年にわたる税額控除の権利付与の代わりに，10年分の税額控除相当額を補助金として州へ交付する措置である．これによって，投資家の減少によって空いたギャップを暫定的に埋めることを意図した[25]．

2009年アメリカ再生・再投資法は，"コミュニティの衰退を防ぐ"ことも目的の一つとしており，住宅都市開発省所管のTCAPや，財務省所管のTCEPが実施された．租税支出プログラムが機能不全に陥ったとき，オバマ政権は，予算を措置し，租税支出を補助金化し，財政支出を行なったのである．

FRBによるモーゲッジ担保証券（MBS）の大量購入プログラム

2007～08年の金融・経済危機に対する対応には，オバマ政権による拡張的財政政策のみならず，バーナンキ議長が率いる連邦準備制度理事会（FRB）が主導した「政府関連企業体保証モーゲッジ担保証券（MBS）買い取りプログラム（Agency Mortgage-Backed Securities (MBS) Purchase Program）」がある．これは，08年11月に公表されたものである．

連邦公開市場委員会（FOMC）は，政策金利である短期金利（FFレート）を，0～0.25％に誘導するのと同時に，より長期の証券を保有することで，長期金利を引き下げ，全般的な金融環境の緩和を狙った．その長期証券のなかに，当時，価格が下落（利回りは上昇）していた，3つの政府関連企業体，

---

24) HUD (2009b).
25) Treasury Department (2009)．交付額は以下のように算定される：
　　以下の総額の85％を上限として州からの申請に基づき補助金化して交付：
　　(1) 過去割当分の未活用部分の全額（2008年～2009年）
　　　　(a) 2008暦年の未使用税額控除の全額（100％）の10倍相当額
　　　　(b) 2009年度の税額控除割当のうち返却額の全額（100％）の10倍相当額
　　　および
　　2) 現在割当分の40％相当額
　　　　(c) 州人口×$2.30（2010年度新規割当額）の40％の10倍相当額
　　　　(d) 繰り越し税額控除の再割当額の40％の10倍相当額

すなわち，連邦抵当金庫（ファニー・メー），連邦住宅貸付抵当公社（フレディ・マック），政府抵当金庫（ジニー・メー）が保証するモーゲッジ担保証券（MBS）が組み入れられた．アメリカの中央銀行である FRB（Federal Reserve Banks）が，国債だけでなく，公開市場操作に MBS を組み入れるという発表は，驚きをもって受け止められたのである[26]．

なお，FRB として公式に実施したプログラムではあるが，公開市場操作の実務は，FOMC の定める方針に従い，ニューヨーク連邦準備銀行（Federal Reserve Bank of New York）が担った．

この政府関連企業体保証 MBS 買い取りプログラムの当初計画は 2009 年 1 月から 6 月にかけて，上限を 5000 億ドルとするものであったが，FOMC は，09 年の早い段階で拡張を決定し，結果として，10 年 3 月までに，1 兆 2500 億ドル規模で買い取りが行なわれた．これによって崩れた債券価格の安定と，短期金利・長期金利の両面をにらんだ金融緩和が目指されたのである[27]．

4. 緊急対策から経済再建過程へ

効果のあがった MBS 買い取りプログラム

財政面では租税支出の財政支出転換が行なわれ，金融面では政府関連企業体保証 MBS 買い取りプログラムがとられた．これらの政策の帰結について確認しておくべきだろう．

まずは，FRB による MBS 買い取りプログラムからみておきたい．FRB は，2011 年 1 月に，同プログラムが住宅ローン金利を下げ得たかどうかについて，調査統計部門のディレクターたちの手によって検証リポートを作成し発表した．

単にモーゲッジ市場といっても，住宅購入者がローン契約を結びモーゲッジが組成される発行市場（primary market）と，モーゲッジ担保証券（MBS）が取引される流通市場（secondary market）がある．

検証リポートでは，発行市場における住宅ローン金利と，流通市場におけ

---

26) Hancock and Passmore (2011) p. 1.
27) FRB (2013d).

るMBS利回りの両方の動向をにらみつつも，MBS買い取りプログラムの「住宅を購入するためのローンについて，そのコストを下げ，かつ利用しやすくし得たか」という目標に照らして，同プログラムが「住宅ローン金利を下げ得たか」という点に焦点を当てている[28]．

　総じていえば，FRBのMBS買い取りプログラムによって，金融危機によって生じた大幅なリスク・プレミアムは除去され，MBS利回りは低下（価格は上昇）し，流通市場は堅牢になり，住宅ローン金利は，買い取りプログラム終了時には開始時よりも大きく低下し安定したという[29]．

　FRBは，実際に，2009年1月に買い取り介入に入ってからプログラムの終了予告を行なった09年9月23日まで，実に，1日当たり40～60億ドル規模で買い取りを行なった．さらに，終了予告から実際に終了した10年3月31日までの間も，1日当たり20～30億ドル規模で買い上げた．そして，最終的に，買い取り期間を通じて，発行済の政府関連企業体保証MBSの3分の1を取得したのである[30]．

高かったアナウンスメント効果

　検証のために，リポートは，MBS買い取りプログラムが影響を与えた期間を次の4つに区分している．第1に，FRBによるMBS買い取りが発表された2008年11月25日から買い取りが開始される09年1月第1週までを「アナウンスメント期間」とし，第2に，実際に大規模で積極的な介入が行なわれ，住宅ローン金利とMBS利回りの引き下げが意図された09年1月第1週（1月5日）から09年5月27日までを「市場移行期間」とし，さらに，第3に，買い取り介入を続けながらも，金利や利回りの引き下げが意図されなくなった09年5月27日から，買い取り介入の終了した10年3月31日までを「標準市場価格決定期間」，そして，第4に，買い取り介入終了後の期間を「ポスト介入期間」として，それぞれの期間におけるMBS買い取り介入の規模，発行済MBSに対する保有割合，住宅ローン金利，MBS利回り，

---

28) Hancock and Passmore (2011) p. 1.
29) Hancock and Passmore (2011) abstract and conclusion.
30) Hancock and Passmore (2011) p. 12.

リスク・プレミアム（米国債との金利差），住宅価格など複数の指標の動向を分析し，結果を推定している．

期間の別によるいくつかの特徴を示そう．注目すべき点として，FRB が実際には介入に入っていないにも関わらず，最初の「アナウンスメント期間」において，市場の MBS 利回りは低下（価格は上昇）し，住宅ローン金利も低下したことが挙げられる．これは，買い取り介入に入ることの公表自体が，流通市場における市場参加者たちの不安を除去し，将来的な問題解決を約束したこと，流通市場の再建が，発行市場における住宅ローンの提供者の資金繰りを改善すると織り込まれたことによる．アナウンスメント効果が如何なく発揮されたのである．

そして，実際に介入に入った「市場移行期間」においては，MBS 利回りも住宅ローン金利も低位安定した．高止まりしていたリスク・プレミアムも大幅に引き下がった．市場の参加者は，FRB が住宅ローン金利の誘導目標を 4％程度においていると予想していたし，事実，この期間の住宅ローン金利は，概ね 4％で推移した．

2009 年 5 月 17 日以降は，金利目標を定めず，市場に MBS の価格決定を委ねる「標準市場価格決定期間」に入った．若干，MBS 利回りも住宅ローン金利も上昇したが，これは，市場金利の上昇によるもので，リスク・プレミアムは低位に安定した．この期間を経て，09 年 9 月 23 日，FRB は，10 年 3 月 31 日をもってプログラムを終了させることを予告したのである[31]．

2010 年 3 月 31 日をもって，政府関連企業体保証 MBS 買い取りプログラムが終了し，「ポスト介入期間」に入った．FRB は，買い取った発行済 MBS を保有し続けることで，その後の金融市場が混乱することを防いだ．リスク・プレミアムの上昇が観察されたものの，もっとも重要視される住宅ローン金利の水準は，市場金利の低下からさらに低下したのである[32]．

以上のように，FRB による政府関連企業体保証 MBS 買い取りプログラムは，危機の直後において，価格が暴落（利回りが急騰）していた MBS 流通市場を正常化し，流通市場の正常化を通じて，モーゲッジの発行市場も正常化

---

31) Hancock and Passmore (2011) pp. 11-19.
32) Hancock and Passmore (2011) pp. 36-37, Figure 2.

し，住宅ローン金利を低下させることに成功したのである．

LIHTC 価格の安定化と市場の正常化

租税優遇措置，すなわち本来は租税支出である LIHTC の，補助金化＝財政支出プログラムの結果はどうであったろうか．

LIHTC への投資家の関心は，2006 年のピークの後，07 年には減退を始めていた．08 ～ 09 年には，主要な買い手である金融機関の財務が大きく傷ついていたことから，市場にはほとんど買い手がいなくなっていた．07 年には 90 億ドルあった有限責任パートナー（limited partner）出資は，09 年には約半分の 40 億ドルから 45 億ドル水準まで落ち込んでいたという[33]．

これに対し，オバマ政権が，2009 年アメリカ再生・再投資法で，2つのプログラム，すなわち，住宅都市開発省を通じて，停止した LIHTC プロジェクトに建設投資資金を配分する税額控除補助プログラム（TCAP）を，さらに，財務省を通じて，未活用の LIHTC を補助金化して交付するプログラム（TCEP）を実施したことは前述した．

これらのプログラムによって，低所得者向け住宅開発プロジェクトの遂行者たちは，政府から直接に建設資金を得られるようになった．実際，両プログラムによって，2373 プロジェクト 12 万 6058 戸の LIHTC プロジェクトが開発されたのである[34]．

GAO（2012b）は，これらのプログラムによる資金が，「低所得者向け住宅信用に対する減退した投資家需要とのギャップを暫定的に埋め，投資家不足により停止したプロジェクトの継続を可能にした」と評価している[35]．しかし，これらの資金は，2012 年までに使うことが定められた，あくまでも時限的なものであった．

問題は，これらの時限的なプログラムの後に，従前の「税額控除を受け取り，それを移転することによって投資家から建設資金を得る」という LIHTC 本来の仕組みが回復するかどうかである．

---

33) Schwartz (2014) p. 153.
34) GAO (2012b) p. 25.
35) GAO (2012b) p. 29.

4. 緊急対策から経済再建過程へ

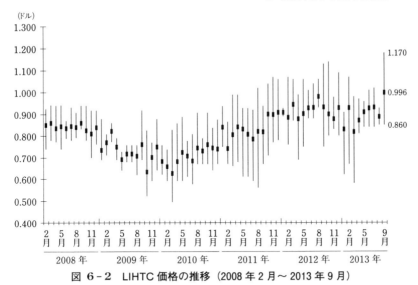

図 6-2　LIHTC 価格の推移 (2008 年 2 月〜2013 年 9 月)

(出所) Schwartz (2014) p. 155.

　図6-2は，危機の渦中の2008年2月から，危機後の13年9月までのLIHTC価格の推移を月次データでみたものである．税額控除1ドルに対し，投資家からどれだけの建設資金が拠出されたか，その下限と上限そして中央値をみたものである．この図は，投資家がどのぐらいの価格でLIHTCを需要しているかを示している．

　この図をみると，2008年から09年にかけて危機が深まるに従い，LIHTCの価格も下落していくが，10年の終わり頃には需要が回復してきていること[36]．そして，12年から13年にかけて価格が上昇していることがわかる．Schwartz (2014) によれば，特に，東海岸や西海岸の大都市部においては，多様な投資家が戻り，危機以前の水準にまで回復したという．Schwartz (2014) は，中西部を含むその他の地域では回復が遅れていると述べている[37]．ただし，2014年9月の，中西部である大カンザスシティ都市圏における実地調査に基づく，市職員や，13年にLIHTCを実際にプロジェクトに

---

[36]　GAO (2012b) p. 28 によっても，2010年の回復傾向を確認できる．
[37]　Schwartz (2014) p. 155. この部分は，2013年以前に執筆されたと思われる．

179

利用したコミュニティ開発法人へのインタビューによると，中西部においても回復しているという[38]．

2009〜10年のLIHTC 1ドル当たり0.60ドル近い低水準は異常であるが，後にメカニズムを検証しながらみるように，13年9月の水準は，LIHTC 1ドル当たり下限が0.860ドル，上限が1.170ドル，中央値が0.996ドルにあり，正常といえる範囲に回復したといってよい．

竣工戸数の減少をどう解釈するか

表6-1は，住宅都市開発省のLIHTCデータベース2014にみられるLIHTC住宅竣工戸数を上段に記し，下段にデータベース2013との差を付け加えたものである[39]．上段の竣工戸数の数値をみると，2007〜08年の金融・経済危機が影響し，竣工戸数が減少して回復に至っていないようにみえる．しかし，このデータは次の2点を踏まえて読み取らなければならない．

第1に，LIHTCの認可から竣工まで，早くても1年，通常2〜4年の時間を要する．したがって，LIHTC市場が機能しなかった2008〜10年のプロジェクトは，竣工戸数ベースでみると2010〜14年まで影響が残ることになる．一方，10年末からLIHTC市場が回復を始め11年以降に顕著になっているが，回復後の竣工戸数への影響は，13年から徐々に出始める．しかし，13年分の最初のデータ公表は16年になる．

第2に，データベースの作成方法による影響である．住宅都市開発省のLIHTCデータベースは，個々のプロジェクトにデータ収集フォームへの入力を求め[40]，回答のあったデータがデータベースに反映される．したがって，未だ回答のないプロジェクトのデータは収載されないまま公表される．その影響を表したのが，表6-1下段の「2013 DBとの差」の欄である．データベース2013による2011年竣工戸数と，データベース2014による2011年竣工戸数には，2万3177戸もの開きがある．2005年竣工戸数でさえ3100戸の

---

[38] 2014年9月8日，カンザスシティのコミュニティ開発法人，Builders Development Corporation（BDC）代表および大カンザスシティ都市圏内のミズーリ州インディペンデンス市職員へのインタビューによる．
[39] HUD (2014).
[40] データ収集フォームの雛形は，HUD (2009c) Appendix Bにみることができる．

表 6-1　LIHTC データベース 2014 による竣工戸数とデータベース 2013 との差

供用開始年	2004	2005	2006	2007	2008	2009	2010	2011
竣工戸数	136,632	137,067	131,845	124,756	101,373	84,714	76,998	76,225
2013 DB との差	57	3,100	5,516	5,882	5,571	7,399	8,730	23,177

(出所) HUD (2013c); HUD (2014).

差があり，竣工の報告がほぼ収束するまでに 10 年程度必要になると考えられる．したがって，10 万戸を下回っている 09 年〜11 年の竣工戸数もいま少し上積みされるものと思われる．

2007〜08 年の金融・経済危機が，LIHTC のメカニズムに大きな打撃を与えたことは疑いないが，その後の LIHTC 市場の価格動向にみられる回復や，竣工戸数のデータ特性をみれば，連邦政府による時限的な LIHTC 支援プログラムは，緊急時の低所得者向け住宅の建設を救済し，経済再建過程まで，LIHTC のメカニズムを守ったといってよいであろう．

このように，市場に多大な信頼をおいているようにみえるアメリカでも，2007〜08 年に発生したような「大恐慌型」の金融・経済危機に対しては，政府や中央銀行による緊急対策で対応したし，それは，アメリカ経済を再建へ向かわせるための手助けとなったといえるのである．

おわりに

本章では，2000 年代の住宅バブルの発生と崩壊という危機に対する緊急対策と経済再建への道筋を探った．

2007〜08 年の金融・経済危機は，「100 年に一度」とも表現されるほど深刻な「大恐慌型」不況であった．それに対し，オバマ政権は，2009 年アメリカ再生・再投資法に基づく景気対策や租税支出の財政支出転換という緊急対策を成立させた．加えて，そしてバーナンキ議長率いる FRB も，モーゲッジ担保証券（MBS）の大量購入プログラムという緊急対策に取り組んだ．

本章は，それぞれの財政金融政策が一定の効果を発揮し，2010 年末頃までに，アメリカが経済再建過程への道筋を付けたことを明らかにしたものである．

終　章　総括と展望

はじめに

　終章では，まず，アメリカにおける，住宅にかかる租税支出の受益の帰着という，財政学にとって重要な問題に取り組む．そのなかで，伝統的なモーゲッジ利子（住宅ローン利子）の所得控除という租税支出の受益が強く高所得層に偏ったものになってきていることを実証する．

　さらに，1986年税制改革法によって導入された新しい低所得者用住宅税額控除（LIHTC）という租税支出の受益が，主として，投資家に帰着しているか，低所得の居住者に帰着しているかという問題を解き明かす．

　最後に，住宅・コミュニティ開発政策の新たな枠組みがもたらした変化について言及し，新しい政策体系を展望することで結語に代える．

1. 租税支出の財政民主主義的な正当性

租税支出の財政民主主義的な正当性を問う

　租税支出の財政民主主義的な正当性を問うことは意味のあることである．財政支出の執行は，毎年度，13本の歳出法案が連邦議会に提出され，すべての予算権限（budget authority）と財政支出（outlay）が承認されることによって初めて可能となる．言い換えるならば，財政支出に対する財政民主主義によるコントロールは，毎年度繰り返し働いているといってよい．

　ところが，租税支出となると事情が異なる．租税支出の根拠法は税法であり，毎年度の議会審議を受けることなく，最新の税法の規定が自動的に適用される．租税支出を含む税制が財政民主主義によってその正当性の確認を受

終　章　総括と展望

けるのは，税制改正が連邦議会に法案として提出され，可決されたときだけである．たとえ，税制改正法案が可決されたとしても，すべての税制が審議対象になるわけではなく，改正項目だけであるから，改正の俎上に上らなかった税制が，財政民主主義的な承認を受けているといえるかどうかは難しい．

　租税支出を含む税制の正当性については，議会の両院合同租税委員会（Joint Committee on Taxation），あるいは連邦議会附属の調査機関，すなわち議会予算局（CBO: Congressional Budget Office）や会計検査院（GAO: Government Accountability Office），そして研究者による検証などを通じて確認される．そして正当性に疑いがかかったとき，税制改革法案として，連邦議会の審議を受けることになるのである．

　住宅・コミュニティ開発に関わる租税支出について，特に，モーゲッジ利子の所得控除と低所得者用住宅税額控除（LIHTC）について，その現代的正当性について検討していくこととしよう．

2. モーゲッジ利子の所得控除の現代的正当性

現代的正当性が問われるモーゲッジ利子所得控除

　序章で述べたように，住宅にかかる租税支出で最大の費目は，モーゲッジ利子の所得控除である．この制度は，1913年の個人所得税創設の際に設けられた借入金利子の所得控除を起源とするものである．

　モーゲッジ利子の所得控除制度の特徴は，第1に，高所得層ほど，高価な住宅を購入し，住宅ローンの額も大きくなる傾向があることから，所得控除されるモーゲッジ利子も大きくなる．第2に，個人所得税の累進税率構造のもとでは，所得が高くなるほど限界税率も高くなるので，所得控除による減税効果も所得が高いほど大きくなる，ということである．モーゲッジ利子の所得控除は逆進性を持つのである．

　このような逆進性を持つ制度でありながら，それでも「正当性」を保ち得たのは，少なくとも20世紀末まで，受益層分布においては中間層の数がもっとも多かったことが挙げられる．実際，1986年税制改革法案の審議の際に，所得控除の範囲を1軒目までに制限しようという政権案に対して，連邦議会

は2軒目（セカンドハウス）までと縮減範囲を狭める法案を可決したが，その理由として，当時のモーゲッジ利子控除の受益者数・受益額の分布が中間層に手厚くなっており，家を持つというアメリカン・ドリームを実現するための制度として是認されたということがある．

ところが，"We are the 99%" がスローガンとなり，上位1%への富の集中が批判の対象となったウォール街占拠運動（Occupy Wall Street）が起き，国民の経済格差が問題となった2010年代においても[1]，モーゲッジ利子の所得控除制度が，果たしてそのような「正当性」を保ち続け得る制度なのか検証しておかなくてはならない．

租税支出については，両院合同租税委員会の年次レポートによって，その項目，規模，所得階層別の分布が大まかに確認できるので押さえておきたい．図 終 - 1 は，全米所得中央値とモーゲッジ利子所得控除の受益者数の変化を，

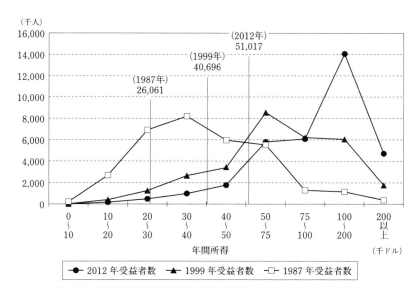

図 終 - 1　全米所得中央値とモーゲッジ利子所得控除の受益者数の変化

(注) 縦棒と数字は各年における全米所得中央値．
(出所) 所得中央値："Regions by Median and Mean Income," Census Bureau (2015).
　　　受益者数：Joint Committee on Taxation (1986, 1999, 2013).

---

1) 日本租税理論学会20周年記念出版編集委員会（2012）pp. 210-211.

終　章　総括と展望

1987年，1999年，2012年に分けてみたものである．1987年，全米の所得中央値は26,061ドル，モーゲッジ利子所得控除の受益者のピークは3万～4万ドルにあった．1999年，全米の所得中央値は40,696ドル，モーゲッジ利子所得控除の受益者のピークは5万～7万5千ドルにあった．これが2012年には，全米の所得中央値51,017ドルに対し，モーゲッジ利子所得控除の受益者のピークは10万～20万ドルに移り，ひどく高所得層へ偏ってしまったのである．

さて，このように，大まかな動向は両院合同租税委員会の年次レポートで把握できる．しかしながら，関口（2015）が指摘するように，年次レポートは対象項目が限定されており，年度によるばらつきがあるなど限界がある[2]．2013年にCBOから公表されたレポートCBO（2013）によって，個人所得税における租税支出の分配の様子を所得階級別にみることが可能になったので，他の租税支出との比較を交えながらみていこう．

2013年度の個人所得税にかかる主要な10の租税支出の合計は，連邦税収の対GDP比16.7％[3]の約3分の1とほぼ等しい規模にあり，社会保障年金支出，防衛支出，メディケア（高齢者医療保険）支出より大きい[4]．

表終-1は，所得階級別の主要租税支出の分配をみたものである．第1に，もっとも大きな租税支出は，雇用主提供医療保険の課税所得からの除外2480億ドル（対GDP比1.5％）である．所得五分位階級別に受益額のシェアをみると，最高分位が34％，第四分位が26％，第三分位が19％，第二分位14％，最低分位8％となっており，高所得層に手厚くなっている．3番目に大きな民間年金拠出と運用益の純額の課税所得からの除外1370億ドルは，約3分の2が最高分位に偏っている．ただし，後にみるように，総じていえば，課税所得からの除外（exclusions from taxable income）における租税支出受益額の偏りのほとんどは，ベースとなる所得の多寡に依存している．

第2に，同表における2番目に大きな租税支出は，キャピタル・ゲインと配当への優遇税率1610億ドルである（2013年度＝2012年10月1日～2013年9

---

2)　関口（2015）p. 285.
3)　OMB（2013）Historical Tables, Table 1.2.
4)　関口（2015）pp. 286-288; CBO（2013）pp. 4-6.

2. モーゲッジ利子の所得控除の現代的正当性

表 終-1　所得階級別の主要租税支出の分配（2013年）

	2013年度		2013暦年								
	金額（10億ドル）	GDP比	所得階級別シェア（％）								
			最低分位	第二分位	第三分位	第四分位	最高分位	81~90%	91~95%	96~99%	上位1%
課税所得からの除外			5	10	16	23	45	15	9	14	7
雇用主提供医療保険 [a]	248	1.5	8	14	19	26	34	16	9	8	2
民間年金拠出と運用益の純額 [a]	137	0.9	2	5	9	18	66	17	13	22	14
死亡時移転資産へのキャピタル・ゲイン	43	0.3	*	3	15	17	65	10	6	28	21
社会保障年金給付・鉄道退職者給付の一部	33	0.2	3	15	36	33	13	8	3	2	1
所得控除			*	1	4	13	81	15	14	22	30
州・地方税	77	0.5	*	1	4	14	80	17	15	19	30
モーゲッジ利子	70	0.4	*	2	6	18	73	19	16	23	15
慈善寄付金	39	0.2	*	*	4	11	84	13	12	21	38
キャピタル・ゲインと配当への優遇税率 [c]	161	1.0	*	*	2	5	93	5	5	14	68
税額控除			37	29	19	12	3	3	1	*	*
勤労所得税額控除 [b]	61	0.4	51	29	12	6	3	2	*	*	*
児童税額控除 [b]	57	0.4	22	29	26	18	4	3	1	*	*
租税支出計（含む相互作用）			8	10	13	18	51	12	9	13	17

（注）* 0.5%未満.
a) 賃金税 (payroll taxes, 社会保障税, メディケア税, 失業保険税等) への影響を含む.
b) 支出 (outlays) による影響を含む.
c) 2013年1月1日から適用される医療保険保障改革法による高額所得者（夫婦合同申告で調整後総所得25万ドル以上）への付加税（純投資所得税）3.8%の影響により，2013年度（2012年10月1日～2013年9月30日）の金額とGDP比は高めに，2013暦年の高額所得者の所得階層別シェアは低めに現れる.
（原資料）CBO（2013）Table 1, Table 2.
（出所）関口（2015）p. 286をもとに作成.

月30日）．アメリカでは，長い間，長期キャピタル・ゲインが分離課税されてきたが，ブッシュ（ジュニア）政権期の2003年税制改革（いわゆるブッシュ減税の一環）で，保有期間の長い株式の配当が分離課税対象所得に加えられ，より低い優遇税率で課税されるようになった．

これが2012年末まで続いたが，2010年の医療保険改革法の成立により，その財源として，2013年1月1日から，高額所得者（夫婦合同申告で調整後総所得25万ドル以上）へ付加税3.8％が課されるようになり（net investment income tax，純投資所得税と呼ばれる），それ以後，租税支出は半分近く減少する見込みである（2013暦年で850億ドル）．

それでも，所得階級別シェアをみると，上位1％が受益額の68％を占める．さらに，上位1％の高所得者の側からみれば，キャピタル・ゲインと配当への軽課から発生する利益は，彼らの税引き後所得の5.3％を占める[5]．

資本課税の強化がキャピタル・フライト（資本逃避）を招くという説があるものの，通常所得（ordinary income）の最高税率39.6％に比して，キャピタル・ゲインと配当所得の最高税率23.8％という極端な優遇税率（preferential tax rate）は，課税の公平性に大きな疑問を投げかけることになろう．

第3に，これらに続く租税支出は，州・地方税とモーゲッジ利子の所得控除である．地方財産税（property tax）が所得控除の対象になることから，両方とも，住宅税制にかかる租税支出と呼べる．特に，モーゲッジ利子の所得控除は，細目別分類でいえば，両院租税合同委員会によるものでも，行政管理予算局（OMB: Office of Management and Budget）によるものでも，大型の租税支出の代表格として列挙されている[6]．

州・地方税の所得控除も，モーゲッジ利子の所得控除も，あるいは慈善寄付金の所得控除も，最高分位が受益額の7〜8割を占めており，最低分位の受益額は0.5％未満で統計の埒外である．

モーゲッジ利子の所得控除は，前述したとおり，1986年税制改革法の時代には，受益層分布も受益額分布も中間層にあったがゆえに，連邦議会によって是認された．しかし，2010年代に入って，所得階級別の受益額分布をみれば，相当程度，高所得層に偏ってしまったことがわかる．所得控除

---

[5] CBO (2013) Table 1, pp. 18-19.
[6] Joint Committee on Taxation, *Estimates of Federal Tax Expenditure*, various issues; OMB, "Tax Expenditure," *Analytical Perspectives, Budget of the United States*, various issues.

(deduction)による租税支出は，後述するように，ベースとなる所得の多寡を割り引いても，高所得者優遇で逆進的である．

第4に，勤労所得税額控除（EITC: Earned Income Tax Credit）と児童税額控除の税額控除であり，双方とも約600億ドル，対GDP比0.4％の規模を持っている．所得五分位階級別にみれば，勤労所得税額控除の受益額は，最低分位に過半の51％と手厚く，所得分位階級が上昇するにつれ，その比率は減少していく．児童税額控除は，子どものいる家計の所得規模の分布に依存しており，中間層が厚くなっている．税額控除（tax credit）の受益額を所得五分位階級別にみると，最低分位が37％ともっとも厚く，所得階級が上がるにつれて薄くなる傾向をみることができる．

税引き後所得に占める租税支出額の割合

さらに，租税支出ごとの所得五分位階級別の受益の分布を，異なった角度から再確認してみよう．図 終 - 2は，所得五分位階級別の税引き後所得に占める租税支出額の割合である．すなわち，家計からみて，どの程度の受益を得ているか，税引き後所得を分母に，租税支出を分子にとってその比率をみたものである．これによって，所得の多寡による受益額分布の差を除去することができる．

「課税所得からの除外」は，家計に占める受益の比率をみればただちに明らかなように，概ねすべての家計が等しい比率で受益を受けている．「所得控除」と「（キャピタル・ゲインおよび配当所得の）優遇税率」は，家計に占める受益の比率が最高分位で高くなっており，元々の所得の多寡を除外しても，高所得層を優遇する制度であることがわかる．それに対し，「税額控除」は，低所得層ほど家計に占める受益の比率が高く，所得再分配として機能している．

関口（2015）は，「所得層別に見た租税支出の受益を確認すると，それぞれの租税支出の受益が所得層別に不均一に分布しており，そのことによって各所得層のバランスを調整できる構造にある」が，「ただし，主要10種類の租税支出の受益を合計すると，（表 終 - 1　最下行にみられるように）所得層別に見た租税支出の受益は，最高分位（または総人口の5分の1）の所得層に50

終 章 総括と展望

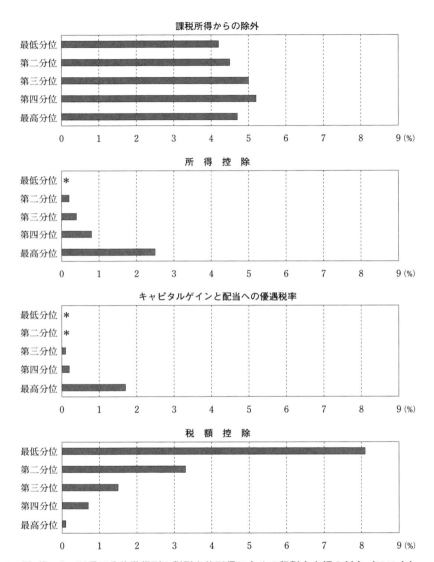

図 終-2 所得五分位階級別の税引き後所得に占める租税支出額の割合（2013年）
(注) ＊ 0.5%未満.
(出所) CBO (2013) Figure 4.

％以上が帰着している．それとは対照的に，中位の所得層には租税支出の受益の13％が帰着し，最低分位の所得の家計には租税支出の受益のわずか8％が帰着しているのみである」「所得層別帰着を確認すると，その構造は同等であるとは言い難い」と指摘する[7]．

その原因は，図 終-2でみたように，ベースとなる所得の多寡を除外しても消えない「所得控除」と「優遇税率」の分配の不平等にあることは明らかである．そして，所得控除による受益の偏在も，資産所得への優遇税率による受益の偏在も，先にみたように，2000年代以降に発生した分配の不平等である．レーガン政権下の大規模な税制改革であった1986年税制改革法では，高所得層に受益が偏る租税優遇措置が廃止されたが，同様に，アメリカ福祉国家は，これからこの新たな問題に目を向けていかなければならない．

賃貸住宅に住む低所得層のアフォーダビリティ問題が顕在化するなかで，モーゲッジ利子の所得控除が，高所得の持ち家所有者の権利として付与されることは，すでに，現代的正当性を喪失しているといえるだろう．

3. 低所得者用住宅税額控除の現代的正当性

低所得者用住宅税額控除（LIHTC）の受益の帰着点

これまでみてきたように，個人所得税にかかる租税支出のレポートが議会予算局（CBO）によって発行されたことを手がかりにして，個人所得税にかかる租税支出の受益の帰着点を明らかにした．

それに対し，本書で重要な位置を占めた低所得者用住宅税額控除（LIHTC）の引き受け手の95％は法人であり，受益を探るためには，法人所得税における租税支出の帰着点を探らなければならない．

法人所得税にかかる租税支出の受益の帰着に関する総合的な研究や連邦議会関連機関によるレポートは発行されていないが，LIHTCの受益の帰着をめぐってはさまざまな報告がなされ，議論されているのでまとめておきたい[8]．

---

7) 関口（2015）pp. 288-289.

終　章　総括と展望

　租税支出の定義は，その租税優遇措置がなければ得られたであろう所得税の歳入減である[9]．LIHTC の租税支出としての規模は，LIHTC の割当額そのものであり，全額が租税支出の定義に合致する．これに対し，LIHTC と同時に与えられる，減価償却を中心とする費用の損金算入に関わる租税利益については少々複雑である．減価償却費のうち，通常の建物に適用される 40 年の定額償却部分は，所得税制（内国歳入法）の本則であり，租税支出には該当しない．賃貸住宅に適用される 27.5 年の定額償却は，期間が短縮された加速償却部分であり租税支出の定義に合致する，という点を押さえておかなければならない[10]．

　そして，LIHTC の受け取り手（投資家）がその租税支出を 100％受益するわけではないことも重要である．なぜなら，LIHTC の受け取り手は，LIHTC と引き換えに低所得者向け住宅・コミュニティ開発プロジェクトの有限責任パートナー（limited partner）として出資金を出すからである．

　したがって，LIHTC の受益者は，次の三者が想定されよう．すなわち，第 1 の受益者は LIHTC を受け取った投資家であるが，第 2 の受益者として，開発利益を受け取るディベロッパーや建設業者，融資を行なう銀行などプロジェクトの遂行に携わる者，そして，第 3 の受益者として，良質で低家賃の住宅に居住することができる低所得の居住者である．その三者の受益の割合は，どのように考えられるであろうか．

LIHTC プロジェクトにおける投資家の受益

　まず，投資家について考えよう．有限責任パートナーは，この税額控除と，プロジェクトの減価償却による運用損失を損金計上することから生まれる租税利益を受け取ることにより，投資収益を受け取るのと同じように行動していた．したがって，投資家＝有限責任パートナーは，住宅・コミュニティ開発プロジェクトを投資案件としてみていると考えられる．

---

8)　Dreier（2006）; GAO（1997）; GAO（2012a）; Quigley（2000）; Quigley（2008）; Schwartz（2014）; 宗野（2012）等．
9)　Joint Committee on Taxation（2013）．
10)　Joint Committee on Taxation（2013）pp. 23-24

3. 低所得者用住宅税額控除の現代的正当性

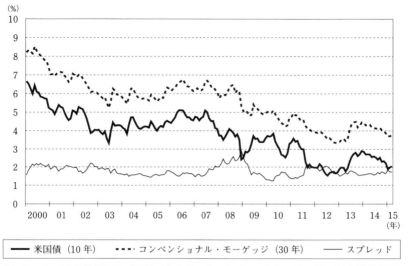

図 終-3 10年物米国債金利と30年物コンベンショナル・モーゲッジ金利の推移
(出所) FRB (2013c).

　通常の投資案件とみた場合，どの程度の見返りがあれば出資するであろうか．図 終-3 は，米国債10年物金利と，30年物コンベンショナル・モーゲッジ（公的保険・保証のつかないモーゲッジ）の金利の推移と，2つの金利のスプレッド（差）をみたものである．この2つの金利は概ね連動しており，スプレッドは約2％である．

　LIHTCプロジェクトにおけるパートナーシップは，法で15年と決められている．その間に，投資家は，10年にわたる税額控除と，15年にわたる減価償却による損金の計上という租税利益の配分を受ける．したがって，15年の投資案件として，10年物米国債と30年物モーゲッジの中間あたりの配当を求めてくると考えられる．

　実際，2000年代終盤，国債金利が4％程度で推移した頃の，プロジェクトの四半期ベースの内部収益率（IRR：Internal Rate of Return）は，5％前後であった．すなわち，米国債＋1％程度の水準となっている．プロジェクトに出資する投資家は，投資案件として，投資額と投資期間に見合った租税利益というリターンを受益していると考えてよいだろう．

193

なお，2013年9月現在の有限責任パートナー出資額は，図6-2でみたように，LIHTC 1ドル当たり0.860ドル〜1.170ドルの範囲であり，中央値は0.996ドルであったが，これは，投資家の内部収益率が3.7%〜5.9%になることを意味し[11]，LIHTCのメカニズムとして正常な水準に戻っていることを示すものである．

さて，投資家の受益が，長期金利すなわち米国債＋α程度の租税利益にとどまるとすれば，残りの受益の行方についても探らなければならない．それを検討する前に，DreierとQuigleyによるLIHTC批判を参照しておきたい．

DreierによるLIHTC批判

Dreier（2006）は，LIHTCが政治的に歓迎され成功した理由を，大いなる皮肉を込めて，次の5つの要因に分けて説明する[12]．

その第1は，LIHTCが比較的見えにくい（relatively invisible）ことである．住宅都市開発省や農務省の補助金プログラムにみられるような官僚主義や政治的な摩擦のなかに陥らない．しかし，州住宅局における管理費用や内国歳入庁のモニタリング費用は相当程度にのぼる．それにもかかわらず，その行政コストが連邦予算に載らないために，LIHTCの非効率性を覆い隠している．

第2に，1戸当たりのLIHTC補助額が，他の連邦住宅プログラムに比較して極めて低い魅力的なプログラムに映ることである．しかしながら，LIHTCのもっとも重要な非効率性の一つは，GAO（1997）が指摘しているように，同時に付与されるセクション8家賃補助に代表される他の連邦補助金をつぎはぎにしなければプロジェクトが進まないことである．

第3に，機関投資家が，税額控除から，相当の利益を受けられることである．彼らは一般に15%ものリターンを得て，議会への強力な圧力団体になっている．LIHTC投資家は，シンジケータ，仲介者，法律家，会計士，開発コンサルタント他を勧誘して，一大「LIHTC産業」を形成している．

第4に，銀行業界が，連邦議会において，LIHTCのための強力な推進者の役割を演じていることである．銀行は，投資家として利益を得るだけでな

---

11) 有限責任パートナー出資額と内部収益率の関係については補論を参照されたい．
12) Dreier（2006）Kindle No. 2674-2698/10266; 宗野（2012）pp. 168-170.

く，コミュニティ再投資法（CRA: Community Reinvestment Act）による，低所得のコミュニティや消費者への貢献義務を果たす[13]．

第5に，LIHTCを用いる住宅・コミュニティ開発プロジェクトのディベロッパーの多くは，コミュニティ開発法人（CDC）に代表される非営利組織であることである．CDCは，コミュニティのニーズを捉えるポジティブなイメージが与えられている．CDCの事業は，住宅都市開発省が行なうような官僚主義に蝕まれた巨大な"プロジェクト[14]"ではなく，比較的小さなプロジェクトを好む．

Dreierは，これらの要因の組み合わせによって，住宅都市開発省が排撃される一方，議会がLIHTCの更新や拡張に好意的に対応する理由が説明される，という．

Dreierによるこれらの指摘は，LIHTCの真実の一面を物語っている．第1の行政コストが連邦予算に載らないために，実態とかけ離れて効率的にみられているという点は事実であろう．管理費用やモニタリング費用などの行政コストは，州政府が負担していることを抑えておく必要がある．

第2に，LIHTCプロジェクトに，多様な連邦補助金が同時に組み合わされていることも事実である．これは，費用効率の問題からアプローチすれば否定的な解釈につながるだろう．しかし，別のアプローチによれば異なった解釈も引き出せる．連邦補助金の組み合わせは，低所得の居住者の多様なニーズ，たとえば，LIHTCプロジェクトの低家賃も払えない超極低所得層や，他に住居を見付けられないHIV感染者や障がい者等が，特別の補助金を受けて入居しているという，別のニーズに応えていることの結果でもあるから，評価の視点を変えれば，肯定的な側面を物語っているともいえる．

第3の機関投資家が一般に15％のリターンを得ているというのはやや誇張である[15]．計算上，年利15％のリターンを求めるならば，税額控除1ドルに対し50セントほどしか出資しないことを意味する．1986年のLIHTC

---

13) Schwartz (2014) p. 155 も参照．
14) この"projects"には，公共住宅同様に，連邦のスラム（federal slum）を想起させる人びとの偏見があるという意味が込められている．
15) Dreier (2006) Kindle No. 2682/10266. 同書には根拠資料が示されておらず，過大な数字であると思われる．

設立後数年は，約半分（50セント）の出資もあったと記録されるが[16]，制度が成熟した Dreier（2006）の執筆時点では報告のない値である．先にみたように，投資家は，投資額と投資期間に見合った長期金利すなわち米国債 + α 程度のリターンを得ているとみるのが妥当である．

ただし，Dreier のいう，それ以外の多様な利害関係者が LIHTC を受益しているという指摘は検証する余地がある．この点については後に検討してみたい．

Dreier による第4，第5の指摘も真実の一面を物語っている．ただし，第4の銀行による地域貢献融資や，第5の CDC による事業へのポジティブなイメージは，必ずしも LIHTC のネガティブな真実を覆い隠すものではなく，それ自体が肯定的に評価されても良いものではないだろうか．

Quigley による LIHTC 批判

John M. Quigley は，LIHTC に対する主要な批判者の一人である．Quigley（2000）において，投資家が求める見返りは，財務省証券（米国債）の利回りより高い．それゆえ，直接の連邦補助金を通じた住宅投資より，多くの連邦収入を逸失していることを象徴的に示す，と述べている[17]．

少しわかりにくい表現のようにも思われるが，先に確認したとおり，LIHTC で，投資家が求める見返りは，米国債より高い水準にあることは事実である．したがって，Quigley は，米国債で資金調達した住宅供給プログラムより効率が悪いというのである．

それでは，米国債で資金調達し，財政支出として住宅供給プログラムを運用したらよいのだろうか．否，Quigley が LIHTC の非効率性を指摘した狙いは別のところにある．

Quigley（2008）は，住宅・コミュニティ開発政策の歴史や経路依存性を措いて，もし最初から始めるのなら（if we were starting from scratch）と前置きし，住宅問題が極低所得層にみられる過重な家賃負担であることを見定めて，政策の対象を極低所得層へ絞り込み，家賃補助を受給権化（エンタイトルメ

---

16) Stegman（1991）pp. 370-371.
17) Quigley（2000）pp. 70-71.

ント化)し,一元化するのがもっとも効率的だとする[18].

　Quigley はいわば,需要側アプローチ(demand side approach)の代表格である.需要側補助への傾斜は最近の傾向であり,この傾向を加速させて,住宅供給型の補助金を打ち切るべきだという.そして,LIHTC は,予算外(off-budget)の補助金として設置され,毎年の予算割当の手続きを回避するまやかし(gimmick)だという[19].

　Quigley のいうとおり,LIHTC が予算割当の手続きを回避しており,財政民主主義のプロセスを疎かにしているのは問題である.加えて,低所得者の直接の受益という基準で考えると,LIHTC は,家賃補助のような直接補助プログラムより費用効率的でない.

　しかしながら,それでは,Quigley のいうように歴史や経路依存性を無視してよいのであろうか.1980 年代の経験として,需要側アプローチへの過度な傾斜が,住宅需要を増大させ,賃貸住宅の家賃を高騰せしめ,アフォーダブル住宅のストックを減少させる要因になった.

　すなわち,家賃補助プログラムは,賃貸住宅居住者の家賃の支払いを直接に低下させるものであるが,住宅需要の増大から市場家賃を上昇せしめ,全体のアフォーダビリティを低下させる要因にもなる.そして,住宅供給プログラムは,同じ費用では数少ない賃貸住宅居住者にしか直接の補助を与えられないが,住宅需給を緩和して市場家賃を下げ,全体のアフォーダビリティを上昇させる要因にもなる.それぞれのプログラムの1戸当たりの平均費用だけで,真の費用効率は計れないのである.

　加えて,多様なプログラム・ミックスが多様なニーズをカバーしていることも事実である.もし,住宅・コミュニティ開発プログラムを家賃補助へ一元化してしまったら,多様なニーズ,特にコミュニティ開発に対するニーズ,たとえば,見捨てられ荒廃した住宅(abandoned housing)の修復などのニーズに応えることができなくなってしまう.

---

18) Quigley (2008) pp. 300, 311.
19) Quigley (2008) p. 315.

終　章　総括と展望

LIHTC プロジェクトにおけるプロジェクト遂行者の受益

　住宅・コミュニティ開発プロジェクトにおける LIHTC の受益について，第 2 のプロジェクト遂行に関わるディベロッパーや建設業者，融資を行なう銀行などの受益を，Dreier が指摘する多様な利害関係者の存在や，Quigley が指摘する受益の分散を意識しながらみていこう．

　有限責任パートナーによる出資でまかなえない開発費用が，9％税額控除プロジェクトの場合，市場金利モーゲッジと市場金利以下の融資の組み合わせでまかなわれ，4％税額控除プロジェクトの場合，州レベニュー債と市場金利以下の融資の組み合わせでまかなわれることとなる．このうち市場金利モーゲッジと州レベニュー債の金利収入が，プロジェクトに融資を行なう銀行の取り分である．

　そして，ディベロッパーは，開発費用のなかからディベロッパー報酬を受け取る．2008 年から 2014 年に調査した 19 プロジェクトのディベロッパー報酬は，総開発費用の 5.5％から 7.0％の間で設定されていたが，最頻値（mode）も中央値（median）も 7.0％であった．サンプルが少ないので値を一般化できないが，相応の開発利益を受け取っていることは確かであろう．

　Dreier が指摘するように，ディベロッパーを始め，住宅の建設に当たる建設業者やその他の取引業者も相応の利益を計上していること，Quigley が指摘するように，受益が低所得の当事者に集中せずに分散していることは確かであろう．

LIHTC プロジェクトにおける低所得の居住者の受益

　そして，第 3 の低所得の居住者の受益についてである．LIHTC が定める原則による家賃の水準は，地域の世帯所得中央値（AMFI: Area Median Family Income）の 50％の 30％である．LIHTC 以外に受け取る "市場金利以下の融資" の条件によって，プロジェクト内の一部の住戸の家賃は，それよりも安く設定される場合（たとえば，世帯所得中央値の 30％の 30％）もあるし，高く設定される場合（たとえば，世帯所得中央値の 60％の 30％）もある．

　残念ながら，地域の世帯所得中央値と地域の市場家賃に明確な相関はないので一般化することはできない．しかし，低所得者にとってアフォーダブル

3. 低所得者用住宅税額控除の現代的正当性

な住宅とするために，LIHTC プロジェクトによる家賃の引き下げという形の受益があることは確かである．

LIHTC プログラムによる「租税支出」の受益の帰着に関する一般論

それでは，LIHTC プログラムによる「租税支出」の受益は，誰にどれぐらいの割合で帰着しているといえるのであろうか．

実は，LIHTC の仕組みが精確に定式化されているために，投資家が求める内部収益率の水準が決まれば，LIHTC を構成する他の変数も決定されてしまう[20]．

LIHTC には，プロジェクトの減価償却資産価格の（1）9％の税額控除を与える"9％プロジェクト"と，（2）4％の税額控除を与える"4％プロジェクト"の別がある．税額控除は 10 年にわたるので，9％プロジェクトは減価償却資産価格に 90％を掛けた額，4％プロジェクトは 40％を掛けた額が税額控除の総額である．損金算入できる減価償却費から得られる租税利益も，27.5 年の定額償却と定まっているので，減価償却資産価格÷27.5 年×限界税率の 15 年分で決定されてしまう．税額控除と損金算入による租税利益が決まってしまうので，内部収益率から算出すれば，出資総額および出資比率，税額控除 1 ドル当たりの出資額なども決定されてしまうのである．

この試算によれば，有限責任パートナーによる出資は，9％税額控除では，損金算入の重要性が低くなるために相対的に税額控除の重要性が増し，税額控除 1 ドル当たりの出資額が低くなる（モデルケースで 1 ドル未満）傾向があるが，プロジェクトへの出資割合は高くなる（50％以上）．4％税額控除では，損金算入による租税利益の割合が多いために，税額控除 1 ドル当たりの出資額は高くなる（1 ドル以上）傾向があるが，プロジェクトへの出資割合は低くなる（50％未満）ことになる．

LIHTC プログラムによる「租税支出」の受益の帰着の推計

ここまでが一般論であるが，以下では，ある程度，長期金利・内部収益率

---

20) LIHTC を構成する各変数の関係式については補論を参照されたい．

や市場家賃といった変数に仮定の数字を置いて，受益の水準を推計していく．なるべく条件を整えながら話を進めよう．なお，推計にあたっては，補論のLIHTCを構成する各変数の関係式を利用し算出する．適宜，本文または注によって参照すべき個所を示す．

租税支出の受け取り手が最終的な受益者でないために，その帰着点を簡単に決定することはできない．LIHTCプログラムの仕組みと租税利益の配分，そして租税支出の定義にも注意しながら，この点について順にみていきたい．

まず，投資家から検討を始めよう．先に，投資家が，米国債金利＋α（1％程度）の内部収益率になるようリターンを求めることに合理性があることをみた．仮にその水準が6％であるとしよう．それでは，投資家が年利6％になるように租税支出から受益しているかというとそうではない．投資家が得る租税利益（tax benefit）のなかには，租税支出の定義に含まれない，通常の減価償却分が含まれている．投資家にとって，租税利益が租税支出に当たるか租税支出に当たらないかの区別は意味をなさない．リターンそのものの大きさが重要な関心事だからである．

しかしながら，財政学的にみる場合，租税支出に当たるか当たらないかは，重要な区別である．繰り返し述べているように，租税支出は，その租税優遇措置がないと仮定した場合の税収と実際の税収の差額，すなわち租税優遇措置があることによって失われた税収だからである．言い換えれば，租税支出でない租税利益は，租税優遇措置があってもなくても変わらないので，政策コストではない．

LIHTCプログラムの場合，27.5年の加速償却と40年の通常償却の差額が租税支出である．投資家が受け取る租税利益のなかには40年の定額償却分が含まれるので，これを除外して，純粋な租税支出に換算する必要がある[21]．

まず，内部収益率6％とすると，租税利益は，9％プロジェクト出資1ドル当たり1.39ドル，4％プロジェクト出資1ドル当たり1.41ドルである[22]．すなわち，投資家が受け取る租税利益は，出資1ドル当たり9％プロジェク

---

21) それぞれの違いを明確にするため，補論の4において，租税利益と租税支出の一般式を導出している．
22) 租税利益／出資金．補論の5を参照されたい．

トで39セント，4%プロジェクトで41セントとなる．

ところが，租税支出になると，9%プロジェクト出資1ドル当たり1.22ドル，4%プロジェクト出資1ドル当たり1.10ドルである[23]．すなわち，投資家が受け取る租税支出は，出資1ドル当たり9%プロジェクトで22セント，4%プロジェクトで10セントとなる．

続いて，LIHTCプロジェクトに向けられる有限責任パートナーの出資金の水準をみる．有限責任パートナーの出資金は，プロジェクトにとって，元利返済不要の拠出金であり，この資金が，家賃を直接低下せしめるものである．したがって，租税支出1ドル当たりの出資金をみておく必要がある．

先と同じように，投資家が内部収益率6%のリターンを求めたと考えると，9%プロジェクトにおいて租税支出1ドル当たり0.82ドル，4%プロジェクトにおいて租税支出1ドル当たり0.91ドルの出資金を得られる計算となる[24]．

租税支出の大半を，税額控除を受け取る投資家が受益しているのではないかという一般的な理解とは異なり，かなりの部分が低所得者向け住宅・コミュニティ開発プロジェクトのために充てられていることになるのである．

さらに，プロジェクト内部の分配についても考えよう．有償の元利償還費用は，家賃によってまかなわれるほかない．この水準を推計する．元利均等返済額を求める式は，返済額を a，借入額を b，利子率を i，返済回数を n とすると，一般に：

$$a = b\, i\, \frac{(1+i)^n}{(1+i)^n - 1}$$

である．ここで，金利と期間について，簡単化のため，すべて6% 55年と仮定すると返済月額 a^m は：

$$a^m = b\, \frac{0.06}{12} \times \frac{\left(1 + \frac{0.06}{12}\right)^{55 \times 12}}{\left(1 + \frac{0.06}{12}\right)^{55 \times 12} - 1}$$

---

23) 租税支出／出資金．補論の6を参照されたい．
24) 出資金／租税支出．補論の7を参照されたい．

となる．ここで，借入額 b は，プロジェクト費用から有限パートナー出資金を差し引いた額になる．すなわち，補論の3より，9%プロジェクトでは78.6%を差し引いた残りの21.4%であり，4%プロジェクトでは41.8%を差し引いた残りの58.2%である．

市場家賃を1000ドルと置いて，借入額 b を上式に代入して計算すると，元利償還費用 a^m は，9%プロジェクトで1戸当たり月額222ドル（市場家賃の22.2%），4%プロジェクトで月額604ドル（同60.4%）となる．これに運営費用を加算すれば月額家賃が算出される．

以上を総合し，「租税支出＝失われた税収」という定義にしたがって考えると，LIHTCプロジェクトに関わる租税支出は，その一部が投資家に回るが，かなりの部分は低所得者向け住宅・コミュニティ開発プロジェクトに充てられており，運営費用を差し引いた残りの部分が，家賃を低下させるものとして低所得の居住者に帰着していると捉えられるであろう．

LIHTCは，法人所得税を減免する税額控除であるが，複雑なメカニズムを通して，低所得の居住者への所得再分配としての機能も果たしているといえるのである．

便益が漏出し，摩擦を回避し，競争的な LIHTC プログラム

LIHTCプログラムの利点は，何よりも利害関係者の摩擦を回避しつつ，低所得者に受益を与えるプログラムとして機能していることである．公共住宅や直接的な連邦補助金による住宅供給は，民間住宅市場との競合を指摘されてきた．家賃補助プログラムへの重点化は，ただでさえ少ないアフォーダブル住宅ストックの低所得の居住者による奪い合いを引き起こした．

LIHTCがもたらす便益は，Dreierが指摘するようにさまざまな利害関係者に及んでおり，Quigleyが指摘するように，1戸単位の平均費用で考えれば，すべてが低所得者に帰着するわけではないので，効率的でないようにみえるかもしれない．

しかしながら，良質で安価な低所得者向け住宅の供給による便益は，周囲のコミュニティに漏出することも視野に入れなければならない．市場家賃を引き下げ，危険なコミュニティを安全なものに変え，財産税の課税標準額を

引き上げ，税収を豊かなものにする．

そして，住宅業界や居住者の間に生じ得る摩擦のほとんどを回避し，競争的に税額控除を配分し，競争的に投資資金が集められ，競争的に住宅が供給されている．LIHTC プログラムは，市場メカニズムと自由を重んじるアメリカ福祉国家の価値観にもっとも合致したプログラムとして受け入れられているといえるだろう．

4.「政府関与の間接化」の意味するもの

「隠れた福祉国家」の拡張

さて，序章では，Howard（1997）の説を引いて「租税支出」が「隠れた福祉国家」を構成することを述べたが，「隠れた福祉国家」は租税支出にとどまらないとする議論があることを紹介する．片桐（2005）は，井村（2002）などの成果も踏まえて，①租税支出に加えて，②連邦政府の直接貸付と貸付保証，③民間や州・地方政府に対する規制およびマンデイトという，"3つの形"の「隠れた福祉国家」が存在するという[25]．

住宅・コミュニティ開発政策の分野において，租税支出ばかりに目を向けると，持ち家向けの大きさに目を奪われてしまう．しかしながら，低所得者向け住宅にかかる租税支出があることに加え，片桐（2005）のいうように，連邦の貸付や信用保証，民間や州・地方政府に対する規制やマンデイトを含めて捉えなおすと，少し様子が変わってくる．住宅・コミュニティ開発政策の分野においては，さらに，州・地方政府の債券発行による資金調達を原資とする低利融資なども付け加えなければならない．租税支出・貸付・保証・規制・マンデイトなど，これらに共通する特徴は，直接支出のように見える政策ではなく，数値に表れにくい隠れた政策でありながら確たる効果を発揮しているという点であろう．この点を，もう一つの別の視覚から捉えておきたい．

---

25) 片桐（2005）p. 9; 井村（2002）．

終　章　総括と展望

「ネットの社会給付」という概念

　研究の総括の一つとして，最後に，政策分析を行なうためのツールである，OECD の William Adema による「ネットの社会給付」概念を押さえておきたい[26]．

　2009 年におけるアメリカの公的社会給付の水準は，対 GDP 比 19.2％で，OECD 加盟 34 カ国中 25 位である．これに対して，高負担高福祉国家の代表ともいえるスウェーデンの公的社会給付の水準は，対 GDP 比で 29.8％あり，OECD 加盟 34 カ国中 3 位である．

　それでは，スウェーデンの福祉サービスの水準が，公的社会給付の比率どおりに，アメリカの 1.6 倍あるかというと，答えは No となる．

　一国の社会給付の水準をみるには，次の点を加味しなければならない．第 1 に社会目的の租税優遇措置である．税額控除などによる負の所得税があればネットの社会給付は増える．第 2 に，社会保障給付への課税である．租税優遇措置とは反対に，社会保障給付に課税されるとネットの社会給付は減る．第 3 に，法律的な義務付けによる民間社会給付である．第 4 に，租税優遇措置や補助金などを用いてインセンティブを付与してなされる任意の民間社会給付である．義務であれ，任意であれ，民間であっても社会給付があれば一国のネットの社会給付は増える．こうした民間社会給付も一国の福祉努力に含まれるべきである[27]．

　Adema は，グロスの公的社会給付を出発点にして，租税優遇措置の加算，給付課税の控除を行ないネットの公的社会給付を算出し，義務および任意の民間社会給付を加算して，最終的にネットの社会給付を導出するという試みをなした．図 終 - 4 は，OECD が 2012 年に公表した，2009 年のネットの社会給付の対 GDP 比を表したものである．

　このネットの社会給付によれば，驚くべきことに，公的社会給付の水準で OECD 34 カ国中 25 位のアメリカが，ネットの社会給付では 29.7％の 11 位と上位に位置し，水準としても 33.0％のスウェーデンと大きな差がないことである．実際，アメリカには，雇用主提供医療保険や企業年金を典型とす

---

26)　Adema and Ladaique（2009）．
27)　持田（2009）pp. 289-290；持田（2014）pp. 5-6.

4. 「政府関与の間接化」の意味するもの

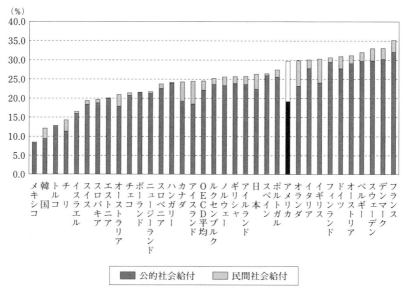

図 終-4　ネットの社会給付の対 GDP 比（2009 年）

（出所）OECD（2012）*Social Expenditure Database（SOCX）Ver. 2012.*

る，さまざまなインセンティブに惹きつけられた任意の民間社会給付が多い．それは，対 GDP 比で 10.6％の水準にあり，OECD 加盟国内では 2 位以下を大きく引き離した断トツの 1 位にある．

　租税優遇措置や補助金などのインセンティブに惹きつけられた任意の民間社会給付は，特に重要な鍵となるものである．すでに詳しく述べたように，低所得者向けの住宅供給は，1980 年代に公的な供給が停止され，90 年代以降，インセンティブを用いた民間資金による供給によって担われてきた．現代の住宅・コミュニティ開発政策は，財政支出として現出しない租税優遇措置や，そのインセンティブに惹きつけられた民間資金，すなわち「ネットの社会給付」によって初めて捉えられる支出によって支えられているのである．

アメリカ的な市場と社会の整合性を求める圧力

　アメリカの住宅・コミュニティ開発政策は，アメリカ的な市場と社会の整合性を求める圧力によって，さまざまな変化にさらされてきた．アメリカの

終　章　総括と展望

　住宅・コミュニティ開発政策の元祖は，1930年代ニューディール期に開始された公共住宅供給とスラム・クリアランスにある．そして，戦後復興期には1949年住宅法によって住宅・コミュニティ開発政策が再制度化された．さらに，1960年代までの改革の多くは，社会に広がる経済危機や貧困を解消し，社会環境を保護するために「政府介入の強化」という形をとった．

　しかし，1970年代以降の改革は，政府介入が市場原理を歪めているという批判から，これをできるだけ回避する方向で行なわれることとなった．住宅市場における民間と政府の競合を減少させ，できるだけ市場メカニズムにそった形で運用されるために，70年代には，住宅・コミュニティ開発政策プログラムがセクション8やコミュニティ開発一括補助金（CDBG）プログラムなどに整理統合され，1980年代の改革では削減の対象ともなった．

　その後を引き継ぐ，1990年代以降の住宅・コミュニティ開発政策は，財政収支均衡と補助金削減の圧力を受けて再編された．80年代の予算削減と住宅供給の停止が住環境を悪化させたという反省がありながら，財政制約から大幅な予算増額を実現させることはできず，結果，財政資金を節約するメカニズムを備えた「政府関与の間接化」という枠組みができ上がったのである．

　第1に，住宅税制に，伝統的な持ち家促進策以外の，新しい役割を付与した．低所得者用住宅税額控除（LIHTC）と呼ばれる租税支出プログラムが活用された．これは，低所得者向け住宅の供給を促進させるための，租税インセンティブ制度であり，この制度によって，従来は，ビジネスとはなりにくかった低所得者向け住宅の供給に，営利を求める投資家の資金を拠出させることに成功した．第2に，住宅困窮者に直接補助を与えるプログラムの代わりに，民間ディベロッパーに住宅供給のインセンティブを与える間接的なHOME投資パートナーシップと呼ばれる一括補助金プログラムが導入された．

　「政府関与の間接化」という政策シフトによって，アメリカでは，民間ディベロッパーによる低所得者向け住宅の供給戸数の方が，連邦助成住宅の直接的な供給戸数を上回るようになっている．

多様な資金構成による住宅・コミュニティ開発政策の遂行

　市場と社会の整合性を求める圧力が，ユニークな成果をもたらしている．われわれは，ここで，アメリカ福祉国家が目指した「政府関与の間接化」の意味を再確認しておこう．

　「政府関与の間接化」は，住宅・コミュニティ開発政策を，政府資金のみによってまかなうのではなく，民間資金の導入によって，「多様な資金構成（mixed-finance）」のもとで住宅供給を遂行しようとするものであった．

　租税支出プログラムである LIHTC や，HOME 投資パートナーシップは，従来のようなプログラム実施手順を定めないことで，住宅供給を民間ディベロッパーの会計基準のもとにおき，政府は，低所得者向け民間住宅と一般の民間住宅の収益性の差に政府補助を与えることを意図したものであったといえる．

非営利開発プロジェクトの伸長

　このような新しい枠組みのもとで，低所得者向け住宅を供給する民間ディベロッパーが育った．その過半は営利組織であるが，支援困難で限界的なコミュニティを支えるのは，非営利開発法人と呼ばれる非営利組織であり，非営利開発プロジェクトの割合は年々増加している．

　非営利開発法人の開発する低所得者向け住宅の特徴は，第1に，開発資金が節約されていないこと，言い換えれば，住宅の質は高いこと，第2に，低家賃を実現するメカニズムが資金調達の工夫にあることである．

　非営利開発法人は，州レベニュー債（連邦所得税免税債）や，州・地方政府が提供する市場金利以下の融資，LIHTC の配分によって有限責任パートナーから集められた無償の資金を組み合わせて資金調達を行なう．ここで注意しなければならないことは，開発資金は多様な資金構成となっているが，そのなかには，直接的な建設補助金は含まれていないこと，ほぼすべてが租税優遇措置や低利融資などの間接的な補助であることである．

　なかでも，LIHTC の配分によって有限責任パートナーから集められる無償資金は欠くべからざる重要なものとなっている．したがって，いまや，LIHTC の配分の有無がプロジェクトの成否を分けるようになっているとい

っても過言ではなく，LIHTC は，アメリカの市場システムのなかで，非常に競争的に配分されている．こうして配分された LIHTC が営利を求める投資家の資金を引き出し，それが低所得者向け住宅・コミュニティ開発プロジェクトという非営利部門へ流されるという巧妙な仕組みができ上がったのである．

非営利開発法人の組織

　それでは，このような開発プロジェクトを担う非営利開発法人とは，どのような組織であろうか．大規模に事業展開をする組織が存在する一方，コミュニティに根ざした活動を続ける中小組織もあった．

　気をつけなければならないのは，規模の大小に関わらず，共通することとして，アメリカの非営利開発法人は，財務面や人材面において最低限の基盤を有していたことである．

　非営利組織である限り，収入の一定割合を，寄付金に頼っている．しかし，これらの資金は，決して無縁・無償の小さなものではなく，資金集め（fundraising）のための事業を行なうなどの努力が常に行なわれ，利害関係のある財団や企業・個人から寄せ集められるものであった．

　加えて，人事面の基盤も重要であった．公開されている資料によれば，規模の大小による若干の差異は認められるものの，小さな組織でさえ，構成員に，かなり高額の報酬が支払われていた．その理由について，非営利組織といえども，人材の登用の問題は，営利組織との引き合いが生じることから，同水準の報酬が用意されなければ成り立たないこと，加えて，経営の失敗や不正がない限り，相応の報酬はある程度社会に受容されていることが明らかになった．

　アメリカの非営利開発法人は，その主たる開発事業を成立させるために，財務面や人事面での戦略的な活動が営まれる基盤を備えるものだったのである．

市場志向の政策フレームワークと非営利組織の活動の組み合わせ

　本書では，先行研究として，高橋誠，John M. Quigley，R. Allen Hays，

George Galster, Alex F. Schwartz などの説を参照してきた.

　序章でふれたように，高橋誠説，John M. Quigley 説について，彼らが描き出すアメリカ住宅政策の特徴は，過剰なまでに便益を与える持ち家促進税制と，貧弱な低所得者向け賃貸住宅補助への批判で構成されている.

　これ以外にも，本書で引用した R. Allen Hays や George Galster, Alex F. Schwartz なども，低所得者向け賃貸住宅補助を歴史的あるいは制度的に分析したうえで，低所得層を支える補助としては十分ではないという政策のあり方を描き出している.

　持ち家促進税制について，高橋は，その租税構造から受益が逆進的になることを指摘し批判している．事実，受益額の分布でみると，高額所得者への偏りがみられる．ところが，高橋が本を執筆した1990年頃は，序章でも明らかにしたとおり，受益者層の分布はちょうど中間層にあって，1986年税制改革法の審議にみられるように，議会制民主主義のもとで強い支持を受けた．そういう意味で，過去の持ち家促進税制に対する筆者の評価は，高橋とは少し異なり，家を持つというアメリカン・ドリームを実現するアメリカ国民に支持された制度だったとみている.

　ただし，これも終章で明らかにしてきたとおり，2000年代に入ってからは，受益額の分布のみならず，受益者層の分布でみても，一部の高所得者優遇税制にしかなっておらず，税の公平性の観点からみても望ましくないものとなっている．この実態を明らかにする議会予算局（CBO）のレポートも2013年にリリースされており，見直されるべきときが近づいているといえるだろう.

　LIHTC や HOME について，大方の研究者に特徴的なのは，共通して批判的であることである．そして，理由を，低所得層への利益が明らかでない，利害関係者が租税優遇措置や一括補助金の利益を相互に分け合っている，などとしている．LIHTC や HOME の便益の主要な部分は，投資家やディベロッパーに及んでいて，低所得層への便益が明確ではない，とする研究が主流である.

　特に LIHTC については，GAO が何回かレポートを出しているが，それらを引用して，無駄が多い，あるいは利益が低所得層に及んでいないなどの

終　章　総括と展望

批判を展開している．

　なお，GAO そのものは，LIHTC に法制度上の問題はないと報告している．
　LIHTC の支持者は，業界関係者や政治家などが多い．彼らも，同じ GAO のレポートを引いて，GAO が法制度上の問題がないといっていることが正当性を与える，と主張し，さらに，還付可能（refundable）な税額控除にするよう求める運動を立ち上げたり，4％と9％のクレジットを現実の住宅の現在価値に関わりなく財務省が保証するよう求めたりする運動を立ち上げたりしている．これは，住宅の値上がり幅が小さいと，現在価値も小さくなり，クレジットの割合が4％や9％を下回ることもあることを受けたものである．2007～08年の経済危機の後には，"9％クレジット" が8％を下回ったこともあったことが報告されている[28]．

　筆者の LIHTC や HOME に対する評価は，ほとんどの研究者と異なる．筆者が試みたように，LIHTC や HOME プロジェクトの財務諸表を使って分析を試みた研究や，LIHTC という制度が持つ財政構造＝租税支出としての性格から受益の分析を試みた研究はない．

　筆者の研究の特徴は，GAO がやったようなサンプル調査の集計から制度の全体像をみるのではなく，第1に，実際の LIHTC プロジェクトのケースを個別に追いかけ，その財務構造を明らかにしたこと，第2に，「失われた税収」としての租税支出の受益の帰着に着目し，これを一般式に直して推計したことにある．

　こうした分析からの結論でいうと，LIHTC は，市場志向の政策フレームワークと非営利組織の活動の組み合わせで進められるものであり，決して，低所得層にとって効率の悪いプログラムではない．さらに，公共住宅やその他の連邦助成住宅建設プログラムがもたらしたような「市場との競合」という問題を回避している．

　LIHTC はマーケットとの折り合いが良い．それが "市場志向の政策" と表現した理由の一つでもある．利益を求める投資資金がプロジェクトの開発資金として流入してくる，ディベロッパーにも，建設業者にも仕事ができる，

---

28) GAO (2012a).

大家は，低家賃で低所得者にアパートを貸しても損をしない．そして，低所得者自身は，低家賃で高品質な住宅に居住できる．

結語に代えて

　最後に終章での分析をまとめることによって，本書の結語に代えることにしよう．

　終章では，第1に，租税支出の受益の帰着点について分析した．まず，代表的な住宅にかかる租税優遇措置であるモーゲッジ利子の所得控除の現代的正当性について検討した．モーゲッジ利子の所得控除は，20世紀における中間層への手厚い配分から，2010年代には，ひどく高所得層に偏ったものに変質したことを，所得五分位階級別に，その総額シェアおよび税引き後所得に占める租税支出額の割合から検証した．その高所得層への偏りは，2000年代以降に発生した分配の不平等である．アメリカ福祉国家は，今後，この新たな問題に目を向けなければならないだろう．

　そして，低所得者用住宅税額控除（LIHTC）の受益について分析した．LIHTCプロジェクトに関わる租税支出は，税額控除の権利を受け取る投資家が受益の大半を得ているのではないかという一般的な理解とは異なり，かなりの部分が低所得者向け住宅・コミュニティ開発プロジェクトに充てられており，家賃を低下させるものとして，低所得の居住者に利益をもたらすものであることを明らかにした．

　第2に，1990年代以降の，アメリカの住宅・コミュニティ開発政策の「新しい枠組み」が，予算書に表れるような財政統計の数値を分析しているだけでは全容がつかめないような複雑な仕組みを持つに至ったことをみてきた．「政府関与の間接化」された住宅・コミュニティ開発プログラム全体の，資金の流れ，政策の遂行主体のあり方，もたらされる結果など，すべてが多様なものになっている．

　言い換えるならば，「政府関与の間接化」したプログラムが，公的・私的を問わない多様な資金を（営利を求める資金さえも）取り込み，州・地方政府のみならず，非営利開発法人などの民間非営利組織を巻き込むことによって，

終　章　総括と展望

支援の難しいコミュニティを支えるまでに成長するに至ったということである．

　以上，本書でみてきたように，住宅・コミュニティ開発政策のメカニズムの全容を把握するならば，アメリカ福祉国家には，資源配分や所得再分配の機能までも，市場志向の（market-orientedな）政策フレームワークと非営利組織（サードセクター）をはじめとする中間領域の活動とのコラボレーションによって実現されるという，非常にユニークな政策体系が存立していることが明らかとなるのである．

補　論　LIHTC を構成する各変数の関係式

1.　LIHTC の枠組みを構成する変数

　LIHTC の枠組みを構成する各変数の関係式は以下のようになる．まず，体系の外部から与えられる変数を：

　　　長期金利＝内部収益率＝ i
　　　月額家賃＝ r
　　　限界税率＝ t

と置く．続いて，体系内で決定される変数を：

　　　プロジェクト開発費用＝住宅資産価格＝ p
　　　税額控除（年額）＝ c
　　　減価償却による租税利益＝ d
　　　有限責任パートナー出資額＝ e
　　　j 年目における租税利益の額＝ TBj
　　　プロジェクト費用に占める出資金の比率＝ S

と置く．

2.　一般式の導出

　　　プロジェクト開発費用＝住宅資産価格は：

$$p = \frac{12r}{i}$$

で計算される．したがって，税額控除（年額）は，9％税額控除，4％税額控除がそれぞれ：

補　論　LIHTCを構成する各変数の関係式

$$c = 0.09p, \ 0.04p$$

と表示できる．27.5年の減価償却による租税利益は：

$$d = \frac{p}{27.5} t$$

となる．税額控除は10年間，27.5年の減価償却による租税利益は15年間にわたり受け取ることになるので，1年目から10年目と，11年目から15年目の租税利益は：

$$TBj = c + d, \quad j = 1, ..., 10$$
$$TBj = d, \quad j = 11, ..., 15$$

となる．有限責任パートナーの出資額は，毎年受け取る租税利益を利子率で割り引いて，現在価値を算出すればよいので次のようになる：

$$e = \sum_{j=1}^{15} TBj \frac{1}{(1+i)^j}$$

$$e = (c+d)\frac{1}{1+i} + (c+d)\frac{1}{(1+i)^2} + (c+d)\frac{1}{(1+i)^3}$$

$$+ (c+d)\frac{1}{(1+i)^4} + (c+d)\frac{1}{(1+i)^5} + (c+d)\frac{1}{(1+i)^6}$$

$$+ (c+d)\frac{1}{(1+i)^7} + (c+d)\frac{1}{(1+i)^8} + (c+d)\frac{1}{(1+i)^9}$$

$$+ (c+d)\frac{1}{(1+i)^{10}} + d\frac{1}{(1+i)^{11}} + d\frac{1}{(1+i)^{12}}$$

$$+ d\frac{1}{(1+i)^{13}} + d\frac{1}{(1+i)^{14}} + d\frac{1}{(1+i)^{15}}$$

ここで，簡単化のために，$\frac{1}{(1+i)} = x$ と置くと：

$$e = (c+d)(x + x^2 + \cdots + x^{10}) + dx^{10}(x + \cdots + x^5)$$

補　論　LIHTCを構成する各変数の関係式

と表記できる．さらに簡単化のために，$x + \cdots + x^5 = X$ と置くと：

$$e = (c+d)(X + x^5 X) + dx^{10} X$$
$$= X\{(1+x^5)c + (1+x^5+x^{10})d\}$$

となる．

3. 出資金の比率と税額控除1ドル当たりの出資額の算出

ここで，プロジェクト開発費用に占める出資金の比率 S を9％税額控除のケースで計算すると，$c = 0.09p$, $d = \dfrac{p}{27.5}t$ なので：

$$S = \frac{e}{p} = \frac{1}{p} X \left\{ (1+x^5) 0.09p + (1+x^5+x^{10}) \frac{p}{27.5} t \right\}$$
$$= X \left\{ 0.09(1+x^5) + \frac{1}{27.5}(1+x^5+x^{10}) t \right\}$$

を導き出すことができる．限界税率 t を所与とすれば，プロジェクト費用に占める出資金の比率は，長期金利 i のみによって決定されることになる．

ここで，限界税率 t を35％とし，長期金利 i を年率6％として上式に代入すると，9％プロジェクトにおける有限責任パートナーの出資比率 S は78.6％になると推計できる．

さらに，10年間にわたる税額控除の1ドル当たりの出資額を求めると：

$$\frac{e}{10c} = \frac{1}{(10 \times 0.09p)} X \left\{ (1+x^5) 0.09p + (1+x^5+x^{10}) \frac{p}{27.5} t \right\}$$
$$= X \left\{ \frac{(1+x^5)}{10} + \frac{1}{(0.9 \times 27.5)}(1+x^5+x^{10}) t \right\}$$

となり，限界税率 $t = 35\%$，長期金利 $i = 6\%$ であれば，税額控除1ドル当たりの出資額は0.87ドルとなる．

215

同様に，4%税額控除のケースで計算すると，$c=0.04p$, $d=\dfrac{p}{27.5}t$ なので：

$$S=\frac{e}{p}=\frac{1}{p}X\left\{(1+x^5)0.04p+(1+x^5+x^{10})\frac{p}{27.5}t\right\}$$

$$=X\left\{0.04(1+x^5)+\frac{1}{27.5}(1+x^5+x^{10})t\right\}$$

となる．限界税率 t を 35% とし，長期金利 i を年率 6% として上式に代入すると，4% プロジェクトにおける有限責任パートナーの出資比率は 41.8% になると推計できる．

さらに，10 年間にわたる税額控除の 1 ドル当たりの出資額を求めると：

$$\frac{e}{10c}=\frac{1}{(10\times 0.04p)}X\left\{(1+x^5)0.04p+(1+x^5+x^{10})\frac{p}{27.5}t\right\}$$

$$=X\left\{\frac{(1+x^5)}{10}+\frac{1}{(0.4\times 27.5)}(1+x^5+x^{10})t\right\}$$

となり，限界税率 $t=35\%$, 長期金利 $i=6\%$ であれば，税額控除 1 ドル当たりの出資額は 1.05 ドルとなる．

4. 租税利益と租税支出の算出

以下で，それぞれの違いを明確にするため，租税利益と租税支出の一般式を導出する．

まず，9% プロジェクトの租税利益を $TB^{9\%}$, 4% プロジェクトの租税利益を $TB^{4\%}$ と置く．租税利益は，10 年にわたる LIHTC と 15 年にわたる 27.5 年加速償却の損金算入の合計であるから：

$$TB^{9\%}=0.09p\times 10+\frac{p}{27.5}t\times 15$$

$$=\frac{99+60t}{110}p$$

$$TB^{4\%} = 0.04p \times 10 + \frac{p}{27.5} t \times 15$$

$$= \frac{44 + 60t}{110} p$$

となる．

　続いて，9%プロジェクトの租税支出を $TC^{9\%}$，4%プロジェクトの租税支出を $TC^{4\%}$ と置く．租税支出は，10年にわたるLIHTCと15年にわたる27.5年加速償却と40年通常償却の差額を損金算入したものの合計であるから：

$$TC^{9\%} = 0.09p \times 10 + \left(\frac{1}{27.5} - \frac{1}{40}\right) pt \times 15$$

$$= \frac{396 + 75t}{440} p$$

$$TC^{4\%} = 0.04p \times 10 + \left(\frac{1}{27.5} - \frac{1}{40}\right) pt \times 15$$

$$= \frac{176 + 75t}{440} p$$

となる．

5.　出資1ドル当たり租税利益の算出

　9%プロジェクトの有限責任パートナー出資額を $e^{9\%} = pS^{9\%}$，4%プロジェクトの有限責任パートナー出資額を $e^{4\%} = pS^{4\%}$ とすると，出資1ドル当たりの租税利益は：

$$\frac{TB^{9\%}}{e^{9\%}} = \frac{99 + 60t}{100} p \times \frac{1}{pS^{9\%}}$$

$$= \frac{99 + 60t}{110 S^{9\%}}$$

$$\frac{TB^{4\%}}{e^{4\%}} = \frac{44 + 60t}{100} p \times \frac{1}{pS^{4\%}}$$

補　論　LIHTC を構成する各変数の関係式

$$= \frac{44 + 60t}{110S^{4\%}}$$

となる．限界税率 t を 35％，上記 3 で求められた S を代入すると，9％プロジェクトは 1.39 ドル，4％プロジェクトは 1.41 ドルとなる．

6. 出資 1 ドル当たり租税支出の算出

他方，出資 1 ドル当たり租税支出は：

$$\frac{TC^{9\%}}{e^{9\%}} = \frac{396 + 75t}{440} p \times \frac{1}{pS^{9\%}}$$

$$= \frac{396 + 75t}{440S^{9\%}}$$

$$\frac{TC^{4\%}}{e^{4\%}} = \frac{176 + 75t}{440} p \times \frac{1}{pS^{4\%}}$$

$$= \frac{176 + 75t}{440S^{4\%}}$$

となる．限界税率 t を 35％，上記 3 で求められた S を代入すると，9％プロジェクトは 1.22 ドル，4％プロジェクトは 1.10 ドルとなる．

7. 租税支出 1 ドル当たり出資額の算出

租税支出 1 ドル当たり出資額は，出資 1 ドル当たり租税支出の逆数であるから：

$$\frac{e^{9\%}}{TC^{9\%}} = \frac{440S^{9\%}}{396 + 75t}$$

$$\frac{e^{4\%}}{TC^{4\%}} = \frac{440S^{4\%}}{176 + 75t}$$

となる．限界税率 t を 35％，上記 3 で求められた S を代入すると，9％プロジェクトは 0.82 ドル，4％プロジェクトは 0.91 ドルとなる．

参考文献

Abravanel, Martin D. and Jennifer E. H. Johnson (2000), *The Low-Income Housing Tax Credit Program: A National Survey of Property Owners*, prepared for HUD, prepared by Urban Institute, Washington, D.C.
ACIR (Advisory Commission on Intergovernmental Relations) (1964), *The Role of Equalization in Federal Grants*, A-19, United States Government Printing Office, Washington, D.C.
ACIR (1967), *Fiscal Balance in the American Federal System*, Vol. 1, A-31, United States Government Printing Office, Washington, D.C.
Adema, Willem and Maxime Ladaique (2009), "How Expensive is the Welfare State? Gross and Net Indicators in the OECD Social Expenditure Database (SOCX)," *OECD Social, Employment and Migration Working Papers*, No. 92, OECD, Paris.
Apgar, William C. (1990), "Which Housing Policy is Best?" *Housing Policy Debate*, Vol. 1, Issue 1, Fannie Mae, Washington, D.C., pp. 1-32.
Apgar, William C. (2004), "Rethinking Rental Housing: Expanding the Ability of Rental Housing to Serve as a Pathway to Economic and Social Opportunity," *Working Paper*, W04-11, Joint Center for Housing Studies, Harvard University, Cambridge.
Arnstein, Sherry R. (1969), "A Ladder of Citizen Participation," *Journal of the American Institute of Planners*, Vol. 35, Issue. 4, Routledge, pp. 216-224.
BDC (Builders Development Corporation) (2013), *Cost Certification Pro Forma 102013*, Kansas City, Missouri.
BDC (2014a), *Budget vs. Actuals: BDC Budget — FY14 P&L*, Kansas City, Missouri.
BDC (2014b), *Balance Sheet as of June 30, 2014*, Kansas City, Missouri.
Boris, Elizabeth T. (2006), "Nonprofit Organizations in a Democracy: Roles and Responsibilities," in: Elizabeth T. Boris and C. Eugene Steuerle (eds.), *Nonprofits and Governments: Collaboration and Conflict*, 2nd ed., Urban Institute Press, Washington, D.C., pp. 1-36.（［初版翻訳］E・T・ボリス，C・E・スターリ［編］，上野真城子・山内直人［訳］『NPOと政府』ミネルヴァ書房，2007年）
BRIDGE (2002), *Project Summary: One Church Street Apartments*, BRIDGE Housing Corporation, San Francisco.

参考文献

BRIDGE (2003), *Annual Report 2002*, BRIDGE Housing Corporation, San Francisco.
BRIDGE (2008), *Project Summary: Cottonwood Creek, Suisun City*, BRIDGE Housing Corporation, revised September 3, 2008, San Francisco.
BRIDGE (2009), *Annual Report 2008*, BRIDGE Housing Corporation, San Francisco.
California Tax Credit Allocation Committee (2008), *2007 Annual Report*, Sacramento.
CBO (Congressional Budget Office) (1988), *Current Housing Problems and Possible Federal Responses*, United States Government Printing Office, Washington, D.C.
CBO (1994), *The Challenges Facing Federal Rental Assistance Programs*, United States Government Printing Office, Washington, D.C.
CBO (2009), *Cost Estimate for the Conference Agreement for H.R. 1, the American Recovery and Reinvestment Act of 2009*, Washington, D.C.
CBO (2010), *The Budget and Economic Outlook: Fiscal Year 2010 to 2020*, Washington, D.C.
CBO (2013), *The Distribution of Major Tax Expenditure in the Individual Income Tax System*, Washington, D.C.
Census Bureau, U.S. Department of Commerce (1968), *Governmental Finances in 1966-67*, GF67 No. 3, Washington, D.C.
Census Bureau (1978), *Governmental Finances in 1976-77*, GF77 No. 5, Washington, D.C.
Census Bureau (1985), *Governmental Finances in 1983-84*, GF84 No. 5, Washington, D.C.
Census Bureau (1995), *Statistical Abstract of the United States 1995*, Washington, D.C.
Census Bureau (1996), *Government Finances: 1991-92*, GF/92-5, Washington, D.C.
Census Bureau (2013), *Statistical Abstract of the United States 2013*, Washington, D.C.
Census Bureau (2014), "Homeownership Rates for the US and Regions: 1965 to Present," *Housing Vacancies and Homeownership*, Washington, D.C.
Census Bureau (2015), *Historical Income Tables*, Washington, D.C.
Chicago Public Schools (2004), *Comprehensive Annual Financial Report*, for the year ended June 30, 2004, Office of School Financial Services, City of Chicago, Chicago.
CHPC (California Housing Partnership Corporation) (2007), *Oxford Street Housing Financing Plan*, prepared for Resource for Community Development, revised March 17, 2007, San Francisco.
Committee on Banking, Finance and Urban Affairs (1983), *Hearings,*

参考文献

Administration's Housing Authorization Proposals for Fiscal Year 1984, House of Representatives, 98th Congress, 1st Session, February 23 and March 1, 1983, United States Government Printing Office, Washington, D.C.

Committee on Oversight and Government Reform (2010), *Hearing, The Financial Crisis and the Role of Federal Regulators*, House of Representatives, 110th Congress, 2nd Session, October 23, 2008, United States Government Printing Office, Washington D.C.

Committee on Ways and Means (1998), *1998 Green Book*, House of Representatives, 105th Congress, 2nd Session, United States Government Printing Office, Washington, D.C.

Committee on Ways and Means (2004), *2004 Green Book*, House of Representatives, 108th Congress, 2nd Session, United States Government Printing Office, Washington, D.C.

Dommel, Paul R. (1980), "Social Targeting in Community Development," *Political Science Quarterly*, Vol. 95, No. 3 (Fall 1980), Academy of Political Science, New York, pp. 465-478.

Dreier, Peter (2006), "Federal Housing Subsidies: Who Benefits and Why?" in: Rachel G. Bratt, Michael E. Stone, and Chester W. Hartman (eds.), *A Right to Housing: Foundation for a New Social Agenda*, Temple University Press, Philadelphia, pp. 105-138.

Dye, Richard and David Merriman (2006), "Tax Increment Financing: A Tool for Local Economic Development," *Land Lines*, January 2006, Vol. 18, No. 1, Cambridge, pp. 2-7.

East Bay Asian Local Development Corporation (EBALDC) (2008), *Jack London Gateway Phase II*, revised February 19, 2008, Oakland.

Economic Report of the President (1964), United States Government Printing Office, Washington, D.C.

Form 990, Return of Organization Exempt From Income Tax, BRIDGE Housing Corporation (2006).

Form 990, BRIDGE (2007).

Form 990, BRIDGE (2008).

Form 990, Return of Organization Exempt From Income Tax, Builders Development Corporation (BDC) (2013).

Form 990, Return of Organization Exempt From Income Tax, Builders of Hope CDC (2007).

Form 990, Return of Organization Exempt From Income Tax, East Bay Asian Local Development Corporation (EBALDC) (2007).

参考文献

Form 990, Return of Organization Exempt From Income Tax, Resources for Community Development (RCD) (2005).
Form 990, RCD (2006).
Form 990, RCD (2007).
FRB (Federal Reserve Board) (2013a), "Open Market Operations Archive," http://federalreserve.gov/monetarypolicy/openmarket_archive.htm
FRB (2013b), "Open Market Operations," http://federalreserve.gov/monetarypolicy/openmarket.htm
FRB (2013c), "Selected Interest Rates," http://federalreserve.gov/monetarypolicy/openmarket.htm
FRB (2013d), "Agency Mortgage-Backed Securities (MBS) Purchase Program," http://www.federalreserve.gov/newsevents/reform_mbs.htm
Galster, George (ed.) (1996), *Reality and Research: Social Science and U.S. Urban Policy since 1960*, Urban Institute Press, Washington, D.C.
Galster, George (1996a), "Poverty," in: Galster (ed.) (1996), pp.39-63.
Galster, George (1996b), "Racial Discrimination and Segregation," in: Galster (ed.) (1996), pp.181-203.
Galster, George and Jennifer Daniell (1996), "Housing," in: Galster (ed.) (1996), pp. 85-112.
GAO (General Accounting Office) (1997), *Tax Credits: Opportunities to Improve Oversight of the Low-Income Housing*, Washington, D.C.
GAO (Government Accountability Office) (2012a), *Low-Income Housing Tax Credits: Agencies Implemented Changes Enacted in 2008, but Project Data Collection Could Be Improved*, Washington, D.C.
GAO (2012b), *Recovery Act, Housing Programs Met Spending Milestones, but Asset Management Information Needs Evaluation*, Washington, D.C.
Gramlich, Edward M. (2007), "Booms and Busts: The Case of Subprime Mortgages," *Economic Review*, Fourth Quarter 2007, Federal Reserve Bank of Kansas City, Kansas City, Missouri, pp. 105-113.
Gramlich, Edward M. and Deborah S. Laren (1982), "The New Federalism," in: Joseph A. Pechman (ed.) *Setting National Priorities, The 1983 Budget*, Brookings Institution Press, Washington, D.C., pp. 151-186.
Hancock, Diana and Wayne Passmore (2011), "Did the Federal Reserve's MBS Purchase Program Lower Mortgage Rates?" *Finance and Economics Discussion Series*, Divisions of Research & Statistics and Monetary Affairs, Federal Reserve Board, Washington, D.C.
Hays, R. Allen (1995), *The Federal Government and Urban Housing*, 2nd ed., State

University of New York Press, New York.
Howard, Christopher (1997), *The Hidden Welfare State: Tax Expenditures and Social Policy in the United States*, Princeton University Press, Princeton, New Jersey.
HUD (Department of Housing and Urban Development) (1996), *HUD Annual Report*, Washington, D.C.
HUD (2000), *HUD: Back In Business, Fiscal Year 2001 Budget Summary*, Washington, D.C.
HUD (2004), *Evaluation of the Welfare to Work Voucher Program*, report to Congress, Washington, D.C.
HUD (2008), "Final FY 2008 Fair Market Rent Documentation System," http://www.huduser.org/datasets/fmr.html
HUD (2009a), *Implementation of the Tax Credit Assistance Program (TCAP)*, Notice: CPD-09-03-REV, Issued May 4, 2009, Revised July 27, 2009.
HUD (2009b), "Tax Credit Assistance Program (TCAP)," http://portal.hud.gov/hudportal/documents/huddoc?id=TAXCREDITASSISTPRG(TCAP).pdf
HUD (2009c), "Updating the Low-Income Housing Tax Credit (LIHTC) database: Projects Placed in Service through 2006," http://www.huduser.org/portal/datasets/lihtc.html
HUD (2013a), *Worst Case Housing Needs 2011*, Washington, D.C.
HUD (2013b), "A Picture of Subsidized Household," http://www.huduser.org/portal/datasets/assthsg.html
HUD (2013c), "Characteristics of LIHTC Projects, 1995-2011," September 2013, http://www.huduser.org/Datasets/lihtc/tables9511.pdf
HUD (2014), "HUD National Low Income Housing Tax Credit (LIHTC) database, 1984-2012," Final Version (April 2014), http://www.huduser.org/datasets/lihtc/lihtcpub2012.zipx
HUD (2015), *Worst Case Housing Needs 2015*, Washington, D.C.
HUD and DOC (Department of Commerce) (2013), *American Housing Survey for the United States: 2011*, Washington, D.C.
IRS (Internal Revenue Service, Department of the Treasury) (2007), *Instructions for Form 990 and Form 990-EZ*, Washington, D.C.
IRS (2009), *Applying for 501(c)(3) Tax-Exempt Status*, Publication 4220 (Rev.8-2009), Washington, D.C.
IRS (2010), *Internal Revenue Service Data Book 2009*, Publication 55B, Washington, D.C.
IRS (2014), *Applying for 501(c)(3) Tax-Exempt Status*, Publication 4220 (Rev.7-

2014), Washington, D.C.
IRS (2016), *Internal Revenue Service Data Book 2015*, Publication 55B, Washington, D.C.
Joint Economic Committee (1973), *Hearings, Housing Subsidies and Housing Policies*, December 1972, 92nd Congress, 2nd Session, United States Government Printing Office, Washington, D.C.
Joint Committee on Taxation (1985), *Estimates of Federal Tax Expenditures for Fiscal Years 1986-1990*, United States Government Printing Office, Washington, D.C.
Joint Committee on Taxation (1986), *Estimates of Federal Tax Expenditures for Fiscal Years 1987-1991*, United States Government Printing Office, Washington, D.C.
Joint Committee on Taxation (1999), *Estimates of Federal Tax Expenditures for Fiscal Years 2000-2004*, United States Government Printing Office, Washington, D.C.
Joint Committee on Taxation (2013), *Estimates of Federal Tax Expenditures for Fiscal Years 2012-2017*, Washington, D.C.
Joint Committee on Taxation (2015), *Estimates of Federal Tax Expenditures for Fiscal Years 2015-2019*, Washington, D.C.
Los Angeles County Office of the Assessor (2009), "The value of my property as shown on the tax bill increased 2%," brochure, County of Los Angeles, Los Angeles.
Metropolitan Transportation Commission and the Association of Bay Area Governments (2008), *Bay Area Census*, featuring Census data from 1970-2000 and 2007 American Community Survey data, http://www.bayareacensus.ca.gov/
North Texas Housing Coalition and the J. McDonald Williams Institute (2007), *Creating Working Class Affordable Housing Opportunities in North Texas*, Dallas.
OECD (2012), *Social Expenditure Database (SOCX) Ver. 2012*, http://www.oecd.org/social/expenditure.htm
OMB (Office of the Management and Budget) (2003), *Fiscal Year 2004 Budget of the U.S. Government*, Washington, D.C.
OMB (2005), *Fiscal Year 2006 Budget of the U.S. Government*, Washington, D.C.
OMB (2013), *Fiscal Year 2014 Budget of the U.S. Government*, Washington, D.C.
OMB (2016), *Fiscal Year 2017 Budget of the U.S. Government*, Washington, D.C.
O'Regan, Katherine M. and John M. Quigley (2000), "Federal Policy and the Rise of

Nonprofit Housing Providers," *Journal of Housing Research*, Vol. 11, Issue 2, Fannie Mae Foundation, Washington, D.C., pp. 297–317.

Pechman, Joseph A.(1987), *Federal Tax Policy*, 5th ed., The Brooking Institution Press, Washington, D.C.

Pestoff, Victor A.(1998), *Beyond the Market and State: Social Enterprises and Civil Democracy in a Welfare Society*, Ashgate, Aldershot.(ビクター・A・ペストフ［著］，藤田暁男・川口清史・石塚秀雄・北島健一・的場信樹［訳］『福祉社会と市民民主主義——協同組合と社会的企業の役割』日本経済評論社，2000 年）

Public Papers of the Presidents of the United States, Richard Nixon(1975), Containing the Public Messages, Speeches, and Statements of the President, 1973, United States Government Printing Office, Washington, D.C.

Quigley, John M.(2000), "A Decent Home: Housing Policy in Perspective," in: William G. Gale and Janet R. Pack(eds.), *Brookings-Wharton Papers on Urban Affairs, 2000*, Brookings Institution Press, Washington, D.C., pp. 53–99.

Quigley, John M.(2008), "Just Suppose: Housing Subsidies for Low-Income Renters," in: Nicolas P. Retsinas and Eric S. Belsky(eds.), *Revisiting Rental Housing: Policies, Programs, and Priorities*, Brookings Institution Press, Washington D.C., pp. 300–318.

RCD(Resources for Community Development)(2005), *Developing & Building; Communities for the Future*, Berkeley.

Sard, Barbara and Will Fischer(2008), *Preserving Safe, High Quality Public Housing Should Be a Priority of Federal Housing Policy*, Center on Budget and Policy Priorities, Washington, D.C.

Schussheim, Morton J.(2003), *Housing the Poor: An Overview*, Novinka Books, New York.

Schwartz, Alex F.(2010), *Housing Policy in the United States*, 2nd ed., Routledge, New York.

Schwartz, Alex F.(2014), *Housing Policy in the United States*, 3rd ed., Routledge, New York.

State of California, Department of Housing and Community Development(2007), *Annual Report 2006–7*, Sacramento.

Stegman, Michael A. and J. David Holden(1987), *Nonfederal Housing Programs: How States and Localities are Responding to Federal Cutbacks in Low-Income Housing*, Urban Land Institute, Washington, D.C.

Stegman, Michael(1991), "The Excessive Costs of Creative Finance: Growing Inefficiencies in the Production of Low-Income Housing," *Housing Policy Debate*, Vol. 2, Issue 2, Fannie Mae, Washington, D.C., pp. 357–373.

参考文献

Struyk, Raymond J., Margery A. Turner and Makiko Ueno (1988), *Future U.S. Housing Policy: Meeting the Demographic Challenge*, Urban Institute Press, Washington, D.C.

The President's Commission on Housing (1982), *The Report of the President Commission on Housing*, United States Government Printing Office, Washington, D.C.

Treasury and HUD (2009), *Treasury, HUD Announce Housing Grants Funded Through Recovery Act Grants Will Increase Jobs, Provide Boost to Local Housing Economies*, May 4, 2009, Press Release, Washington, D.C.

Treasury Department (2009), *Application and Terms and Conditions: Grants to States for Low-Income Housing Projects in Lieu of Low-Income Housing Credits for 2009 under the American Recovery and Reinvestment Act of 2009*, May 2009, Washington, D.C.

United States Statutes at Large, 1934 (1935), 73rd Congress, 2nd Session, Vol. 48, Part 2, United States Government Printing Office, Washington, D.C.

United States Statutes at Large, 1937 (1937), 75th Congress, 1st Session, Vol. 50, Part 1, United States Government Printing Office, Washington, D.C.

United States Statutes at Large, 1949 (1950), 81st Congress, 1st Session, Vol. 63, Part 1, United States Government Printing Office, Washington, D.C.

United States Statutes at Large, 1954 (1955), 83rd Congress, 2nd Session, Vol. 68, Part 1, United States Government Printing Office, Washington, D.C.

United States Statutes at Large, 1961 (1961), 87th Congress, 1st Session, Vol. 75 in one part, United States Government Printing Office, Washington, D.C.

United States Statutes at Large, 1962 (1963), 87th Congress, 2nd Session, Vol. 76 in one part, United States Government Printing Office, Washington, D.C.

United States Statutes at Large, 1964 (1965), 88th Congress, 2nd Session, Vol. 78 in one part, United States Government Printing Office, Washington, D.C.

United States Statutes at Large, 1965 (1966), 89th Congress, 1st Session, Vol. 79 in one part, United States Government Printing Office, Washington, D.C.

United States Statutes at Large, 1966 (1967), 89th Congress, 2nd Session, Vol. 80, Part 1, United States Government Printing Office, Washington, D.C.

United States Statutes at Large, 1969 (1970), 91st Congress, 1st Session, Vol. 83 in one part, United States Government Printing Office, Washington, D.C.

United States Statutes at Large, 1974 (1976), 93rd Congress, 2nd Session, Vol. 88, Part 1, United States Government Printing Office, Washington, D.C.

United States Statutes at Large, 1983 (1985), 98th Congress, 1st Session, Vol. 97 in one part, United States Government Printing Office, Washington, D.C.

United States Statutes at Large, 1990 (1991), 101st Congress, 2nd Session, Vol. 104, Part 5, United States Government Printing Office, Washington, D.C.

United States Statutes at Large, 1992 (1993), 102nd Congress, 2nd Session, Vol. 106, Part 5, United States Government Printing Office, Washington, D.C.

Van Meter, Elena C. (1975), "Citizen Participation in the Policy Management Process," *Public Administration Review*, Vol. 35, Special issue, American Society for Public Administration, pp. 804-812.

Walsh, Albert A. (1986), "Housing Assistance for Lower-Income Families: Evolution," in: NAHRO (National Association of Housing and Redevelopment Officials), *Housing and Community Development: A 50-year Perspective*, Washington, D.C., pp. 37-49.

White House (2004), *Fact Sheet: America's Ownership Society: Expanding Opportunities*, Washington, D.C.

荒巻健二（2011）「グローバル・インバランスと世界金融危機」渋谷博史［編］『アメリカ・モデルの企業と金融——グローバル化とITとウォール街』昭和堂，134-180頁．

井村進哉（2002）『現代アメリカの住宅金融システム——金融自由化・証券化とリーテイルバンキング・公的部門の再編』東京大学出版会．

海老塚良吉（2009）『NPOが豊かにする住宅事業——民間非営利組織による住宅事業：日本の実態と欧米との比較』筒井書房．

大野輝之，レイコ・ハベ・エバンス（1992）『都市開発を考える——アメリカと日本』岩波新書．

岡田徹太郎（2001）「アメリカの住宅政策——政府関与の間接化とその帰結」渋谷博史・内山昭・立岩寿一［編］『福祉国家システムの構造変化——日米における再編と国際的枠組み』東京大学出版会，119-165頁．

岡本英男（1983）「アメリカ連邦補助金制度の展開とその矛盾（上）」『東北学院大学論集 経済学』第92号，1-45頁．

岡本英男（2007）『福祉国家の可能性』東京大学出版会．

片桐正俊（2005）『アメリカ財政の構造転換——連邦・州・地方財政関係の再編』東洋経済新報社．

片山泰輔（2006）『アメリカの芸術文化政策』日本経済評論社．

河村哲二（2010）「グローバル資本主義の現局面——アメリカ発のグローバル金融危機の意味」SGCIME［編］『現代経済の解読——グローバル資本主義と日本経済』御茶の水書房，5-47頁．

木下武徳（2007）『アメリカ福祉の民間化』日本経済評論社．

国土交通省（2014）「平成25年度 住宅経済関連データ」http://www.mlit.go.jp/statistics/details/t-jutaku-2_tk_000002.html

参考文献

佐々木晶二（1988）『アメリカの住宅・都市政策——最新の政策動向と具体的施策』経済調査会.

佐々木隆雄（2010）「大バブルの長期的反復の危険性」法政大学経済学部学会『経済志林』第77巻第3号，101-147頁.

ザビッキー，マックス・B（2003）「アメリカ福祉改革への疑問——評価の視点と方法の問題点」渋谷博史・渡瀬義男・樋口均［編］『アメリカの福祉国家システム——市場主導型レジームの理念と構造』東京大学出版会，215-257頁.

渋谷博史（2005a）『20世紀アメリカ財政史（1）——パクス・アメリカーナと基軸国の税制』東京大学出版会.

渋谷博史（2005b）『20世紀アメリカ財政史（2）——「豊かな社会」とアメリカ型福祉国家』東京大学出版会.

渋谷博史（2005c）『20世紀アメリカ財政史（3）——レーガン財政からポスト冷戦へ』東京大学出版会.

新藤宗幸（1986）『アメリカ財政のパラダイム・政府間関係』新曜社.

関口智（2015）『現代アメリカ連邦税制——付加価値税なき国家の租税構造』東京大学出版会.

高木仁（2006）『アメリカの金融制度——比較社会文化による問題接近をめざして（改訂版）』東洋経済新報社.

高橋誠（1990）『土地住宅問題と財政政策』日本評論社.

ディムスキ，ゲァリ，ドレーヌ・アイゼンバーグ（1997）「アメリカ住宅金融における社会効率性と「金融革命」」渋谷博史・井村進哉・中浜隆［編］『日米の福祉国家システム——年金・医療・住宅・地域』日本経済評論社，171-205頁.

日本租税理論学会20周年記念出版編集委員会［編］（2012）『税金百名言』中央経済社.

根岸毅宏（2006）『アメリカの福祉改革』日本経済評論社.

ノッデル，ジェーン，秋山義則（1997）「アメリカのコミュニティ開発と政府の役割」渋谷博史・井村進哉・中浜隆［編］『日米の福祉国家システム——年金・医療・住宅・地域』日本経済評論社，207-249頁.

長谷川千春（2010）『アメリカの医療保障——グローバル化と企業保障のゆくえ』昭和堂.

長谷川千春（2012）「社会政策——医療保険改革はなぜ困難なのか」藤木剛康［編］『アメリカ政治経済論』ミネルヴァ書房，110-127頁.

塙武郎（2007）「シカゴ市学校区の債券発行の枠組み」秋山義則・前田高志・渋谷博史［編］『アメリカの州・地方債』日本経済評論社，72-103頁.

平山洋介（1993）『コミュニティ・ベースト・ハウジング——現代アメリカの近隣再生』ドメス出版.

平山洋介（1999）「アメリカの住宅政策」小玉徹・大場茂明・檜谷美恵子・平山洋介

［著］『欧米の住宅政策——イギリス・ドイツ・フランス・アメリカ』ミネルヴァ書房，237-315頁．
前田高志（2007）「アメリカの州・地方債——その仕組みと特長」秋山義則・前田高志・渋谷博史［編］『アメリカの州・地方債』日本経済評論社，15-71頁．
マスグレイブ，リチャード・A，ペギー・B・マスグレイブ［著］，大阪大学財政研究会［訳］，木下和夫［監修］（1983-84）『マスグレイブ財政学——理論・制度・政治（1）～（3）』有斐閣．（Richard A. Musgrave and Peggy B. Musgrave, *Public Finance in Theory and Practice*, 3rd ed., McGraw-Hill, New York, 1980）
宗野隆俊（2012）『近隣政府とコミュニティ開発法人——アメリカの住宅政策にみる自治の精神』ナカニシヤ出版．
持田信樹（2009）『財政学』東京大学出版会．
持田信樹（2014）「ソブリン危機と福祉国家財政」持田信樹・今井勝人［編］『ソブリン危機と福祉国家財政』東京大学出版会，1-20頁．
本山康之・岡田徹太郎（2005）「地方政府の行政能力——中心市街地活性化基本計画の策定状況にみる政策形成能力の格差」行政管理研究センター『季刊行政管理研究』第109号，32-53頁．
油井大三郎（1993）「パクス・アメリカーナの時代」有賀貞・大下尚一・志邨晃佑・平野孝［編］『アメリカ史（2）——1877年～1992年』山川出版社，319-424頁．
吉田健三（2008）「社会政策——オーナーシップの理念と現実」河音琢郎・藤木剛康［編］『G・W・ブッシュ政権の経済政策——アメリカ保守主義の理念と現実』ミネルヴァ書房，111-154頁．
吉田健三（2012）『アメリカの年金システム』日本経済評論社．

初出一覧

　本書は，以下の論文をもとに，大幅に加除・修正を行なったものである．

序　章
「アメリカ住宅・コミュニティ開発政策の財政学的位置づけに関する研究」『香川大学経済論叢』第 87 巻第 3・4 号，217-247 頁，2015 年．

第 1 章
「アメリカ連邦政府の住宅政策――低所得者向け住宅政策を中心として」『住宅問題研究』（住宅建設普及協会），第 13 巻第 2 号，25-56 頁，1997 年．
「アメリカのコミュニティ開発政策における政府間財政関係」坂本忠次・和田八束・伊東弘文・神野直彦［編］『分権時代の福祉財政』敬文堂，255-269 頁，1999 年．
「アメリカの住宅政策――政府関与の間接化とその帰結」渋谷博史・内山昭・立岩寿一［編］『福祉国家システムの構造変化――日米における再編と国際的枠組み』東京大学出版会，119-165 頁，2001 年．

第 2 章
「アメリカ住宅政策と低所得層への住宅保障」渋谷博史，C・ウェザーズ［編］『アメリカの貧困と福祉』日本経済評論社，193-227 頁，2006 年．

第 3 章
「アメリカの低所得者向け住宅開発プロジェクト――サンフランシスコ・ベイエリアにおける非営利組織と政府の役割」渋谷博史・中浜隆［編］『アメリカ・モデル福祉国家（1）――競争への補助階段』昭和堂，219-243 頁，2010 年．

第 4 章
「サンフランシスコ・ベイエリアの非営利開発法人――財務諸表にみる非営利組織の姿」『都市問題』（東京市政調査会），第 101 巻第 10 号，105-117 頁，2010 年．

第 5 章
「テキサス州ダラス地域における低所得者向け住宅の供給と非営利組織」『香川大学経済論叢』第 83 巻第 1・2 号，99-110 頁，2010 年．

第 6 章
「アメリカ住宅バブルの崩壊と経済再建過程」『香川大学経済論叢』第 88 巻第 1 号，129-148 頁，2015 年．

終　章
「アメリカの住宅にかかる租税支出の受益の帰着に関する研究」『香川大学経済論叢』第 88 巻第 1 号，149-167 頁，2015 年．

研究助成一覧

 本書は,以下の研究助成の成果の一部である.ここに記して感謝申し上げる.

〈2008 年度〉公益信託山田学術研究奨励基金,奨励事業奨励金,「アメリカの住宅・コミュニティ開発政策における NPO の位置と役割に関する研究」.
〈2008 年度〜 2010 年度〉科学研究費補助金,若手研究(B),課題番号 20730211,「アメリカの住宅・コミュニティ開発政策における非営利組織の位置と役割に関する研究」.
〈2009 年度〉財団法人香川大学学術振興財団(現・一般財団法人百十四銀行学術文化振興財団)研究助成,「アメリカの住宅・コミュニティ開発政策における NPO の位置と役割に関する研究」.
〈2012 年度〜 2014 年度〉科学研究費助成事業(学術研究助成基金助成金),基盤研究(C),課題番号 24530353,「アメリカ及びデンマークの住宅政策におけるソーシャル・ミックスと非営利組織の役割」.
〈2013 年度〉山陽放送学術文化財団研究助成,「リーマン・ショックと欧州ソブリン危機後の財政システムの国際比較研究」.

あとがき

　若かりし私にとって，そもそもアメリカは，貧富の差の激しい，冷酷な資本主義の大国であった．私は，資本主義体制が生み出す矛盾や，その象徴としてのアメリカを批判したくて経済学を学び始めたのである．

　ところが，サラリーマンの道を投げ捨てて進学した大学院で待ち受けていたのは，それとは少し異なるアメリカだった．そこには，日本とは異なる民主主義（デモクラシー）の大国アメリカがあった．

　指導教官は，アメリカ連邦議会の公聴会記録（hearings）を読む面白さを熱っぽく語っていた．図書館に並ぶ膨大な議会公聴会記録のうち，いくつかを手に取り，連邦議会議員と証言者のやり取りを読んだ．日本の儀式のような公聴会と異なり，証言者は本気で持論をぶつけ，証拠資料を出し，アメリカの過去と現在そして未来について熱く語っていた．読むうちに，どんどん引き込まれていった．

　読み進めるアメリカの資料は，連邦議会直属の調査機関であるCBO（議会予算局）やGAO（会計検査院）の調査レポートに広がった．連邦議会の委嘱に応えて出されたレポートが，プロフェッショナルの研究員によって作成され，確たるデータに裏付けられ，分厚く詳細で，それにもかかわらず，誰にでも（議員にでも）分かりやすい平易な報告書に仕上げられていることに衝撃を受けた．

　アメリカの連邦議会議員は，共和党議員であれ民主党議員であれ，等しく議会調査機関のレポートを受け取り，それをもとに法案に対する賛否を選択することができる．日本のように党議拘束に縛られて本意と異なる議決をすることはない．議員一人ひとりが賛（pro）否（con）を判断し，議決するのである．

　もはや，私にとって，"アメリカ"は，単なる批判の対象物ではなくなった．それに代わって，アメリカン・デモクラシーから生み出される政策が，

あとがき

アメリカ国民の幸福を作り出しているかどうか，貧困層やマイノリティが社会的な排除を受けていないかどうかを追究することが私の研究の中心となった．

アメリカの住宅・コミュニティ開発政策の研究からみえたことは，第1に，アメリカは，強く"市場の論理"を尊重するということである．しかし，第2に，1930年代ニューディール期以降，たびたび貧困問題やマイノリティ問題が重要な政治的課題となり，多くの場合，政策的対応がなされて，それがないがしろにされることはなかったことである．したがって，第3に，貧困層やマイノリティへの対策を，市場の論理とどう調和させ，どう織り込んでいくのか，試行が繰り返されてきたことである．

その一つの帰結が，本書で明らかにした政策フレームワーク，すなわち，非営利組織（サードセクター）などの中間領域とのコラボレーションによって成り立つ，市場志向の住宅・コミュニティ開発政策であったのである．

　　　　　　　　　　＊　　　　　　　　　　＊

もともと，アメリカ財政研究の面白さを教えてくれたのは，東京大学大学院時代の指導教官である渋谷博史・東京大学名誉教授である．修士課程1年のある夜，渋谷先生に，新宿ゴールデン街の飲み屋に呼び出され，CBOレポートを手渡された．アメリカの住宅問題と連邦の政策について書かれた百数十ページのレポートであった．これ以来，アメリカの住宅政策に引き付けられ，それが修士論文と博士論文の基礎になった．なぜ渋谷研究室でなく新宿ゴールデン街だったかは今もっての謎だが，アメリカ連邦議会資料の探し方，アメリカの研究者や役人との付き合い方，アメリカの都市の歩き方など，アメリカ研究のノウハウや楽しみ方について，ざっくばらんに話を伺ったように記憶している．

財政一般について熱心に教えてくれたのは神野直彦・東京大学名誉教授である．大学院修士課程の在学中は，神野先生が多忙を極めるきっかけの一つになった『システム改革の政治経済学』が出版される前で，同級生の井手英策氏と私の二人を前に，90分の授業時間など全く気にせずに，財政学の詳細から雑談まで延々と長話をされたのを覚えている．修士論文の指導にも時

あとがき

間を割いて頂いた．今となっては得難い神野先生とのゆったりとした時間であった．

　長く影響を受け続けることになったのは，持田信樹・東京大学教授である．大学院では，宮島先生・神野先生とのジョイント・ゼミで指導を受けたほか，研究者になってからも，東京大学経済学部の現代財政学研究会で引き続き教えを受けた．博士論文審査では主査を引き受けていただいた．その過程では，論文の細部まで丁寧に目を通していただき，何度も貴重な助言を受けた．深く感謝申し上げたい．

　大学院から税財政を専門とした私に，特に租税論を教えて下さったのは，宮島洋・東京大学名誉教授である．税制の仕組みをしっかりと押さえたうえで要因分析することの重要性をご指導いただいた．本書の税制に関わる記述は，宮島先生から受けた教えの基礎の上にある．

　大学院に進学し，研究者になる後押しをしていただいたのは，樋口均・信州大学名誉教授と青才高志・信州大学名誉教授である．信州大学在学当時，樋口先生は教養部の所属，青才先生は経済学部の所属であったから，教養部廃止後と異なって，両ゼミに同時に所属し出席することができた．樋口ゼミには1年から卒業まで，青才ゼミには学部へ上がってから卒業するまでお世話になった．樋口先生には，大学院への進学を強く進めていただいたし，青才先生には，大学院時代に，私のデビュー作となった学術論文の添削指導をしていただいた．私のデビュー論文は香川大学への就職のきっかけとなった．香川大学への就職後も，同じ学会や研究会に所属し，今でも，学会・研究会でお会いし，指導と助言をいただいている．

　渋谷先生が主宰された東京大学社会科学研究所の現代財政金融研究会，持田先生が事務局を務められた東京大学経済学部の現代財政学研究会のメンバーからは，常に強い学問的刺激をいただき，研究に対する助言を受けてきた．

　両研究会の"師"である林健久・東京大学名誉教授と故加藤榮一・東京大学名誉教授に感謝申し上げたい．両先生は，指導教官の指導教官に当たり，普通であれば，文字の上でしか知らない雲の上の人のはずであった．両研究会に所属し，拝顔がかなったのみならず，両先生の研究発表に刺激を受け，自分の研究発表では両先生からコメントをいただいた．指導教官世代は，

林・加藤両先生の厳しい指導を思い起こすようだが，孫弟子にあたる私は，優しく暖かな助言をいただいた記憶しかない．

　加藤先生には，懇親会の席でよく声をかけていただいた．私がLinuxの使い手であったからか，オープン・ソースに強い興味を抱かれて，しばしば質問がそちらへ飛んだ．2005年とずいぶん早い時期に亡くなられてしまったが，もしご健在で，オープン・ソース・ソフトウェアの普及や，アメリカ西海岸を中心とするオープン・ソース・コミュニティの新しいムーブメントをみておられたら，加藤福祉国家論に少し影響があったかもしれないと考えている．

　林先生とは，研究会後の帰宅方向が同じで，帰りの電車で，福祉国家論争の争点を解説していただき，林福祉国家論の手解きを受けた．大先生を独り占めして贅沢な研究指導を受けたものである．ただし，帰りの電車の慣習は，2005年の新しい鉄道路線の開通によって方面が分かれてなくなってしまった．林先生からは，今なお，現代財政学研究会の場で，分かりやすく切れ味の鋭いコメントをいただいている．

　最も深く教えを受けているのは，岡本英男・東京経済大学教授である．前述の現代財政金融研究会・現代財政学研究会のみならず，所属を同じくする学会・研究会は10近くになるかもしれない．いつも叱咤激励されながら，岡本先生のもとで学び続けている．岡本先生の論文執筆量は並大抵のものではないが，岡本福祉国家論が大きなものとなり体系化されていく過程で，側で学べる喜びは他にない．

　研究面でも精神面でも大きな支えとなっていただいたのは，故金澤史男・横浜国立大学教授（当時）であった．研究課題の方向性を示していただき，悩みあるときは，直接の教え子でないにもかかわらず，深夜でも一杯お付き合いいただいた．これは同世代の研究者は皆同じようで，面倒見のよい金澤先生らしい姿であった．2009年に55歳の若さで亡くなられたが，今は，金澤先生を思い出し，深く感謝している．

　大学院時代に机を並べて学んだ友人は，今では欠かせぬ研究仲間である．

　井手英策・慶應義塾大学教授は，同級生で唯一の財政学専攻の友人であった．ほとんど同じ授業や演習を履修した．今でも公私ともに刺激を与え合う

あとがき

大切な研究仲間である．

　関口智・立教大学教授は，一つ下の後輩に当たるが，東京大学での論文博士号の申請においては，一歩先を進んだ．審査ルールが厳格化や電子化などの影響を受けて改定されており，古い過去の経験はあまり役立たなくなっていた．関口氏がパイオニアとなってくれたおかげで，私はずいぶんと楽をすることができた．

　埼玉大学の高端正幸准教授，後藤・安田記念東京都市研究所の木村佳弘研究員，日本都市センターの清水浩和研究員，首都大学東京の金子憲准教授，総務省の櫻井泰典氏は，いずれも東京大学大学院経済学研究科の財政学研究室で共に学んだ後輩にあたり，共に働く仲間である．過去から現在に至るまで研究上の有意義な議論や情報交換ができていることを嬉しく思う．

　アメリカ研究を進めるにあたって欠かせないのは，アメリカの研究者との交流である．

　最初に客員研究員として私を受け入れてくれたのは，カリフォルニア大学バークレー校の Andrew E. Barshay 教授である．"東京大学大学院を中途退学して，香川大学の助手に赴任"という経歴は，アメリカでは不可思議なものに映るらしいのだが，1999 年当時，日本研究センター（CJS: Center for Japanese Studies）の所長をされていた Barshay 先生は，日本の研究者事情をよくご存じで，変人扱いするというより，むしろ，優秀な研究者かもしれないという可能性にかけてか，カリフォルニア大学バークレー校の一室に研究環境を用意してくださった．2000 年から 2001 年にかけての，1 年 6 カ月の滞在であったが，この客員研究員プログラムへの参加は，私の人生を変えたといっても過言ではない．Barshay 先生には感謝してもしきれない．

　CJS 所属の研究者に Steven Vogel 教授がいる．日本研究者のなかでも政治経済学が専門で，専門領域が近く，日米比較をする際などに教えをいただいた．2008 年のカリフォルニア大学バークレー校における短期客員研究員プログラムでは受け入れ教員を引き受けていただいたと記憶している．アポイントメントを取れば，いつでも Vogel 研究室に歓迎して迎え入れてくれた．日本語が滑らかで，ほとんど日本語でしか話さなかった．

　カリフォルニア大学バークレー校には，住宅政策の専門家がたくさんいる．

あとがき

　その筆頭といっても良いのが，Berkeley Program on Housing and Urban Policy の故 John M. Quigley 教授である．2000 年の滞在以降，Quigley 教授が主催する研究会やシンポジウムにたびたび参加させていただいたし，研究上の疑問が沸き上がるたびに，大学内にいくつもある Quigley 研究室のうちの一つを訪問して質問をぶつけた．2008 年の 2 カ月の短期客員研究員プログラム時には，CJS のオフィスが満杯であるという窮状を訴えたところ，Fisher Center for Real Estate & Urban Economics の一角に，専用の机と椅子，インターネット接続環境を用意してくれた．本研究を遂行するにあたって最も強い影響を与えてくれた研究者の一人といってよい．2012 年に突如亡くなられ，非常に残念であった．

　同じく，Berkeley Program on Housing and Urban Policy のメンバーで，Fisher Center のオフィスで同室になったのが，Larry Rosenthal 博士である．日常的な会話の相手になってくれ，研究にかかわる質問にも気軽に答えてくれた．研究調査のための外部機関や役所とのアポ取りの仲介をしてくれた．Larry が仲介者になってくれなかったら，この研究は，思うように進まなかったかもしれない．研究がある程度進捗したある日，Larry の意見が聞きたくて，フォーマルにインタビューを申し込んだら非常に驚かれた．その時の"Rosenthal 博士"の見解は，本書の本文の中にある．

　最初の客員研究員時代の友人も貴重な存在である．Carl Freire は，当時，カリフォルニア大学バークレー校出版会の編集者であったが，その後，カリフォルニア大学バークレー校大学院に進み，日本研究を進め，東京大学大学院の研究生など経て，現在，東京で翻訳者として活躍している．客員研究員時代からこれまで，ほぼ例外なく私が書いた英文の校正を Carl に引き受けてもらっている．

　Gene Park は，Vogel 教授の教え子で，私の客員研究員時代には，カリフォルニア大学バークレー校の大学院生だった．友人としての付き合いはもちろん，定期的に会って，私が Gene に日本語を，Gene が私に英語を教え合うということもやった．現在，Los Angeles の Loyola Marymount University の政治学の准教授をやっている．別ルートで大学院同級生の井手氏と知り合い，共著まで出したのだから，世界は狭いものである．本書の研究を進めて

あとがき

いた期間にも Los Angeles に Gene を訪ね，様々な意見を聞いた．

Yasuyuki Motoyama は，Gene から友人として紹介を受けた．当時，City and Regional Planning の大学院生だったことから，私と専門が近いだろうという気遣いだった．共同で研究を進め，後に共著で論文も出した．現在は，Kansas City の Kauffman 財団の上席研究員である．本研究プロジェクトの最後の調査地が Kansas City であったが，研究者の紹介や現地調査のヒントをもらった．2016 年の来日の際には，香川大学に招聘し，研究発表をしてもらった．私にとって欠かせない友人である．

1999 年 4 月に香川大学に赴任してから，経済学部の先生方には，快適な研究環境を提供していただいた．厚く御礼を申し上げたい．

西山一郎・香川大学名誉教授には公私ともにお世話になった．香川大学を定年退官された後も，四国財政学会の会長として定期的に研究会を共にさせていただいている．

山崎怜・香川大学名誉教授は，私の赴任時には既に定年退官されておられたが，赴任当時の四国財政学会の会長であり，たびたびアダム・スミス研究の成果を披露するレクチャーを拝聴している．世間で流布するアダム・スミス像がいかに誤解に満ちたものであるか深く学ぶ機会となっている．

これ以外にも，お名前を挙げることのできなかった，学会や研究会の所属を同じくする先生方，香川大学の同僚，世界に散らばるカリフォルニア大学時代の友人たちから多くの助言や支援をいただいた．心から感謝を申し上げたい．

なお，本書は，香川大学経済学会から香川大学経済研究叢書として出版助成を受けて出版される．本書を上梓できるのは，無上の喜びである．

東京大学出版会の大矢宗樹氏には，本書の企画から編集の過程で，神業とも思わせる丁寧な仕事ぶりをみせていただき感嘆させられた．厚く御礼申し上げる．

私事にわたり恐縮であるが，妻・紀子に感謝したい．妻は，私が発表するすべての論文に目を通し，チェックしてくれている．妻が分からないといえばすべて書き直してきた．

最後に，今年 70 歳の節目を迎える，父・恭彦，母・千枝子に感謝したい．

あとがき

私は気難しい子どもであったから子育ては大変であったに違いない．その後も，いくつもの波乱があったが，変わらず暖かく見守ってくれた．本書を両親に捧げたい．

2016 年 9 月 30 日

瀬戸内からの海風が心地良い高松の自宅にて

岡田 徹太郎

索　引

ア　行

アフォーダビリティ（affordability）　5, 52, 68, 80
アフォーダブル住宅（affordable housing）　5, 14, 71, 98
アメリカン・ドリーム　18, 19, 22
アメリカ再生・再投資法
　2009年アメリカ再生・再投資法（ARRA: American Recovery and Reinvestment Act of 2009）　172-174
遺棄住宅（abandoned housing）　156, 159, 160
偉大なる社会（Great Society）　29
一括補助金（block grants）　1, 13, 40, 70
一般財源保証債　113
インセンティブ　13
インナーシティ　14, 88, 101
エンタイトルメント　73, 74
オーナーシップ社会（ownership society）　165, 167
オバマ　79, 172, 173

カ　行

カーター　47
外部性（externalities）　7, 26, 88
隠れた福祉国家（hidden welfare state）
　→福祉国家
課税所得からの除外　186
課税の繰り延べ　16
加速減価償却　16, 17

価値財　7
活動計算書　123
帰属家賃　20
　──の非課税　21
寄付　125, 140
　──金控除　122
キャピタル・ゲイン（売却益）　16
　──と配当への優遇税率　186
　持ち家にかかる──の免税　16
狭隘　4
供用期間　108
近隣保全（neighborhood preservation）　159, 160
勤労所得税額控除　189
グリーンスパン　166, 170
クリントン　73, 78, 80
グローバル化の進展　69
経済再建税法
　1981年──　63
ケネディ　28
権限委譲（devolution）　15, 50, 88
建設期間　108
高額報酬　128, 141
公共住宅　27, 34, 38
　──改革法（1998年クオリティ住宅および就労責任法）　73
公正市場家賃（FMR: Fair Market Rents）　37, 54, 99
公民パートナーシップ（public-private partnership）　14, 15, 138
501(c)(3)　122, 123
コミュニティ開発　1, 10, 12, 38
　──一括補助金　→CDBG
　──法人　→CDC

索　引

コミュニティ住宅開発組織　→ CHDO
コラボレーション　　1, 26, 212

サ 行

再開発局（RDA: redevelopment agency）　109
財産税（property tax）　16
　　——の所得控除　16
再証券化（2次証券化）　167-169
財政支出（outlay）　18, 56, 76, 117, 183
財政民主主義　183
歳入減（revenue loss）　16, 192
歳入分与（revenue sharing）　40
債務担保証券　→ CDO
差し押さえ（foreclosure）　158
サブプライム
　　——・ショック　171
　　——・ローン（subprime mortgage）　167, 168
サプライサイド経済学　55
資源配分　26
　　——の調整　7
資産担保証券　→ ABS
市場金利以下の融資（BMIR Loan: Below Market Interest Rate Loan）　103, 104, 108
市場志向の政策フレームワーク　1, 26, 212
慈善寄付金の所得控除　188
慈善資格　122
児童税額控除　189
支払標準額（payment standard）　54
資本財　20
住環境　6, 9, 12, 28, 68, 95, 149
住宅および農村・都市再生法
　　1983年——　53
住宅・コミュニティ開発政策　1, 7, 10, 12
住宅コミュニティ開発法
　　1974年——　11, 35
住宅事情　2
住宅需要の所得弾力性　60
住宅ストック　2
住宅選択バウチャー（HCV: Housing Choice Voucher）　8, 11, 54
住宅都市開発省（HUD: Department of Housing and Urban Development）　5, 29
住宅バブル　165, 169
住宅法
　　1937年合衆国——　10, 28, 35
　　1949年——　10, 28
　　1990年全国アフォーダブル——　13, 70, 123
住宅補助（housing assistance）　10, 29, 32, 35, 76
住宅面積　3
住宅問題　4
住宅ローン　→モーゲッジ
州・地方債利子の免税　16, 17
州・地方税の所得控除　188
修復住宅　159, 160
住民参加　46, 92-95
受益証券　168
準私的財（quasi-private goods）　7
証券化　167-169
消費財　20
所得控除　16, 122
所得再配分　7, 26
所得中央値（AMFI: Area Median Family Income）　5
ジョンソン　28, 29
信用補完　168
新連邦主義（New Federalism）　40
スラム　9, 45
　　——・クリアランス　27
　　連邦の——（Federal Slum）　34
税額控除（tax credit）　12, 16, 83
　　——の補助金転換プログラム　173

241

索　引

——補助プログラム　→ TCAP
税制改革
　　1986年——　18
　　1986年——法　22, 63, 80, 113
セクション8　8, 11, 35, 54
節税スキーム　83, 114
早期コスト回収制度　→ ACRS
租税支出（tax expenditure）　1, 12, 16, 18, 80, 117, 192
　　——の受益の帰着　183
租税優遇措置　12
租税利益（tax benefit）　13, 83, 117
損金算入　122
　　——可能な損失　83

タ　行

待機リスト　75
貸借対照表　123
大統領住宅委員会報告　51
多様な資金構成（mixed-finance）　207
地方分権（decentralization）　15, 50, 88
賃貸住宅　3
低所得用住宅税額控除　→ LIHTC
低所得層（low income）　5
低所得の居住者の受益　198
ディベロッパー　83
統合予算調整法（OBRA: Omnibus Budget Reconciliation Act）
　　1993年——　80
投資家　83, 168
　　——の受益　192
投資収益　83
特定補助金（categorical grants）　10, 38

ナ　行

内国歳入庁（IRS: Internal Revenue Service）　12, 80, 121, 122

内国歳入法（IRC: Internal Revenue Code）　122
内部収益率（IRR: Internal Rate of Return）　115
ナショナル・ミニマム　40
ニクソン　32
2次証券化　→再証券化
ニューディール　27
ネットの社会給付　204

ハ　行

パートナー　83, 138
パートナーシップ　13, 93, 94, 115
売却益　→キャピタル・ゲイン
バウチャー方式　54
橋渡し期間　108
発行市場（primary market）　175, 177
非営利開発法人（nonprofit developers）　14, 70, 88, 121
非営利組織（nonprofit organizations）　1, 13, 14, 26, 70, 88, 90, 95, 122, 139, 212
100年に一度の金融・経済危機　171
貧困線　58
フォード　45
フォーム990　121-123
福祉依存　74
福祉から就労へ（welfare-to-work）　73
福祉国家（welfare state）　8, 18, 26
　　隠れた——（hidden welfare state）　18, 203
　　——の再編　69
福祉のトライアングル（welfare triangle）　90
ブッシュ（ジュニア）　79, 167
　　——減税　79
物理的な欠陥　4
プライバタイゼーション（民間化，民営化：privatization）　15
プロジェクト遂行者の受益　198
ボルカー　63

索　引

――・ショック　63

マ　行

マイノリティ　29, 41, 49, 167
街づくり　10, 51
見合資金（matching fund）　10, 38, 71, 160
民営化　→プライバタイゼーション
民間化　→プライバタイゼーション
無限責任パートナー　103, 114
無償　118
　　――資金　140
免税債（tax-exempt bond）　106
免税債券　17
免税申告書　121-123
モーゲッジ（住宅ローン）　16
　　――担保証券　→MBS
　　――利子の所得控除　16, 18, 184, 188
持ち家　3
　　――にかかるキャピタル・ゲインの免税
　　→キャピタル・ゲイン

ヤ　行

家賃補助　11, 29
優遇税率　16
有限責任パートナー（limited partner）　103, 114
郵便料金の減免措置　122
予算概要（budget summary）　78
予算権限（budget authority）　56, 76, 183
予算削減（budget cut）　57
余剰担保　168

ラ　行

リーマン・ショック　171
流通市場（secondary market）　175, 177

両院合同租税委員会（Joint Committee on Taxation）　184
ルーズベルト　27
レーガン　51
歴史的高金利　63
レベニュー債　17, 103, 104
連邦公開市場委員会　→FOMC
連邦準備制度理事会　→FRB
連邦助成賃貸住宅　8, 9, 38
連邦政府閉鎖（government shutdown）　77
連邦のスラム　→スラム
漏出効果（spillover effect）　6

アルファベット

abandoned housing　→遺棄住宅
ABS（Asset-Backed Securities：資産担保証券）　168
ACRS（Accelerated Cost Recovery System：早期コスト回収制度）　63
AFDC　73
affordability　→アフォーダビリティ
affordable housing　→アフォーダブル住宅
American Recovery and Reinvestment Act of 2009　→アメリカ再生・再投資法
AMFI　→所得中央値
ARRA　→アメリカ再生・再投資法
Back In Business　78
Below Market Interest Rate Loan　→市場金利以下の融資
block grants　→一括補助金
BMIR Loan　→市場金利以下の融資
budget authority　→予算権限
budget cut　→予算削減
budget summary　→予算概要
categorical grants　→特定補助金
CBO　184

243

索　引

CDBG（Community Development Block Grant：コミュニティ開発一括補助金）　11, 13, 43, 44
CDC（Community Development Corporation：コミュニティ開発法人）　14, 70, 88, 124, 139
CDO（Collateralized Debt Obligations：債務担保証券）　168
CHDO（Community Housing Development Organization：コミュニティ住宅開発組織）　72, 123, 124, 139
decentralization　→地方分権
devolution　→権限委譲
externalities　→外部性
Fair Market Rents　→公正市場家賃
Federal Slum　→連邦のスラム
FMR　→公正市場家賃
FOMC（Federal Open Market Committee：連邦公開市場委員会）　170, 174
foreclosure　→差し押さえ
FRB（Federal Reserve Board：連邦準備制度理事会）　166, 174, 175
GAO　30, 80, 85, 184
Great Society　→偉大なる社会
government shutdown　→連邦政府閉鎖
hidden welfare state　→隠れた福祉国家
HOME　13, 70, 147
housing assistance　→住宅補助
Housing Choice Voucher　→住宅選択バウチャー
HUD　→住宅都市開発省
Internal Rate of Return　→内部収益率
Internal Revenue Code　→内国歳入法
Internal Revenue Service　→内国歳入庁
IRC　→内国歳入法
IRR　→内部収益率
IRS　→内国歳入庁
ITバブル　166

Joint Committee on Taxation　→両院合同租税委員会
LIHTC（Low-Income Housing Tax Credit：低所得者用住宅税額控除）　8, 12, 80-83, 105, 113
──価格　178, 179
──の受益者　192
──の受益の帰着　191
──の補助金化プログラム　→TCEP
──批判　194, 196
──プログラムによる「租税支出」の受益　199
limited partner　→有限責任パートナー
low income　→低所得層
matching fund　→見合資金
MBS（Mortgage-Backed Securities：モーゲッジ担保証券）　168
──買い取りプログラム　174-177
mixed-finance　→多様な資金構成
neighborhood preservation　→近隣保全
New Federalism　→新連邦主義
NIMBY（not in my back yard）　149
nonprofit developers　→非営利開発法人
nonprofit organizations　→非営利組織
outlay　→財政支出
payment standard　→支払標準額
primary market　→発行市場
privatization　→プライバタイゼーション
property tax　→財産税
PRWORA　73
public-private partnership　→公民パートナーシップ
quasi-private goods　→準私的財
RDA　→再開発局
redevelopment agency　→再開発局
revenue loss　→歳入減
revenue sharing　→歳入分与
secondary market　→流通市場
spillover effect　→漏出効果
subprime mortgage　→サブプライム・ローン

244

索　引

TANF　73
tax benefit　→租税利益
tax credit　→税額控除
tax-exempt bond　→免税債
tax expenditure　→租税支出
TCAP（Tax Credit Assistance Program：税額控除補助プログラム）　173, 174
TCEP（Tax Credit Exchange Program：LIHTCの補助金化プログラム）　174
TIF（Tax Increment Financing）　109-111
welfare state　→福祉国家
welfare-to-work　→福祉から就労へ
welfare triangle　→福祉のトライアングル

法　令

1937年合衆国住宅法　→住宅法
1949年住宅法　→住宅法
1974年住宅コミュニティ開発法　→住宅コミュニティ開発法
1981年経済再建税法　→経済再建税法
1983年住宅および農村・都市再生法　→住宅および農村・都市再生法
1986年税制改革法　→税制改革
1990年全国アフォーダブル住宅法　→住宅法
1993年統合予算調整法　→統合予算調整法
1998年クオリティ住宅および就労責任法　→公共住宅改革法
2009年アメリカ再生・再投資法　→アメリカ再生・再投資法

245

著者略歴

1971 年　千葉県生まれ
1989 年　麻布高等学校卒業
1994 年　信州大学経済学部経済学科卒業
　　　　 出版社勤務を経て
1999 年　東京大学大学院経済学研究科博士課程中途退学
　　　　 香川大学赴任．カリフォルニア大学バークレー校客員研
　　　　 究員，東京大学社会科学研究所客員助教授など
現　在　香川大学経済学部経済学科教授
　　　　 博士（経済学，東京大学）

主要業績

「基軸国の動揺：アメリカ」『ソブリン危機と福祉国家財政』東京大学出版会，2014 年．
「連帯国家の変容：スウェーデンとデンマーク」共著，同上書．
ほか．http://www.ec.kagawa-u.ac.jp/~tetsuta/

アメリカの住宅・コミュニティ開発政策

2016 年 11 月 9 日　初　版

［検印廃止］

著　者　岡田　徹太郎
　　　　（おかだ　てつたろう）

発行所　一般財団法人　東京大学出版会
　　　　代表者　古田　元夫
　　　　153-0041　東京都目黒区駒場 4-5-29
　　　　電話 03-6407-1069　FAX 03-6407-1991
　　　　振替 00160-6-59964
　　　　http://www.utp.or.jp/

印刷所　株式会社平文社
製本所　牧製本印刷株式会社

Ⓒ 2016 Tetsutaro Okada
ISBN 978-4-13-046119-1　Printed in Japan

JCOPY　〈(社)出版者著作権管理機構　委託出版物〉
本書の無断複写は著作権法上での例外を除き禁じられています．複写される場合は，そのつど事前に，(社)出版者著作権管理機構（電話 03-3513-6969，FAX 03-3513-6979，e-mail: info@jcopy.or.jp）の許諾を得てください．

関口　智 著	現代アメリカ連邦税制 付加価値税なき国家の租税構造	6400 円
渋谷博史 著	20世紀アメリカ財政史 Ⅰ パクス・アメリカーナと基軸国の税制	6200 円
渋谷博史 著	20世紀アメリカ財政史 Ⅱ 「豊かな社会」とアメリカ型福祉国家	6200 円
渋谷博史 著	20世紀アメリカ財政史 Ⅲ レーガン財政からポスト冷戦へ	6400 円
渋谷博史 丸山真人　編 伊藤　修	市場化とアメリカのインパクト 戦後日本経済社会の分析視角	4200 円
渋谷博史 渡瀬義男　編 樋口　均	アメリカの福祉国家システム 市場主導型レジームの理念と構造	4800 円
持田信樹 今井勝人　編	ソブリン危機と福祉国家財政	5800 円
岡本英男 著	福祉国家の可能性	6400 円
増井良啓 宮崎裕子　著	国際租税法（第3版）	3200 円

ここに表示された価格は本体価格です．ご購入の際には消費税が加算されますのでご了承ください．